실전! 부동산 경매 완전정복 I
부동산 경매, 첫걸음이 중요하다

- 현) 지지옥션 본원교육원장
- 현) 주식회사 지지AMC 대표
- 현) 지지옥션 부동산중개 대표
- 건국대 부동산대학원 출강
- 계명대학교, 충남대학교 출강
- 현대백화점 문화센터, 홈플러스 문화센터 출강
- 근로복지공단, 현대건설 등 기업체 다수 출강
- 부동산TV(rtn), mbn, 와우TV, SBS 경매 방송패널리스트
- 매일경제, 서울경제, 아시아경제 경매전문 칼럼리스트

저서 : 부동산 경매의 백미 특수권리물건

저자 문동진

실전! 부동산 경매 완전정복 Ⅰ
부동산 경매, 첫걸음이 중요하다

초판 1쇄 인쇄 2013년 01월 10일
초판 1쇄 발행 2013년 01월 17일

지은이 | 문동진
펴낸이 | 손형국
펴낸곳 | (주)북랩
출판등록 | 2004. 12. 1(제2012-000051호)
주소 | 서울시 금천구 가산디지털 1로 168, 우림라이온스밸리 B동 B113, 114호
홈페이지 | www.book.co.kr
전화번호 | (02)2026-5777
팩스 | (02)2026-5747

ISBN 978-89-98666-05-7 14320
      978-89-98666-04-0 14320(set)

이 책의 판권은 지은이와 (주)북랩에 있습니다.
내용의 일부와 전부를 무단 전재하거나 복제를 금합니다.

실전! 부동산 경매 완전정복 I

부동산 경매 첫걸음이 중요하다

문동진 지음

지지옥션 부동산경매 공식교재

book Lab

머리말

부동산 경매는 제대로 알기만 하면 쉽고 안정적으로 고수익을 누릴 수 있는 재테크 방법입니다. 그러나 어려운 법률용어와 이해하기 힘든 판례 때문에 경매에 뛰어들 엄두가 나질 않습니다. 또한 부동산 경매는 일반 부동산 시장의 거래보다 상당히 위험합니다. 특히 공시되지 않은 유치권, 법정지상권, 대항력 있는 임차인 등의 존재로 인하여 경매 매수 신청자는 많은 위험에 직면할 수 있습니다.

반면에 위험이 크면 그에 비례하여 수익도 커지기 때문에 부동산 경매를 통하여 고수익을 창출하고자 하는 사람이 많은 것도 사실입니다. 따라서 부동산 경매에 참여하고자 하는 사람은 수익을 생각하기에 앞서 그 위험을 인지하고, 위험을 방지하거나 해결할 수 있는 방법을 미리 마련하여야 할 것입니다. 위험을 해결하면 수익은 자연히 발생되는 것이 부동산 경매입니다.

그러나 부동산 경매에 참여하고자 하는 사람들이 믿고 의존할만한 지침서는 거의 없다고 해도 과언이 아닙니다. 일반적으로 시중에 나와 있는 부동산 경매 관련 책은 대개 두 종류입니다. 하나는 '나는 부동산 경매로 얼마를 벌었다'는 식의 책으로, 대부분 과장되고, 설사 그렇지 않더라도 그 사람의 경험담에 불과하기 때문에 모든 부동산 경매 참가자에게 적용되지는 않습니다. 오히려 그릇된 지식으로 해를 끼치기도 하므로 지침서가 될 수 없습니다. 다른 하나는 민사집행법 등 기타 부동산 경매관련 법 규정을 해설한 책입니다. 이러한 책들은 실무와 괴리되어 부동산 경매에 참가하는 매수신청자 입장의 지침서가 될 수 없는 게 사실입니다.

제대로 된 부동산 경매 지침서는 '부동산 경매와 관련된 모든 법률관계'와 '실제 현장에서 일어나는 실무'가 부동산 경매에 참여하는 매수신청자 입장에서 기술되어야 하는 것입니다. 예컨대 주택임대차보호법에서 임차인의 보호 입장이 아니라 임차인의 존재로 인하여 일정한 부담을 안게 되는 매수신청인의 입장에서 주택임대차보호법을 바라보아야 할 것입니다.

필자는 부동산 경매전문회사인 지지옥션에서 근무하면서 경매지식 없이 대박을 꿈꾸며 대들었다가 실수한 많은 사람들을 상담하고 해결점을 찾아주면서 수백 가지의 실전경험과 법률지식을 얻게 되었습니다. 이제는 지지옥션교육원장이 되면서 저에게 찾아온 분들과 저와 인연을 맺게 된 분들에게 그동안 얻은 경매 전문지식과 실전경험을 아낌없이 전달하고자 이 책을 경매지침서로 저술하게 되었습니다.

제가 강의에서도 수없이 밝혔지만 부동산 경매는 아는 만큼 수익을 얻을 수 있는 아주 철저하게 현실적인 시장입니다. 풍뎅이가 쪼아 흠집 난 과일은 시장가치가 없지만, 흠집 난 부분을 잘 도려낸다면 매우 당도가 높은 과일을 싸게 먹을 수 있는 기회가 주어지게 되며, 아예 서리 맞아 얼어버린 과일은 거저 얻을 수도 있습니다. 또한 이것을 잘만 발효시키면 식초도 만들 수 있고 더 높은 수준의 전문가는 향기 좋은 술도 만들 수 있는 것과도 같습니다.
이렇듯 위험을 제거하는 능력이 바로 수익을 창출하는 능력인 것입니다.

여러분들도 얼어버린 사과로 술을 만들어내는 경매고수가 되기를 꿈꿀 것입니다. 그것은 결코 불가능한 일도 아니며 여러분께도 그러한 기회는 다가올 것입니다.
매년 40만 건이 훨씬 넘는 물건이 부동산 경매 시장에 나오고 있는 게 현실입니다. 그 40만 건 중에 하나만이라도 그 물건이 가지고 있는 위험을 제거하고 제대로 취득한다면 바로 많은 수익과 직결되는 것이 부동산 경매인 것입니다.

이 책은 경매 판례에 대한 쉬운 해설과 경매 전반에 대한 모든 것들을 상세히 설명하고 있습니다. 또한 부동산 경매를 처음 공부하시는 분들을 위한 실전경매에서 꼭 필요한 부분을 담았고 실전과 결합하여 이해가 쉽도록 설명하고 있습니다. 경매고수로 거듭나고 싶어하는 대한민국의 경매인들에게 실제로 필요한 살아 있는 지식을 담았습니다. 특수물건 사례에 대해서는 여러분처럼 경매지식이 부족한 분들이 저에게 공부한 후에 낙찰 받은 사례를 기술하였습니다.
물론 이 책으로 부동산 경매를 다 배울 수는 없습니다. 하지만 제가 오랜 시간동안 배우고 겪었던 지식과 경험을 이 책을 통해 여러분에게 전달하여 좀 더 짧은 시간과 적은 노력으로 부동산 경매에 입문할 수 있도록 하였습니다.
이 책을 통해 수익률이 높은 부동산 경매시장에서 성공적인 재테크로 여러분의 삶이 더욱 윤택해지길 기원하며 건승을 빕니다.

2013년 정월에
저자 裕觀 문 동 진

머리말 004

CHAPTER 1 부동산 경매의 개념과 용어해설 009
  1. 부동산 경매(競賣)의 개념
  2. 부동산 경매시장의 장, 단점
  3. 부동산 경매제도의 변천
  4. 각종 경매용어 해설

CHAPTER 2 부동산 경매 진행 절차 029
  1. 경매절차의 개요
  2. 경매신청 및 경매개시결정
  3. 배당요구의 종기 결정 및 공고
  4. 매각의 준비
  5. 매각방법 등의 지정·공고·통지
  6. 매각(입찰)의 실시
  7. 매각결정절차
  8. 매각대금의 납부
  9. 소유권 이전
  10. 배당

CHAPTER 3 주택, 상가임대차보호법과 경매 073
  1. 주택임대차보호법 의의
  2. 적용 범위
  3. 존속 기간
  4. 주택임차권의 대항력
  5. 확정일자와 우선변제권
  6. 소액임차인 최우선변제권
  7. 임차권등기명령제
  8. 기타
  9. 상가건물임대차보호법 의의
  10. 적용 범위

11. 상가임대차보호법 시행령 2조에서 정하는 보증금 (환산보증금)
12. 대항력과 대항요건
13. 우선변제권
14. 차임(월세)의 보증금 환산 방법
15. 상가임차인의 권리와 의무
16. 상가임대차의 존속기간
17. 보증금 인상제한 및 월세전환 시 제한
18. 경매신청 시 집행개시요건의 완화
19. 상가 임대차 보호법의 적용
20. 임대차 보호법 비교

CHAPTER 4 물권의 종류 및 경매대상물 ········· 121

1. 물권과 채권
2. 권리 상호간의 우열관계
3. 물권의 종류
4. 법정물권 및 경매의 중요물권
5. 경매대상물

CHAPTER 5 권리분석 ········· 161

1. 총설
2. 물건분석
3. 권리분석
4. 권리의 소멸 또는 인수
5. 주택(상가) 임대차 권리분석
6. 각종 권리분석 사례

CHAPTER 6 배당 및 실제사례 ········· 183

1. 총설
2. 배당절차
3. 배당순위
4. 배당실무

CHAPTER 7 인도, 명도 ········· 207

1. 인도명령
2. 명도 소송

CHAPTER 8 부동산 등기법 ·· 225
    1. 부동산 등기제도의 의의
    2. 등기제도
    3. 등기절차
    4. 등기의 종류
    5. 등기부
    6. 소유권이전 등기의 절차 및 작성요령

CHAPTER 9 특수물건 실전사례 ································ 251

부록 경매관련 서식 ······································· 265

실전! 부동산 경매 완전정복 Ⅰ

CHAPTER
1

부동산 경매의 개념과 용어 해설

1. 부동산 경매(競賣)의 개념

1. 경매(競賣)의 의의와 종류

채무자가 기일 내 채무를 갚지 않을 때, 채권자가 법원으로부터 경쟁방식을 통해 채무자(또는 물상보증인)의 부동산을 강제로 매각하여 그 대금으로 채권자의 채무를 변제받는 절차를 말한다.

경매에는 개인 간에 이루어지는 사경매와 법원, 자산관리공사가 실시하는 공경매가 있는데 여기서 말하는 경매는 공경매를 말한다.

경매 신청된 부동산이 입찰을 통해 매각되면 채권자는 채권을 회수하고 경매가 종료되는데 이처럼 경매가 채권, 채무관계를 최종적으로 정리하여 주는 것이다.

경매에는 집행권원으로 진행되는 강제경매와 담보권으로 진행하는 임의경매가 있다.
이들은 신청절차에서만 차이가 있고 경매집행을 하는데 있어서는 민사집행법에 의해 이루어지기에 차이가 없다.

2. 경매의 주변 법률

1) 광의의 강제집행이란 민사집행법에 의한 민사집행(경매)와 국세징수법에 의한 행정상 강제집행 절차인 체납 처분 절차(공매)로 나눌 수 있다.

2) 민사집행(경매)은 채무명의(민집, 집행권원)에 의한 권리실현(채권회수)절차인 강제경매와 담보권 실행을 위한 임의경매절차로 구분된다.

- 강제경매와 관련해서, 민사집행법
- 임의경매와 관련해서, 환가권의 원인이 된 민법(저당권), 공장저당법, 민사집행법과 배당에 관련해서 상법(선박우선특권), 근로기본법(임금채권), 주택임대차보호법(보증금), 국세기본법(조세채권우선원칙), 각종 등기와 소유권이전을 위한 부동산 등기법 등이 있다.

3. 경매의 종류

1) 강제경매

집행권으로 진행되는 경매가 강제경매인데 여기서 집행권원은 사법상 일정한 이행청구권의 존재와 범위가 표시되고, 그 청구권을 강제적으로 실현할 수 있는 집행력이 인정된 공정증서를 말한다.

집행권원은 문서 그 자체를 말하며, 그 문서에 표시된 청구권을 말하는 것이 아닌데 구 민사소송법 제519조에서 사용하던 '채무명의'를 민사집행법으로 분리, 제정하면서 '집행권원'이란 새로운 법률용어로 나타나게 되었다. (민집 제56조)

채무자가 채무를 변제하지 않을 때, 채권자는 채무를 변제받기 위하여 법원으로부터 채무자는 채무를 변제하라는 판결을 받은 후, 집행문 부여 등 절차를 거쳐 채무자의 부동산을 압류한 다음 강제매각해 달라는 경매신청을 하고 법원이 이를 결정함으로써 강제경매가 진행되는 것이다.

집행권원은 강제집행의 불가결한 기초로서 민사소송법 기타 법률에 규정되어 있다. 집행권원의 대표적인 것은 다음과 같다.

법률규정에 의한 집행권원
① 확정된 이행판결문 - 이행의 소에서 얻은 승소판결문, 외국법원의 판결에 대한 집행판결 ② 가집행 선고부 판결 - 가집행을 할 수 있음을 선고한 판결 ③ 확정된 지급명령 - 법원의 지급명령에 대하여 채무자의 이의가 없어 확정된 것 ④ 각종 조서 - 화해조서, 조정조서, 인락조서 등 ⑤ 공증된 금전채권문서 - 채무자가 강제집행을 승낙한 취지의 기재가 있는 공증된 금전채권문서

2) 임의경매

채무자가 채무를 변제치 못하면 채무자 소유의 부동산을 처분하여 채무변제에 충당하여도 좋다는 뜻으로 저당권, 전세권, 담보가등기권 등의 담보권을 설정한다.

이처럼 임의경매는 저당권, 전세권, 질권, 유치권, 담보가등기권 등 담보물권의 실행을 위한 경매로서 채무를 변제치 못할 시 별도로 재판할 것 없이 곧바로 법원에 그 부동산을 처분해 달라는 경매를 신청하면 담보권의 존재만 확인하고 경매를 진행하는 것이다. 여기서 말하는 임의경매의 정확한 이름은 담보권 실행을 위한 임의경매이다.

담보권의 부존재를 증명하는 서류
① 담보권의 등기가 말소된 등기부의 등본 ② 담보권의 등기를 말소하도록 명한 확정판결의 정본 ③ 담보권이 없거나 소멸되었다는 취지의 확정판결의 정본 ④ 채권자가 담보권을 실행하지 아니하기로 하거나 경매신청을 취하하겠다는 취지

⑤ 피담보채권을 변제받았거나 그 변제를 미루도록 승낙한다는 취지의 서류
⑥ 담보권 실행을 일시정지 하도록 명한 재판의 정본

3) 형식적 경매

민법, 상법 기타법률의 규정에 따른 현금화를 위한 경매

① 공유물 분할을 위한 경매 (민 269/2)
② 변제자의 변제공탁을 위한 경매 (민 490)
③ 한정승인, 재산분리의 경우에 상속권자나 수증자에게 변제하기 위한 상속재산의 경매 (민 1037, 1051/3)
④ 상인간의 매매목적물, 운송물, 임치물 등의 자조매각을 위한 경매 (상 67. 70)
⑤ 주식 병합이나 분할의 경우와 회사정리계획에 따른 신주발행 경우의 주식의 경매 (상 443, 530/3, 회사정리법 254/3)
⑥ 선박의 국적 상실을 방지하기 위한 선박 지분의 경매 (상 757)
⑦ 선적항회에서 수선 불능이 된 선박의 경매 (상 777)
⑧ 유치권에 기초한 경매 (집 274)

※ 형식적 경매절차는 목적물에 대해 강제경매 또는 담보권 실행 등을 위한 경매 절차가 개시된 경우에는 이를 정지하고, 채권자 또는 담보권자를 위하여 그 절차를 계속 진행

4. 강제경매와 임의경매의 차이

강제경매는 채권자가 판결 등 집행권원을 얻어 경매신청을 하여야 하나, 임의경매는 저당권 등 담보물권에 기하여 신청하는 경매이다. 양자는 그 절차에 있어서는 큰 차이가 없

으며, 민사집행법도 강제경매절차를 중심으로 규정하고 임의경매에 대하여는 강제경매절차를 준용하도록 하고 있다.

1) 공신력 효과

① 강제경매

강제경매는 공신력이 인정된다. 일단 유효하게 경매 완결된 때는 훗날 그 집행권원에 표상된 실체상 청구권이 당초부터 부존재/무효라든가, 경매절차 완결시까지 변제 등의 사유로 인하여 소멸하거나, 나아가 재심으로 집행권원이 폐기된 경우라 하더라도 경매 절차가 유효한 한 매수인이 유효하게 목적물의 소유권을 취득할 수 있다.

② 임의경매

경매법원은 담보권 및 피담보채권의 존부를 심사하여 담보권의 부존재/무효, 피담보채권의 불발생/소멸 등과 같은 실체상의 흠이 있으면 경매개시결정을 할 수 없으며, 간과하고 경매 개시되어 매각되더라도 매각불허가 사유에 해당한다.

2) 송달방법의 특례

일정한 금융기관 등이 신청한 임의경매의 경우에는 부동산 등기부에 기재된 주소 및 주민등록표상 기재된 주소로 발송함으로써 송달이나 통지가 이루어진 것으로 본다. (금융기관부실자산 등의 효율적 처리 및 한국 자산관리공사의 설립에 관한 법률 { 45의2①)

일정한 금융기관

① 채권자 또는 채권회수 수임인으로서의 한국자산관리공사
② 외국금융기관의 지점 또는 대리점
③ 예금보험공사 및 정리금융기관
④ 보험업법에 의한 보험사업자
⑤ 상호저축은행, 신용보증기금, 여신전문금융회사, 기술신용보증기금

🏠 강제경매와 임의경매의 비교

구분	강제경매	임의경매
채무명의(집행권원)의 요부	필요	불필요
경매 절차의 정지사유	강제집행의 취소/정지 등을 명한 재판 정본, 화해조서 정본을 제출	담보권의 부존재를 증명하는 서류제출
공신력 효과의 유무	유	무
실체상 흠이 경매 절차에 미치는 영향	청구이의의 소로만 구성	이의신청, 즉시항고 가능
송달 방법의 특례	도달주의	도달주의 원칙, 예외적 발송주의

2 부동산 경매시장의 장, 단점

1. 경매시장의 장점

1) 높은 수익이 가능하다.

싸게 살 수 있는 것이 경매의 가장 큰 매력이다.

경매는 경기가 불황일 때 더 큰 매력인데 부동산 가격이 10% 하락하면 경매부동산은 유찰 횟수가 한번 더 늘어나 20% 이상의 가격하락이 유도되고, 경우에 따라서는(인천법원 등) 30% 이상의 가격하락도 바라볼 수 있어 그만큼 수익률이 커진다.

정확하고 심도있는 권리분석과 세밀한 현장조사를 통한 투자를 할 경우 시세의 50% 미만으로 낙찰받을 수 있는 물건도 상당수 있다.

2) 물건정보가 정확하고 거래가 안전하다.

국가가 인정한 공신력 있는 감정평가기관에 의해 감정평가되므로 일반부동산에 비해 가격에 대한 신뢰도가 높으며, 일반부동산 시장에서는 높은 가격으로 매도하려고 물건을 포장하지만 경매시장은 포장되지 않은 물건이 있는 그대로 나오기에 부동산 초보자도 안전하게 거래 할 수 있다.

권리분석만 정확히 한다면 일반부동산보다 안전하며, 사기성 있는 부동산은 법원경매에는 존재하지 않는다.

3) 다양한 물건으로 양질의 우량물건이 많다.

개인 및 회사의 파산 등으로 경매물건이 폭주하고 있으며, 부동산 경기가 하락하면서 양질의 우량물건도 경매시장에 많이 나오고 있다.
또한 지역적으로, 종류별로 자신이 필요한 물건을 쉽게 찾아 구입할 수 있다.

4) 일반거래보다 부동산규제를 덜 받는다.

정부에서는 각종 개발사업과 함께 토지거래허가구역을 확대하고 투기과열지구, 투기지역 지정 등 부동산투기 억제대책을 내놓고 있다.
그러나 이런 부동산규제책은 경매시장에서는 오히려 호기가 된다. 토지거래허가구역 내에서 일정면적 이상 취득 시 토지거래허가를 받아야 하지만 경매에서는 면적에 제한 없이 토지거래허가가 필요없기 때문에 전국 어느 토지든 자유롭게 취득할 수 있다.

5) 등기부등본이 깨끗이 정리된다.

일반부동산을 매입할 때에는 등기부등본상에 복잡하게 얽혀있는 이해관계인을 일일이 만나 협의해서 인수하거나 말소해야 하는 불편함이 있지만 경매는 특별한 경우를 제외하고는 등기부등본상 모든 권리관계가 깨끗하게 정리된다.

6) 권리금, 시설비가 없고, 무한대 수익이 발생될 수 있으며, 대출상품이 좋은 것 등이 경매의 장점이다.

2. 경매시장의 단점

1) 인도, 명도 문제가 따른다.

경매에서는 대금을 납부하고 소유권을 취득하고서도 실질적인 부동산을 명도받지 못하여 정당한 소유권행사를 하지 못하는 경우가 있을 수 있다.

따라서 일반부동산에 비해 인도, 명도를 받기가 쉽지 않을 경우를 대비하여 충분한 시간을 가지고 경매에 참여하여야 할 것이다.

2) 정확한 권리분석 등 전문지식이 요구된다.

보통 일반부동산은 중개사를 통해 쉽게 취득이 가능하나 경매물건은 정확한 권리분석을 통해야만 안전하게 소유권을 취득 할 수 있으므로 전문지식이 요구되며, 더 높은 고수익이 창출되는 물건일수록 고도의 전문지식이 요구된다.

3) 경매부동산 취득의 가변성

경매부동산과 관련된 이해관계인의 이의제기 등으로 소유권취득이 늦어질 수 있으며, 대금납부 전에 채무변제 등으로 경매가 취소되는 경우와 같이 소유권 취득이 확정적이지 못하다.

3 부동산 경매제도의 변천

1. 경매제도의 연혁

- ▶ 민사소송법 개정 : 1960. 4. 4. (법률 제 547호)
- ▶ 경매법 제정 : 1962. 1. 15 (법률 제 968호)
- ▶ 경매법 폐지 및 민사소송법에 흡수 : 1990. 1. 13 (법률 제 4201호)
  　　　　　　　　　　　　　　　　　폐지, 시행은 1990. 9. 1
- ▶ 민사집행법 제정 : 2002. 1. 26 (법률 제 6627호)
- ▶ 민사집행법 시행 : 2002. 7. 1

2. 경매방식의 변천

경매법	민사소송법	민사집행법
호가제	호가제 원칙 + 기일입찰제 (서울민사지방법원에서 기일입찰제 시행 후 전국법원 채택)	호가제, 기일입찰제, 기간입찰제를 법원 재량에 의해 선택적으로 행사하도록 규정 (집 1030)

▶ 현재 거의 모든 법원에서 기일입찰제 시행
▶ 천안지원의 경우 유일하게 1기일 2회 입찰제를 시행
   1차 오전 10시, 2차 오후 2시
     당일 최종 유찰시 1주일 후에 다음 기일 진행 (30%씩 저감)
▶ 대전지방법원 (오전 10시, 30%씩 저감)
▶ 의정부지원 (오전 10시 30분, 20%씩 저감)
▶ 인천, 부천지원 (오전 10시, 30%씩 저감)

3. 경매 용어의 변천

경매법	민사소송법(입찰제 실시 이후)	민사집행법
경매기일	입찰기일	매각기일
경락일	낙찰기일	매각결정기일
최고가매수신고인	최고가입찰자	최고가매수신고인
차순위매수신고인	차순위입찰신고인	차순위매수신고인
경락허부 결정	낙찰허부 결정	매각허부 결정
경매인	낙찰자	매수인
경매명령	입찰명령	매각명령
경락허가	낙찰허가	매각허가

4. 각종 경매 용어해설

1. 타경
2010 타경 12345호에서 2010은 2010년 사건을 나타내며 타경은 경매사건이라는 뜻이고 12345는 사건번호를 말하는 것이며 2010-12345로 표시하기도 한다.

2. 응찰(應札)
경매입찰에 응하는 행위를 말한다.

3. 유찰(流札)
응찰자가 없거나 자격이나 준비물 미비로 입찰한 결과 무효가 선언되어 다음 경매에 넘어가게 되는 것으로, 통상 다음 입찰 때는 20~30%가 저감된다.

4. 입찰기일(경매기일)-매각기일
법원에서 입찰을 실시하는 날을 말하며, 신법에서는 매각기일이라는 용어를 사용한다.

5. 매각결정기일
낙찰허가결정이 선고된 후 1주일 내에 이해관계인이 항고하지 않으면 낙찰허가 결정이 확정된다. 이를 매각결정기일이라 하며 통상 매각결정기일로부터 1개월 이내에 대금납부기한이 지정된다.

6. 법정매각조건
경매의 일반적인 매각조건으로서, 모든 경매절차에 공통하여 법이 미리 정한 매각조건, 최저경매가 미만의 매각 불허, 무잉여 금지, 과잉경매 금지, 채무자의 입찰불허 등이 법정매각조건에 해당된다.

7. 특별매각조건

경매절차에서 특별히 정한 매각조건으로서, 이해관계인 전원의 합의 또는 법원의 직권으로 변경한 매각조건을 말한다. 재경매시 입찰보증금이 20%라는 것, 농지취득자격증명이 필요하다는 것, 대지권이 없는 건물의 경매 등이 특별매각조건에 해당된다.

8. 개별경매

개개의 부동산마다 최저입찰가격을 정하여 각각 하나씩 매각하는 방법을 말한다.

9. 일괄경매

여러 개의 부동산을 한 번에 뭉쳐서 매각하는 것으로, 같이 묶어서 매각하는 것이 해당부동산의 가치를 극대화하는 경우 적용된다. 일괄경매의 경우에는 최저경매가도 합산하여 기재하고, 일괄경매에 처해진 부동산 중 일부에 매각불허가 사유가 있으면 전체에 대해 매각불허가 결정을 내리고 일괄경매에 대해 이의도 가능하다.

10. 분할경매

한사람이 여러 개의 부동산에 저당권을 설정했다가 경매로 넘어가는 경우에 그 물건들을 한꺼번에 살 사람이 없어 유찰될 수 있기 때문에 낱개로 나누어 매각하는 것을 말한다.

11. 과잉경매

수 개의 부동산을 경매한 경우에 1개의 부동산의 매각대금으로 각각의 채권자에게 변제하고 강제집행 비용에 충분할 때를 가리킨다.

12. 정지(停止)

채권자 또는 이해관계인 신청에 의해 법원이 경매진행절차를 정지시키는 것을 말하며, 임의경매의 경우에 경매정지를 위해서는 담보권 등기가 말소된 등기부등본, 담보권이나 피담보채권이 변제를 받거나 변제의 유예를 승낙한 취지를 기재한 사유서를 제출해야 한다.

13. 변경(變更)

새로운 사항의 추가, 매각조건의 변경, 권리의 변경, 송달의 부적법, 입찰물건 명세서 작성의 하자 등 경매진행 절차상 하자가 발생된 경우 또는 지정된 기일에 경매를 진행시킬 수 없을 때 법원의 직권으로 경매일정을 변경하는 것을 말한다.

14. 연기(延期)

채무자, 소유자 또는 이해관계인 신청에 의해 경매신청채권자의 동의를 얻어서 매각기일을 연기하는 것을 말한다. 경매신청자에게 연기해 주는 것은 2회에 한해 연기가 된다.

15. 취소(取消)

채무의 변제 또는 경매원인의 소멸, 잉여 없는 경매의 경우에 법원이 경매개시결정을 취소하는 것을 말하며, 경매결정이 취소되면 집행 법원은 압류채권자에게 이를 통지하여야 한다. 이해관계인은 취소결정이 나면 즉시 항고 할 수 있다.

16. 취하(取下)

경매신청채권자가 경매신청을 철회하는 것으로, 더 이상 경매가 진행되지 않고 종결된다. 이러한 철회는 경매개시결정부터 대금을 납부할 때까지 가능하며 최고가매수인이 결정된 후에는 최고가매수인의 동의가 필요하다.

17. 기각(棄却)

신청자체는 법원이 받아들이지만, 그 신청의 내용이 이유없다고 인정하는 것을 말한다.

18. 각하(却下)

각종 신청 시 절차나 형식이 부적법한 경우에 법원이 신청 자체를 받아들이지 않는 것을 말한다.

19. 차순위매수신고인(최고가입찰자)

입찰자 중에서 최저매각가 이상의 가격들 중 가장 높은 입찰액을 적어 신고한 매수인을 최고가매수신고인이라 한다.

20. 차순위매수신고인

최고가매수신고인 이외의 입찰자 중에서 그 신고액이 최고가매수신고액에서 그 보증금을 뺀 금액을 넘는 가격으로 입찰에 응한 후 법원에 이를 신고한 자를 말한다. 최고가매수신고인 이외의 입찰자가 할 수 있는 신고로서 최고가매수신고인에 대한 매각이 불허되거나, 매각대금을 납부하지 않을 경우 재매각을 하지 않고 차순위매수신고인에게 매각을 허가하는 것을 차순위매수신고 제도라 한다.

21. 신경매

경매를 실시하였으나, 유찰되어 매수자가 결정되지 않아 다시 실시하는 경매 또는 최고가매수인이 결정되었다가 매각불허가되거나, 매각허가가 취소되는 경우 실시하는 경매를 말한다.

유찰로 인한 신경매의 경우에는 다음 매각기일에 최저매각가격의 20~30% 저감되어 입찰이 실시된다. 그러나 낙찰불허가로 인한 신경매의 경우에는 종전의 최저 경매가를 그대로 적용하여 입찰한다. 대금 지급까지 마친 후에 추완 항고에 의해 낙찰허가 결정이 취소된 경우에도 신경매를 실시한다 (대법원 판례).

22. 재경매

낙찰자가 대금 지급 의무를 이행하지 않아 법원의 직권에 의해 다시 경매를 실시하는 것을 말한다. 최저 경매가는 종전의 최저 입찰가로 하여야 하나, 입찰보증금이 10%에서 20%로 올라간다.

20%의 입찰보증금 기재에도 불구하고, 입찰보증금을 10%만 넣었을 경우 실무상 차순위가 있을 경우 무효로 처리하고 법원에 따라 즉시 보충한다는 서약으로 유효 처리하기도 한다.

23. 이중경매

2인 이상의 채권자가 시간적 간격을 가지고 순차적으로 경매신청을 하여 중복 경매 개시결정이 된 경우를 말한다. 선행 경매신청이 취하되거나, 그 절차가 취소된 때에는 이중경매신청 채권자의 우선순위에 따라 경매절차가 진행된다.

채권의 변제에 부족함이 없을 때 경매는 속행된다. 이 경우에 원칙적으로 경매준비 단계의 현황조사, 평가 등을 선행경매의 것으로 대체하나 속행 전 달라진 부분이 있으면 다시 현황조사, 평가를 수행한다.

24. 공유자우선매수신고

공유자는 매각기일까지 최저매각가격의 1/10(집규 제 63조 1항)에 해당하는 현금이나 유가증권 또는 공유자와 은행간 맺어진 기한의 정함이 없는 지급보증위탁계약증서서를 집행관에게 보관하게 하고 최고매수신고가격과 동일한 가격으로 매수할 것을 신고할 수 있다. 공유자가 우선매수신고를 한 경우에 최고가매수인은 차순위매수신고인의 지위에 있게 된다.

25. 명도(明渡)

건물 내에 있는 동산을 철거하고 거주자를 퇴거시킨 후 건물을 인도받는 것으로 명도는 인도의 한 형태이다.

26. 상계(相計)

채권자와 채무자가 서로 같은 종류의 채권, 채무를 가지고 있을 경우에 그 채권과 채무의 같은 액수를 서로 계산하기 위한 한쪽의 의사표시를 말한다.

27. 배당(配當)

매각대금 납부 후 관련 이해관계인(임차인, 채권자 등)에게 매각대금을 법적규정에 따라 분배하는 것을 말한다. 통상 대금납부 후 4주 후에 배당기일이 정해진다.

28. 제시 외 건물

경매대상인 토지 위에 있는 경매대상이 아닌 건물을 말한다. 처음부터 경매신청 채권자가 경매신청을 하지 않았거나 그 후의 경매절차에서도 경매대상으로 포함되지 않은 건물을 말한다. 실무에서는 제시외 건물이 경매대상에서 제외된 경우 '입찰 외

주택 소재', '입찰 외 창고 소재' 등으로 표시된다.

29. 특수 주소 변경

공동 주택의 경우 동, 호수가 변경되는 경우를 의미한다. 임차인의 착오로 인하여 동, 호수를 잘못 주민등록 한 경우에는 특수주소변경 이루어진 시점부터 주민등록이 된 것으로 본다. 담당공무원의 착오로 인하여 잘못된 동호수로 주민등록 한 경우에는 애초에 주민등록을 신청한 시점부터 주민등록이 된 것으로 인정된다.

30. 물권(物權)

특정의 물건을 배타적으로 지배하여 그 이익(사용, 수익, 처분)을 얻을 수 있는 지배권이며 절대적인 권리가 있다.
소유권, 점유권, 지상권, 지역권, 전세권, 유치권, 질권, 저당권이 있다.

31. 채권(債權)

채무자에게 급부를 청구할 수 있는 청구권으로 가압류, 채권 등이 있다.

32. 담보물권(擔保物權)

특정의 물건에 담보제공의 목적이 될 수 있는 물권으로 저당권, 유치권, 질권이 있다.

33. 용익물권(用益物權)

특정의 물건을 사용, 수익을 목적으로 제공될 수 있는 물권으로서 전세권, 지상권, 지역권이 있다.

34. 저당권(抵當權)

채권자가 채무자 또는 제 3자(물상보증인)로부터 점유를 옮기지 않고, 그 채권의 담보로 제공된 목적물에 대하여 일반 채권자에 우선하여 변제받을 수 있는 약정 또는 담보물권으로 확정된 채권을 말한다.

35. 근저당권(根抵當權)

일정 기간동안 증감변동한 불특정의 채권을 결산기에 최고액을 한도로 담보하기 위한 저당권이다. 예컨대, 원금에 30%를 할증하여 채권최고액을 설정하고 채권최고액 범위안에서만 근저당권의 효력이 미치며 이를 초과하는 부분은 우선변제를 받지 못한다.

36. 압류(押留)

채권자 등의 신청을 받은 국가기관이 강제로 다른 사람의 재산처분이나 권리행사를 못하게 하는 행위를 말한다. 경매에서는 금전채권에 관하여 강제집행의 제 1단계로서 집행기관이 채무자의 재산(물건 또는 권리)의 사실상 또는 법률상의 처분을 금지하고 이를 확보하는 강제행위이다.

37. 가압류(假押留)

금전 또는 금전으로 환산될 수 있는 재산을 그대로 두면 장래 강제집행이 불가능하게 되거나, 곤란하게 될 경우에 미리 일반 담보가 되는 채무자의 재산을 압류하여 현상을 보전하고, 그 변경을 금지하여 장례의 강제집행을 보전하는 절차이다.

38. 가등기(假登記)

물권의 설정이나 소유권의 이전, 변경, 소멸의 청구권을 보전하기 위하여 하는 등기로서 소유권이전 청구권가등기와 채권 확보를 위한 담보가등기로 구분된다.

39. 가처분(假處分)

소유물 반환 청구권, 임차물 인도청구권 등과 같이 특정물에 대한 각종 청구권을 가지는 채권자가 장차의 집행보전을 위하여 현재의 상태대로 현상을 고정, 유지할 필요가 있을 때 채무자의 재산 은닉, 제 3자에 대한 양도등의 처분을 금지시키고 그 보관에 필요한 조치를 해두는 보전 처분이다.

40. 지상권(地上權)

다른 사람의 토지에 건물 기타의 공작물이나 수목을 소유하기 위하여 토지를 사용할 수 있는 용익물건이다. 공작물이라 함은 지상 공작물 뿐만 아니라 지하 공작물도 포함된다. 수목은 식림(植林)의 대상이 되는 식물을 말하며, 경작의 대상이 되는 식물(벼, 보리, 야채, 과수, 뽕, 나무 등)은 포함되지 않는다.

지상권의 설정 기간은 최장 기간의 제한은 없으나 최단 기간은 제한을 두고 있다. 즉 견고한 건물이나 수목 30년, 기타 건물 15년, 건물 이외의 공작물은 5년이다.

41. 지역권(地役權)

일정한 목적을 위하여 타인의 토지를 자기의 편익에 이용하는 것을 내용으로 하는 용익물권이다. 타인의 토지(편익을 제공하는 토지:을지)를 승역지(承役地), 자기의 토지(편익을 받는 토지:갑지)를 요역지(要役地)라 한다. 지역권은 승역지를 적극적으로 이용하는 경우, 즉 통행지역권, 인수(引水)지역권 또는 용수(用水)지역권이 대표적이다.

42. 예고등기(豫告登記)

등기 원인의 무효나 취소 사유의 존재를 이유로 하여 법원에 등기말소 또는 등기회복의 소송이 제기된 경우에 이를 여러 사람에게 알려서 불측의 손해를 방지하기 위해 수소법원에서 직권으로 촉탁하는 등기이다. 말소기준보다 후순위로 되어 있다 하더라도 예고등기는 말소되지 않는다.

43. 환매 특약 등기

부동산 매매 시 계약과 동시에 특약에 의하여 일정한 조건 하에 매수인이 지급한 대금 및 매매 비용을 반환함으로써 매매 계약을 해지 할 수 있음을 등기한 것이다. 말소기준보다 후순위인 환매특약등기는 말소된다.

44. 환지등기

도시재개발 또는 토지구획정리사업의 일환으로 시행자의 신청 또는 촉탁에 의해 행해지는 등기이다.

45. 유치권(留置權)

타인의 물건이나 유가증권을 점유한 자가 그 물건이나 유가증권에 관하여 생긴 채권을 가지는 경우에 그 채권을 변제받을 때까지 그 목적물을 유치할 수 있는 권리이다. 법정담보물권으로서 등기하지 않아도 제 3자에 대항할 수 있다.

46. 분묘기지권

타인의 토지 위에 분묘라는 특수한 공작물을 설치하는 경우 그 분묘를 소유하기 위해 분묘의 기지부분인 타인 소유 토지를 사용할 수 있는 권리이다.

47. 아파트

건축법상 공동주택으로서 주택으로 쓰이는 층수가 5층 이상의 주택이다.

48. 연립주택

건축법령상 공동주택의 일종으로 동당 연면적(지하주차장 면적은 제외)이 660평당미터를 초과하고, 주택으로 쓰이는 층수가 4층 이하의 공동주택이다.

49. 다세대주택

주택으로 쓰이는 1개동의 바닥면적의 합계가 660 평당미터 이하인 4층 이하의 공동주택이다.

50. 다가구주택

지하층을 제외한 주택으로 쓰이는 층수가 3개층 이하이고, 1개동의 주택으로 쓰이는 바닥면적의 합계가 660평방미터 이하이며, 19세대 이하가 거주할 수 있는 주택으로서 공동주택에 해당되지 않는 것을 말한다.

실전! 부동산 경매 완전정복 Ⅰ

CHAPTER 2

부동산 경매 진행 절차

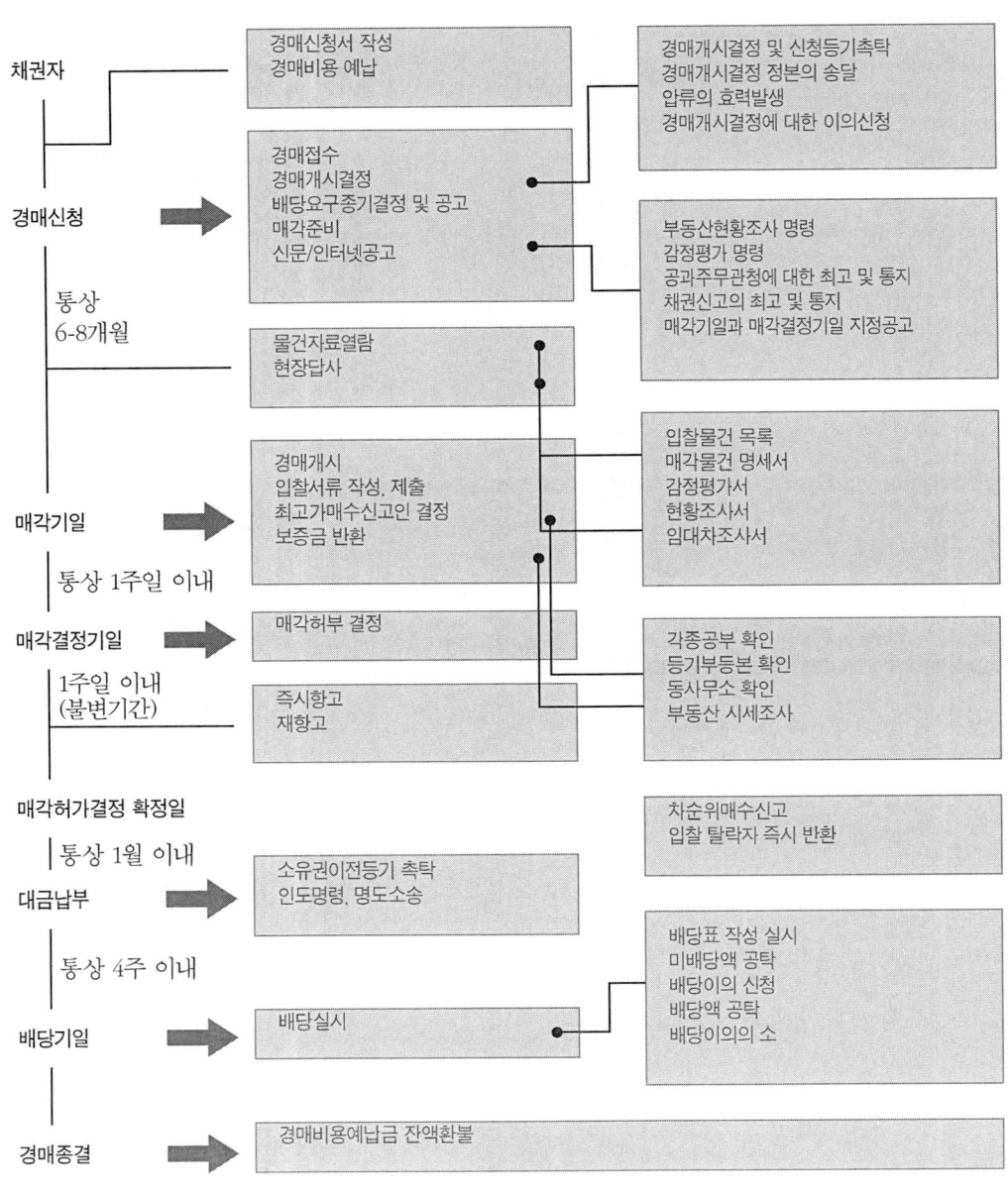

> 경매신청에서 종결까지의 기간은 통상적인 기간이며 이의신청이나 송달여부, 기타 절차 등에서 사건별로 기간이 다를 수 있습니다.

1. 경매절차의 개요

경매절차는 대체로 ① 목적물을 압류하여, ② 현금화한 다음, ③ 채권자의 채권을 변제하는 3단계의 절차로 진행된다. 다음부터 설명하는 내용은 2002. 7. 1.부터 시행된 민사집행법에 따른 것이다.

2. 경매신청 및 경매개시결정

1. 의의

채권자가 경매신청을 하면 법원은 경매개시결정을 하여 매각할 부동산을 압류하고 관할등기소에 경매개시결정의 기입등기를 촉탁하여 경매개시결정 사실을 등기부에 기입하도록 하고, 경매개시결정 정본을 채무자에게 송달한다.

2. 집행법원

부동산에 대한 강제집행은 그 부동산이 있는 곳의 지방법원이 관할한다. 부동산이 여러 지방법원의 관할구역에 있는 때에는 각 지방법원에 관할권이 있다.
이 경우 법원이 필요하다고 인정한 때에는 사건을 다른 관할 지방법원으로 이송할 수 있다(법 제79조).

3. 경매의 신청

경매절차가 강제경매와 임의경매로 나뉘게 되므로, 경매신청도 강제경매신청과 임의경매신청으로 나눌 수 있다. 경매를 신청하려면 경매신청서를 작성한 다음 첨부서류와 함께 관할 법원에 제출하여야 한다.

1) 경매신청서 접수

경매의 신청은 서면으로 하여야 하며, 집행법원은 경매신청서의 기재 및 첨부서류에 의하여 집행의 요건, 즉 부동산이 채무자의 소유인지, 압류금지 부동산이 아닌지 등에 관하여 형식적 심사를 한다.

① 첨부서류 : 임의경매는 담보권의 존재를 증명하는 서류, 강제경매인 경우는 채무명의(집행권원)를 첨부한다.
② 공동첨부서류 : 토지대장, 건축물관리대장, 등기부등본

2) 경매비용의 예납

① 경매신청 시 경매절차를 진행하는데 필요한 비용을 경매신청자가 예납한다.
② 경매비용은 신문공고료, 현황조사료, 감정료, 유찰수수료, 경매수수료 등으로 통상 부동산감정가의 1~2% 정도가 된다.
③ 예납비용은 매각대금의 배당순서에서 가장 우선변제를 받는다.

3) 관할법원

경매신청서를 제출할 관할 법원은 경매대상 부동산의 소재지를 관할하는 법원이다.

4. 경매개시결정

법원은 신청서와 첨부서류를 검토하여 강제집행의 요건, 집행개시의 요건 및 강제경매에 특히 필요한 요건(부동산이 채무자의 소유일 것, 압류금지 부동산이 아닐 것) 등에 관하여 심사하여, 신청인이 적법하다고 인정되면 강제경매개시결정을 한다. 신청인이 비용을 미리 내지 아니한 때에는 신청이 각하될 수 있다.

임의경매신청이 접수된 경우에도 집행법원은 임의경매에 필요한 요건(저당권의 존재 등)에 관하여 심사를 하여, 신청이 적법하다고 인정되면 임의경매개시결정을 한다.

> **경매 개시결정의 효력**
> 1. 경매개시결정의 효력은 압류의 효력
> 2. 압류의 효력
>   압류 후에는 소유자가 그 부동산을 제3자에게 양도하거나 또는 담보물권이나 용익물권을 설정하는 등 처분하여도 그로써 압류채권자(경매신청자)에게 대항하지 못한다.
> 3. 압류의 효력은 상대적이다
>   소유자의 처분권 자체를 박탈하는 것이 아니라 압류채권자와 낙찰인에게 대항하지 못하는 상대적 처분금지 효력으로서 압류 후에도 소유자가 그 부동산을 관리, 이용 할 수 있다.

5. 경매개시결정 기입등기의 촉탁

법원은 경매개시결정을 하면 즉시 그 사유를 등기부에 기입할 것을 등기관에게 촉탁한다. 등기관을 법원의 촉탁에 따라 경매개시결정의 기입등기를 한다.

6. 경매개시결정문의 송달

법원은 채무자에게 경매개시결정 정본을 송달한다. 임의경매의 경우에는 경매개시결정을 소유자에게만 송달하면 족하지만, 실무상으로는 소유자와 채무자 모두에게 송달하고 있다.

7. 경매개시결정에 대한 이의신청

이해관계인은 매각대금이 모두 지급될 때까지 법원에 경매개시결정에 대한 이의신청을 할 수 있다.

신청을 받은 법원은 이의신청에 대한 재판에 앞서, 채무자에게 담보를 제공하게 하거나 또는 제공하게 하지 아니하고 집행을 일시 정지하도록 명하거나, 채권자에게 담보를 제공하게 하고 그 집행을 계속하도록 명하는 등 잠정처분을 할 수 있다.

1) 이의 사유

강제경매인 경우 : 경매신청방식의 적부, 신청인 적격의 유무, 경매신청 부동산 표시의 적부 등이 있다.

임의경매인 경우 : 절차상의 하자, 실체상의 하자로서 예컨대 담보권의 부존재, 담보권의 소멸 등이 있다.

2) 이의 신청기간

최고가매수인이 매각대금을 납부할 때까지 이의신청이 가능하다.

8. 압류의 경합

강제경매절차 또는 담보권 실행을 위한 경매절차를 개시하는 결정을 한 부동산에 대하여

1) 다른 강제경매의 신청이 있는 때에는 법원은 다시 경매개시결정을 하고, 먼저 경매개시결정을 한 집행절차에 따라 경매한다.

2) 먼저 경매개시결정을 한 경매신청이 취하되거나 그 절차가 취소된 때에는 법원은 뒤의 경매개시결정에 따라 절차를 계속 진행하여야 한다.

3) 뒤의 경매개시결정이 배당요구의 종기 이후의 신청에 의한 것인 때에는 집행법원은 새로이 배당요구를 할 수 있는 종기를 정하여야 한다. 이 경우 이미 배당요구 또는 채권신고를 한 사람에 대하여는 같은 항의 고지 또는 최고를 하지 아니한다.

4) 먼저 경매개시결정을 한 경매절차가 정지된 때에는 법원은 신청에 따라 결정으로 뒤의 경매개시결정(배당요구의 종기까지 행하여진 신청에 의한 것에 한한다)에 기초하여 절차를 계속하여 진행할 수 있다.

3 배당요구의 종기 결정 및 공고

1. 의의

매각할 부동산이 압류되면, 집행법원은 채권자들이 배당요구를 할 수 있는 기간을 첫 매각기일 이전으로 정한다. 법원은 경매개시결정에 따른 압류의 효력이 생긴 때부터 1주일 안에 경매개시결정을 한 취지와 배당요구의 종기를 법원 경매정보 홈페이지의 법원경매공고란 또는 법원게시판에 게시하는 방법으로 공고한다.

2. 배당요구의 종기결정

경매개시결정에 따른 압류의 효력은 채무자에게 그 결정이 송달되거나 개시결정기입등기가 된 때에 발생하는데, 집행법원은 그 효력이 생긴 때부터 1주 안에 채권자들이 배당요구를 할 수 있는 종기를 결정한다. 배당요구의 종기는 첫 매각기일이전의 날짜로 결정된다.

3. 배당요구의 종기 공고

배당요구의 종기가 정하여지면 법원은 즉시 경매개시결정을 한 취지 및 배당요구의 종기를 공고한다.

4 매각의 준비

법원은 집행관에게 매각할 부동산의 현상, 점유관계, 차임 또는 보증금의 액수, 기타 현황에 관하여 조사를 명하고, 감정인에게 매각할 부동산을 평가하게 한다. 법원은 감정인의 평가액을 참작하여 최저매각가격을 정한다.

1. 현황조사

1) 현황조사 명령

법원은 경매개시결정을 한 뒤에(3일 이내) 집행관에게 부동산의 현상, 점유관계, 차임 또는 임대차 보증금의 액수, 그 밖의 현황에 관하여 조사하도록 명한다.
매수희망자는 집행관이 작성한 현황조사보고서를 통해 부동산에 관한 정보를 얻을 수 있다.

2) 집행관의 조사 및 조사권한

① 집행관의 조사
채권자는 공적 장부를 주관하는 공공기관에 미등기 건물인 경우에 그 건물의 지

번·구조·면적을 증명할 서류 및 그 건물에 관한 건축허가 또는 건축신고를 증명할 서류 증명하여 줄 것을 청구할 수 있다. 공공기관이 미등기 건물의 지번·구조·면적을 증명하지 못한 때에는, 채권자는 경매신청과 동시에 그 조사를 집행법원에 신청할 수 있으며, 신청을 받은 법원은 집행관에게 그 조사를 하게 하여야 한다.

② 집행관의 권한

집행관은 조사를 위하여 건물에 출입할 수 있고, 채무자 또는 건물을 점유하는 제3자에게 질문하거나 문서를 제시하도록 요구할 수 있다. 집행관은 건물에 출입하기 위하여 필요한 때에는 잠긴 문을 여는 등 적절한 처분을 할 수 있다(제85조 제2항, 제82조).

3) 현황조사보고서

집행관이 부동산의 현황을 조사한 때에는 다음 각호의 사항을 적은 현황조사보고서를 정해진 날(2주 이내)까지 법원에 제출하여야 한다.

현황조사보고서에는 조사의 목적이 된 부동산의 현황을 알 수 있도록 도면·사진 등을 붙여야 한다. 집행관은 현황조사를 하기 위하여 필요한 때에는 소속 지방법원의 관할구역 밖에서도 그 직무를 행할 수 있다.

현황조사 내용

1. 부동산의 현황 : 부동산의 위치 및 현황, 부동산의 내부구조
2. 부동산 점유자의 사용권한
3. 부동산의 임대차 관계 : 임대차 내용, 점유관계, 차임(借賃) 또는 보증금의 액수, 주민등록 전입 여부, 확정일자 여부
4. 기타현황 : 기계, 기구 등 부속물의 설치현황 그밖에 법원이 명한 사항 등에 대하여 조사

4) 현황조사보고서에 대한 판례

① 경매절차에 있어서 부동산 현황조사 및 매각물건명세서의 작성은 매각대상 부동산의 현황을 정확하게 파악하여 일반인에게 그 부동산의 현황과 권리관계를 공시함으로써 매수희망자가 매각대상 물건에 관하여 필요한 정보를 쉽게 얻을 수 있게 하여 예상 밖의 손해를 입는 것을 방지하고자 함에 그 목적이 있다(대법원 2004. 11. 9.자 2004마94 결정 참조).

대법원 2004. 11. 9. 자 2004마94 결정 【부동산낙찰허가】

【판시사항】

[1], [2]

[3] 경매절차에서 부동산현황조사 및 입찰물건명세서를 작성하도록 하는 취지

[4], [5], [6]

【결정요지】

[1]

[2]

[3] 경매절차에 있어서 <u>부동산현황조사 및 입찰물건명세서의 작성은 입찰대상 부동산의 현황을 되도록 정확히 파악하여 일반인에게 그 현황과 권리관계를 공시함으로써 매수 희망자가 입찰대상 물건에 필요한 정보를 쉽게 얻을 수 있게 하여 예측하지 못한 손해를 입는 것을 방지하고자 함에 있다.</u>

[4], [5], [6]

② 따라서 부동산 현황조사를 하는 집행관은 집행법원에 대하여는 물론 부동산의 매수희망자에 대한 관계에서도 목적부동산의 현황을 가능한 한 정확하게 조사할 주

의의무를 부담하고, 집행관이 현황조사를 행함에 있어서 통상 행하여야 하는 조사방법을 채택하지 아니하거나 조사결과에 대하여 충분한 검토 및 평가를 하지 아니하여 그 기재 내용과 목적부동산의 실제 상황 사이에 간과하기 어려운 차이가 발생한 경우에는 집행관이 그 주의의무를 위반하였다고 인정할 수 있다.

③ 한편 민사집행법 제85조 제1항은 집행관에 의한 부동산 현황조사의 대상으로 부동산의 점유관계, 차임 또는 보증금의 액수 등 임대차관계에 관한 사항을 포함하여 정하고 있고, '부동산 경매·입찰절차에서 현황조사 시 유의사항'(대법원 재판예규 제880호)은 "현황조사의 대상이 주택인 경우 임대차관계의 확인을 위하여 매각부동산 소재지에 주민등록 전입신고 된 세대주 전원에 대한 주민등록 등·초본을 발급받아 현황조사보고서에 첨부하여야 한다"고 정하고 있다. 그러므로 집행관은 주택에 대한 현황조사 시 임대차관계의 확인을 위하여 그 주택의 소재지에 전입신고 된 세대주의 주민등록을 확인할 주의의무가 있다고 할 것이다.

④ 그런데 구 주민등록법 시행령(2009. 8. 13. 대통령령 제21683호로 개정되기 전의 것. 이하 같다) 제9조 제3항은 "공동주택에 관한 주민등록표 등 주민등록 관계서류의 주소는 지번 다음에 건축물관리대장 등에 따른 공동주택의 명칭과 동·호수를 기록한다"고 정하고 있다. 그렇다면 공동주택에 대한 임대차관계의 현황조사를 하는 집행관으로서는 위와 같이 그 공동주택의 소재지에 전입신고 된 세대주의 주민등록을 확인함에 있어서 다른 특별한 사정이 없는 한 전입신고가 구 주민등록법 시행령 제9조 제3항에 따라 건축물관리대장 등에 표시된 공동주택의 명칭과 동·호수로 이루어졌을 것이라는 전제 아래 그 명칭으로 전입신고 된 세대주가 있는지를 확인하면 족하다. 그와 다른 명칭으로 전입신고 된 세대주가 있는지 여부까지 확인할 주의의무가 있다고 할 수 없다. 이는 그 공동주택의 외벽에 건축물관리대장 등에 표시된 명칭과 다른 명칭이 표시되어 있다고 하여도 기본적으로 달리 볼 것이 아니다(대법원 2010.4.29. 선고 2009다40615 판결 참조).

대법원 2010.4.29. 선고 2009다40615 판결 【손해배상】

【판시사항】

[1] 경매절차에서 부동산 현황조사를 하는 집행관이 부담하는 주의의무의 내용과 그 주의의무 위반을 인정할 수 있는 경우

[2] 경매주택에 대한 현황조사를 하는 집행관이 임대차관계의 확인을 위해 그 주택의 소재지에 전입신고 된 세대주의 주민등록을 확인할 주의의무가 있는지 여부(적극)

[3] 공동주택에 대한 임대차관계의 현황조사를 하는 집행관이 그 주택의 소재지에 전입신고 된 세대주의 주민등록을 확인함에 있어 건축물관리대장 등에 표시된 공동주택의 명칭으로 전입신고 된 세대주 외에 그와 다른 명칭으로 전입신고 된 세대주가 있는지 여부까지 확인할 주의의무가 있는지 여부(소극)

[4] 공동주택에 관한 경매절차에서 임대차관계의 현황조사를 하는 집행관이 건축물관리대장에 표시된 공동주택의 명칭인 "시티빌리지"로 전입신고 된 세대주의 주민등록만 확인하고 그 공동주택의 외벽에 표시된 명칭인 "씨티빌리지"로 전입신고 된 세대주의 주민등록을 확인하지 않아 집행법원이 현황조사보고서에 따라 매각물건명세서를 작성하면서 '조사된 임차내역 없음. 임대차관계 미상 현황보고서 참조'라고 기재함으로써, 경매절차에서 공동주택을 매수하여 소유권을 취득한 자가 "씨티빌리지"로 전입신고한 임차인에게 임대차보증금을 반환해 주는 손해를 입은 사안에서, 집행관에게 건축물관리대장에 표시된 명칭과 다른 명칭으로 전입신고 된 세대주의 주민등록까지 확인할 주의의무가 없다는 이유로 국가의 배상책임을 인정하지 않은 사례

5) 현황조사보고서 내용의 불비에 대한 대처

현황조사보고서의 기재내용에 불비 또는 부당한 내용이 있는 경우에는 집행에 대한 이의를 신청할 수 있고, 매각허가 이후에는 매각허가에 대한 이의 또는 매각허가결정에 대한 항고로 다툴 수 있다.

2. 부동산의 평가 및 최저매각가격의 결정

법원은 감정인에게 부동산을 평가하게 하고, 그 평가액을 참작하여 최저매각가격을 정한다. 최저매각가격은 매각을 허가할 수 있는 최저의 가격으로서 그보다 낮은 가격으로 하는 매수신고에 대하여는 매각이 허가되지 않는다.

1) 감정평가 및 평가서 제출

부동산을 평가한 감정인은 다음 각호의 사항을 적은 평가서를 정하여진 날까지 법원에 제출하여야 한다. 평가서에는 부동산의 모습과 그 주변의 환경을 알 수 있는 도면·사진 등을 붙여야 한다(규칙 제51조).

감정평가서 내용

1. 사건의 표시
2. 부동산의 표시
3. 부동산의 평가액과 평가일
4. 부동산이 있는 곳의 환경
5. 평가의 목적이 토지인 경우에는 지적, 법령에서 정한 규제 또는 제한의 유무와 그 내용 및 공시지가, 그 밖에 평가에 참고가 된 사항
6. 평가의 목적이 건물인 경우에는 그 종류·구조·평면적, 그밖에 추정되는 잔존 내구년수 등 평가에 참고가 된 사항
7. 평가액 산출의 과정
8. 그밖에 법원이 명한 사항

2) 최저매각가격의 결정

① 평가액을 참작

법원은 감정인(鑑定人)에게 부동산을 평가하게 하고 그 평가액을 참작하여 최저매각가격을 정하도록 하고 있으나(제97조), 실제로는 감정평가사의 평가금액이 그대로 최저매각가격으로 결정된다.

매수인은 최저매각가격 이상으로 입찰해야 하며, 최저매각가격에 미달하는 입찰은 무효가 된다. 또한 최저매각가격을 입찰보증금액을 정하는 기준이 되어, 입찰보증금은 최저매각가격의 10%가 된다.

② 유찰된 경우의 저감율 적용

최저매각가격 이상으로 입찰한 자가 없는 경우에는 저감률을 적용하여 다시 경매절차를 진행한다. 지방법원별 저감률은 다음과 같다.

각 법원별 저감율	
법원별	저감율
서울, 의정부	20%, 남부차량 30%
인천본원, 부천지원	30%
수원본원, 성남, 여주, 평택, 안산	20%
춘천본원	30%
대전본원, 홍성, 천안, 서산지원	30%
대전지원(논산, 공주)	20%
춘천지원(강릉, 원주, 속초, 영월)	30%
광주본원, 목포, 순천, 장흥	30%(첫), 20%
전주본원, 해남	20%
전주지원(군산)	20%
전주지원(성읍, 남원)	30%
청주본원, 제천지원	20%
청주지원(충주)	25%
청주지원(영동)	30%

부산본원, 동부	20%
부산본원 11계 차량 30%, 선박 40%	
부산동부 5계(기간) 선박 40%	
부산동부 6계 선박 20%, 차량 20%	
제주본원, 대구본원	30%
창원본원, 진주, 통영, 밀양	20%
거창	30%
울산본원, 아나동, 김천, 상주	20%
포항, 영덕, 의성, 경주	30%

3. 매각물건명세서의 작성, 비치

1) 매각물건명세서의 기재사항

법원은 매각물건명세서를 작성하고, 이를 매각기일 1주일 전까지 법원에 비치하여야 한다.

매각물건명세서에는 다음 각호의 사항을 기재하여야 한다(제105조).

매각물건명세서 기재사항

1. 부동산의 표시
2. 부동산의 점유자와 점유의 권원, 점유할 수 있는 기간, 차임 또는 보증금에 관한 관계인의 진술
3. 등기된 부동산에 대한 권리 또는 가처분으로서 매각으로 효력을 잃지 아니 하는 것
4. 매각에 따라 설정된 것으로 보게 되는 지상권의 개요

2) 매각물건명세서에 대한 판례

① 집행법원은 매각대상 부동산에 관한 이해관계인이나 그 현황조사를 실시한 집행관 등으로부터 제출된 자료를 기초로 매각대상 부동산의 현황과 권리관계를 되도록 정확히 파악하여 이를 매각물건명세서에 기재하여야 하고, 만일 경매절차의 특성이나 집행법원이 가지는 기능의 한계 등으로 인하여 매각대상 부동산의 현황이나 권리관계를 정확히 파악하는 것이 곤란한 경우에는 그 부동산의 현황이나 권리관계가 불분명하다는 취지를 매각물건명세서에 그대로 기재함으로써 매수신청인 스스로의 판단과 책임하에 매각대상 부동산의 매수신고가격이 결정될 수 있도록 하여야 한다.

그럼에도 집행법원이나 경매담당 공무원이 위와 같은 직무상의 의무를 위반하여 매각물건명세서에 매각대상 부동산의 현황과 권리관계에 관한 사항을 제출된 자료와 다르게 작성하거나, 불분명한 사항에 관하여 잘못된 정보를 제공함으로써 매수인의 매수신고가격 결정에 영향을 미쳐 매수인으로 하여금 불측의 손해를 입게 하였다면, 국가는 이로 인하여 매수인에게 발생한 손해에 대한 배상책임을 진다 (대법원 2010.6.24. 선고 2009다40790 판결 참조).

② 주택임대차보호법상 임차인으로서의 지위와 최선순위 전세권자로서의 지위를 함께 가지고 있는 자가 임차인으로서의 지위에 기하여 배당요구를 하였으나 집행법원이 매각물건명세서를 작성하면서 '등기된 부동산에 관한 권리 또는 가처분으로 매각허가에 의하여 그 효력이 소멸하지 아니하는 것'란에 아무런 기재를 하지 않고 경매를 진행한 사안에서, 위 최선순위 전세권은 경매절차에서의 매각으로 소멸되지 않고 매수인에게 인수되는 것이므로 매각물건명세서를 작성함에 있어서 위 전세권이 인수된다는 취지의 기재를 하였어야 할 것임에도 위와 같은 매각물건명세서의 잘못된 기재로 인하여 위 전세권이 매수인에게 인수되지 않은 것으로 오인한 상태에서 매수신고가격을 결정하고 매각대상 부동산을 매수하였다가 위 전세권을 인수하여 그 전세금을 반환하여야 하는 손해를 입은 매수인에 대하여 경매담당 공무원 등의 직무집행상의 과실로 인한 국가배상책임을 인정한 사례(대법원 2010.6.24. 선고 2009다40790 참조).

대법원 2010.6.24. 선고 2009다40790 판결 【손해배상(기)】

【판시사항】

[1]

[2] 집행법원이 매각물건명세서의 작성에 관하여 부담하는 의무의 내용 및 집행법원이나 경매담당 공무원이 매각물건명세서 작성에 관한 직무상의 의무를 위반한 경우, 국가배상책임이 성립하는지 여부(적극)

[3] 매각물건명세서를 작성하면서 매각으로 소멸되지 않는 최선순위 전세권이 매수인에게 인수된다는 취지의 기재를 하지 아니한 경매담당 공무원 등의 직무집행상의 과실로 인하여 매수인이 입은 손해에 대하여 국가배상책임을 인정한 사례

【판결요지】

[1]

[2] 집행법원은 매각대상 부동산에 관한 이해관계인이나 그 현황조사를 실시한 집행관 등으로부터 제출된 자료를 기초로 매각대상 부동산의 현황과 권리관계를 되도록 정확히 파악하여 이를 매각물건명세서에 기재하여야 하고, 만일 경매절차의 특성이나 집행법원이 가지는 기능의 한계 등으로 인하여 매각대상 부동산의 현황이나 관리관계를 정확히 파악하는 것이 곤란한 경우에는 그 부동산의 현황이나 권리관계가 불분명하다는 취지를 매각물건명세서에 그대로 기재함으로써 매수신청인 스스로의 판단과 책임하에 매각대상 부동산의 매수신고가격이 결정될 수 있도록 하여야 한다. 그럼에도 집행법원이나 경매담당 공무원이 위와 같은 직무상의 의무를 위반하여 매각물건명세서에 매각대상 부동산의 현황과 권리관계에 관한 사항을 제출된 자료와 다르게 작성하거나 불분명한 사항에 관하여 잘못된 정보를 제공함으로써 매수인의 매수신고가격 결정에 영향을 미쳐 매수인으로 하여금 불측의 손해를 입게 하였다면, 국가는 이로 인하여 매수인에게 발생한 손해에 대한 배상책임을 진다.

[3] 주택임대차보호법상 임차인으로서의 지위와 최선순위 전세권자로서의 지위를 함께 가지고 있는 자가 임차인으로서의 지위에 기하여 배당요구를 하였으나 집행법원이 매각물건명세서를 작성하면서 '등기된 부동산에 관한 권리 또는 가처분으로

> 매각허가에 의하여 그 효력이 소멸하지 아니하는 것'란에 아무런 기재를 하지 않고 경매를 진행한 사안에서, 위 최선순위 전세권은 경매절차에서의 매각으로 소멸되지 않고 매수인에게 인수되는 것이므로 <u>매각물건명세서를 작성함에 있어서 위 전세권이 인수된다는 취지의 기재를 하였어야 할 것임에도 위와 같은 매각물건명세서의 잘못된 기재로 인하여 위 전세권이 매수인에게 인수되지 않은 것으로 오인한 상태에서 매수신고가격을 결정하고 매각대상 부동산을 매수하였다가 위 전세권을 인수하여 그 전세금을 반환하여야 하는 손해를 입은 매수인에 대하여 경매담당 공무원 등의 직무집행상의 과실로 인한 국가배상책임을 인정한 사례.</u>

3) 매각물건명세서의 정정 및 변경

① 법원의 직권변경

매각물건명세서는 그 기재에 잘못이 있거나 변동이 생긴 때에는 비치·열람을 하게 한 후라도 직권으로 정정·변경할 수 있다.

② 사본이 비치된 이후에 정정 및 변경된 경우

매각물건명세서의 사본을 비치한 이후에 그 기재 내용을 정정·변경하는 경우에 판사는 정정·변경된 부분에 날인하고 비고란에 "2000. 0. 0. 정정·변경"이라고 적는다. 권리관계의 변동이 발생하여 매각물건명세서를 재작성하는 때에는 기존의 매각물건명세서에 "2000. 0. 0. 변경 전", 재작성 된 매각물건명세서에 "2000. 0. 0. 변경 후"라고 적는다.

매각물건명세서의 정정·변경이 그 사본을 비치한 이후에 이루어진 경우에 정정·변경된 내용이 매수신청에 영향을 미칠 수 있는 사항이면 매각기일 또는 입찰기간 등을 변경하여야 한다.

③ 매각물건명세서의 사본을 비치하기 전에 정정·변경된 경우

매각물건명세서의 사본을 비치하기 전에 정정·변경된 경우에는 기일입찰에서는 당초 통지된 통지공고 된 매각기일에 매각을 실시하는 경우에 집행관이 매각기일에 매각을 실시하기 전에 정정·변경된 내용을 고지하여야 한다.

기간입찰에서는 법원사무관 등이 집행과 및 집행관 사무실 게시판에 그 정정·변경된 내용을 게시한다.

4) 매각물건명세서 등의 비치, 열람

법원은 매각물건명세서·현황조사보고서 및 평가서의 사본을 법원에 비치하여 누구든지 볼 수 있도록 하여야 한다(제105조 제2항).

매각물건명세서·현황조사보고서 및 평가서의 사본은 매각기일(기간입찰의 방법으로 진행하는 경우에는 입찰기간의 개시일)마다 그 1주일 전까지 법원에 비치하여야 한다. 다만, 법원은 상당하다고 인정하는 때에는 매각물건명세서·현황조사보고서 및 평가서의 기재내용을 전자통신매체로 공시함으로써 그 사본의 비치에 갈음할 수 있다(규칙 제55조).

4. 각종 통지 및 최고

1) 공과를 주관하는 공무소에 대한 최고

법원은 조세 기타 공과를 주관하는 공무소에 대하여 경매할 부동산에 관한 채권의 유무와 한도를 배당요구의 종기까지 통지하도록 최고한다. 이는 우선채권인 조세채권의 유무, 최저매각가격으로 압류채권자의 채권에 우선하는 부동산의 모든 부담과 절차비용을 변제하고도 남을 가망(다음부터 잉여의 가망이라 함)이 있는지 여부를 확인함과 동시에, 주관공무소로 하여금 조세 등에 대한 교부청구의 기회를 주기 위한 것이다.

2) 이해관계인에 대한 채권신고의 통지 및 최고

① 등기부에 기입된 부동산 위의 권리자
② 채권자 및 이해관계인
③ 임차인 및 공유자우선매수청구권자 등에 대하여

법원은 자신의 채권의 원금, 이자, 비용 기타 부대채권에 관한 계약서를 배당요구종기까지 제출하도록 최고한다. 이 역시 우선채권의 유무, 잉여의 가망이 있는지 여부를 확인하고, 배당요구의 기회를 주는 의미가 있다.

> 통　지 : 행정청 의사 등 특정사실을 알리는 것을 말한다.
> 최　고 : 권리자나 의무자에게 이행을 촉구하는 의사통지
> 교부청구 : 조세 체납자에 관하여 다른 원인으로 강제집행이 진행 또는 완료되었을 경우, 그 환가(換價) 처분에 참가하여 체납세금을 교부받아서 징수 목적을 달성하고자 하는 청구.

5 매각방법 등의 지정·공고·통지

1. 매각방법의 지정

부동산의 매각은 집행법원이 정한 매각방법에 따른다. 부동산의 매각은 매각기일에 하는 호가경매(呼價競賣), 매각기일에 입찰 및 개찰하게 하는 기일입찰 또는 입찰기간 이내에 입찰하게 하여 매각기일에 개찰하는 기간입찰의 세가지 방법으로 한다(제103조). 현재 실무상의 매각방법으로는,

① 매수신청인이 매각기일에 매각장소에서 입찰표를 제출하는 기일입찰방법과
② 매수신청인이 지정된 입찰기간 안에 직접 또는 우편으로 입찰표를 제출하는 기간입찰방법이 있다.

법원은 두 방법 중 하나를 선택하고 매각기일 등을 지정하여 통지, 공고를 한다.

2. 매각기일 및 매각결정기일의 지정

1) 매각기일의 지정

법원은 잉여의 가망이 없다는 등의 경매절차를 취소할 사유가 없는 경우에는 직권으로 매각기일을 정하여 대법원규칙이 정하는 방법으로 공고한다(제104조 제1항). 최초의 매각기일은 공고일부터 14일 이상의 간격을 두고 지정된다.

2) 매각결정기일의 지정

집행법원은 매각기일을 지정함과 동시에 매각결정기일을 정하여 공고하여야 한다. 매각결정기일은 대개 매각일로부터 7일 뒤로 지정된다. 매각기일 및 매각결정기일의 지정은 원칙적으로 입찰을 실시할 때마다 하여야 하나, 3-4회 정도의 기일을 일괄하여 지정할 수도 있다.

3. 매각기일의 공고

매각기일과 매각결정기일을 지정한 때에는 법원은 이를 공고한다.

① 부동산의 표시,
② 강제집행으로 매각한다는 취지와 그 매각방법,
③ 부동산의 점유자, 점유의 권원, 점유 사용할 수 있는 기간, 차임 또는 보조금의 유무와 그 액수,
④ 매각의 일시, 장소와 매각을 실시할 집행관의 성명 및 기간입찰의 방법으로 매각할 경우에는 입찰기간, 장소,
⑤ 최저매각가격,
⑥ 매각결정의 일시 및 장소,
⑦ 매각물건명세서·현황조사보고서 및 평가서의 사본을 매각기일 전에 법원에 비치하여 누구든지 볼 수 있도록 제공한다는 취지,
⑧ 등기부에 기입할 필요가 없는 부동산에 대한 권리를 가진 사람은 채권을 신고하여야 한다는 취지,
⑨ 이해관계인이 매각기일에 출석할 수 있다는 취지,
⑩ 일괄매각의 결정을 한 때에는 그 취지,
⑪ 매수인의 자격을 제한한 때에는 그 제한의 내용,
⑫ 매수신청의 보증금액과 보증제공 방법 등을 기재하게 된다.

매각기일의 공고는 공고사항을 기재한 서면을 법원의 게시판에 게시하는 방법으로 한다. 공고사항의 요지는 인터넷 법원경매정보사이트에서도 확인할 수 있다. 매각기일에 관한 공고는 그 요지를 일간신문에도 게재한다.

4. 매각기일의 통지

법원은 매각기일과 매각결정기일을 지정하면 이를 이해관계인에게 통지한다. 그 통지는 집행기록에 표시된 이해관계인의 주소에 등기우편으로 발송하여 할 수 있다. 이 경우 통지를 발송한 때 송달된 것으로 간주된다.

6 매각(입찰)의 실시

기일입찰의 경우, 집행관이 미리 지정된 매각기일에 매각장소에서 입찰을 실시하여 최고가매수신고인과 차순위매수신고인을 정한다.

기간입찰의 경우, 집행관이 입찰기간 동안 입찰봉투를 접수하여 보관하다가 매각기일에 입찰봉투를 개봉하여 최고가매수신고인과 차순위매수신고인을 정한다.

기일입찰과 달리 기간입찰의 경우에는 매각기일에 입찰을 실시하지 않는다.

1. 입찰 전 사항

1) 입찰 전 확인사항

① 입찰 전일 대법원경매를 통해 경매사건에 대해 변경, 연기, 취하 등을 확인한다. (경매사건이 지방인 경우 헛고생을 방지 할 수 있다.)

② 입찰 당일에는 법정게시판의 공고를 먼저 살펴서 당일 경매사건의 진행여부를 확인한다.

③ 취하, 연기, 변경, 전 낙찰자가 재경매 3일전까지 잔금을 납부한 경우에는 당해 경매사건은 입찰을 실시하지 않는다.

입찰에 참여할 수 없는 자

① 채무자겸 소유자
② 무능력자 (미성년자)
③ 재경매의 경우 종전 낙찰자
④ 이해관계 집행법원직원 및 그 친족
⑤ 경매부동산의 감정인 및 그 친족
⑥ 이해관계 집행법원의 법관, 담당법원 직원
⑦ 강제집행면탈죄 범죄자 및 경매를 교사하거나 방해한자
⑧ 공무집행방해 범죄자

2) 입찰시 준비물

① 본인이 직접 입찰에 참여하는 경우
　　신분증(주민등록증, 운전면허증 또는 여권), 도장, 매각보증금

② 대리인이 입찰하는 경우
　　대리인을 증명하는 신분증, 본인을 대리하는 위임장(본인의 인감도장 날인), 대리인의 도장, 매각보증금

③ 법인이 입찰에 참여하는 경우
　　법인등기부등본, 법인인감증명서, 대표이사 신분증, 법인인감도장, 매각보증금

④ 사단이나 재단이 입찰에 참여하는 경우 (종중, 사찰, 교회 등)
　　정관 또는 규약, 대표자 또는 관리인을 증명하는 서면, 사원총회 결의서, 대표자 또는 관리인의 주민등록등본, 대표자 또는 관리인의 도장, 매각보증금

2. 매각의 실시 (기일입찰)

부동산의 매각은
① 매각기일에 하는 호가경매,
② 매각기일에 입찰 및 개찰하게 하는 기일입찰,
③ 입찰기간 안에 입찰하게 하여 매각기일에 개찰하는 기간입찰 중 어느 하나의 방법으로 할 수 있다.

여기에서는 현재 법원에서 실시하고 있는 통상의 방법인 기일입찰의 방법에 대하여 설명하도록 하겠다.

1) 매각장소

매각기일은 법원 안에서 진행한다. 매각장소에는 다른 사람이 알지 못하도록 입찰표를 작성할 수 있는 설비(입찰표 기재대)가 마련되어 있다.

2) 입찰표, 입찰봉투, 매각사건목록 및 매각물건명세서의 비치

매각장소에는 매수희망자들이 자유롭게 사용할 수 있도록 입찰표와 입찰봉투가 비치되어 있다. 입찰봉투는 매수보증금을 넣는 흰 색의 작은 봉투와 보증금 봉투 및 입찰표를 함께 넣는 누런 색 큰 봉투가 있는데, 입찰을 하려면 두 가지 봉투가 모두 필요하다.
집행관은 매각사건목록을 작성하여 매각기일에 매각장소 중 누구나 쉽게 볼 수 있는 곳에 매각물건명세서와 함께 비치 또는 게시한다.

3) 동시매각의 원칙

하나의 매각기일에 입찰에 부칠 사건이 2건 이상이거나 부동산이 2건 이상인 경우에는, 법원이 따로 정하지 아니한 이상, 각 부동산에 대한 매각을 동시에 실시한다. 이는 담합을 방지하고 자유로운 응찰을 보장하기 위한 것이다.

4) 입찰의 개시

매각절차는 집행관이 진행한다. 진행관은 매각기일에 입찰을 개시하기에 앞서 매각물건명세서, 현황조사보고서 및 평가서의 사본을 입찰참가자에게 열람하고, 특별매각조건이 있으면 이를 고지한다. 그 후 집행관이 입찰표의 제출을 최고하고 입찰마감시각과 개찰시각을 고지하면 입찰이 시작된다.

매수신청을 하려면 권리능력과 행위능력이 있어야 한다. 따라서 미성년자 등 행위능력이 없는 사람은 법정대리인에 의하여만 입찰에 참가할 수 있다.

부동산을 취득하려면 관청의 증명이나 허가가 필요한 경우(예컨대, 농지를 취득하려면 농지법이 정한 농지취득자격증명이 필요함)에 그 증명이나 허가는 매각결정기일까지만 보완하면 되므로 입찰 시에 이를 첨부할 필요는 없다.

5) 입찰표의 기재 및 주의사항

입찰표에는
① 사건번호,
② 입찰자의 성명과 주소,
③ 부동산의 표시,
④ 입찰가격,
⑤ 대리인에 의하여 입찰하는 경우에는 대리인의 성명과 주소,
⑥ 매수신청보증금액을 기재한다.

입찰가격은 일정한 금액으로 표시하여야 하며, 다른 사람의 입찰가격에 대한 비율로 표시하지 못한다. 입찰을 하려는 사람은 입찰표 기재대에 들어가서 입찰표를 기재하

고, 매수신청보증금을 입찰보증금 봉투에 넣고 1차로 봉한 다음, 기재한 입찰표와 매수신청보증금봉투를 다시 큰 입찰봉투에 넣어 스테이플러로 찍어 봉하고 봉투의 지정된 위치에 날인하면 된다.

입찰표 작성시 주의할 사항은
① 물건마다 별도의 용지를 사용해야 한다.
② 여러 물건이 있을 경우 물건번호를 필히 명기해야 한다. (예 2011타경1234(1))
③ 입찰자가 법인인 경우 법인의 명칭과 대표자의 지위 성명 기재
④ 금액의 기재는 절대 수정할 수 없다. 수정이 필요한 경우 새 용지를 사용해야 한다.
⑤ 대리인이 입찰하는 경우 위임장, 인감증명서를 첨부하고 위임장에 날인된 도장과 인감과의 동일 여부를 필히 확인한다.
⑥ 공동입찰의 경우 공동입찰신고서에 지분표시를 필히 하고 간인을 하며, 입찰표와 함께 제출한다.
⑦ 일단 제출한 입찰표는 취소, 변경, 교환이 불가능하다.

6) 입찰표와 매수신청보증의 제출

입찰표와 매수신청보증이 들어 있는 봉투를 집행관에게 제출하여야 한다. 봉투를 입찰함에 넣으면 집행관에게 제출한 것이 된다.
한 번 제출한 입찰표는 취소, 변경 또는 교환할 수 없다. 이를 허용하면 담합의 우려가 있을 뿐만 아니라, 입찰표의 제출 후에 다른 입찰자의 입찰 내용을 알고 다시 입찰을 함으로써 불공정한 결과가 초래될 수 있기 때문이다.
매수신청의 보증금액의 최저매각가격의 1/10이다. 다만 법원이 상당하다고 인정하는 때에는 보증금액을 달리 정할 수 있으므로 주의한다.
매수신청보증을 제공하려면 현금, 자기앞수표 또는 일정액의 보증료를 지급하고 발급받은 지급위탁계약체결문서(다음부터 경매보증보험증권이라 함)를 제출하면 된다. 매수신청보증을 제출하지 아니하면 입찰이 무효로 처리된다.

7) 입찰의 종결

① 입찰의 마감 및 개찰

입찰표의 제출을 최고한 후 1시간이 지나기 전에는 입찰기일을 종결하지 못한다. 입찰을 마감하면 지체 없이 입찰표의 개봉, 즉 개찰을 실시한다. 공정성을 확보하기 위하여 개찰할 때에는 매수신고인, 즉 입찰자가 출석하도록 한다.

입찰자가 출석하지 아니한 때에는 집행관은 법원사무관 등 상당하다고 인정하는 자를 대신 참여하게 한다.

② 최고가매수신고인의 결정

개찰 결과 최고의 가격으로 매수신청을 하고 매수신청보증을 제출한 것으로 판명된 사람을 최고가매수신고인으로 결정한다.

그런데, 최고의 가격으로 매수신고를 하고 매수신청보증도 제출한 사람이 2인 이상일 경우에는 그들만을 상대로 추가입찰을 실시한다. 추가입찰의 경우 입찰자는 종전의 입찰가격에 미달하는 가격으로는 입찰할 수 없다. 종전의 입찰가격에 미달하는 가격으로 입찰한 경우에는 입찰하지 아니한 것으로 본다. 추가입찰을 실시하였는데 또다시 최고의 가격으로 매수신고를 한 사람이 2인 이상인 경우에는 그들 중에서 추첨으로 최고가매수신고인을 정한다. 추가입찰을 실시하였는데 추가입찰의 자격이 있는 사람 전원이 입찰하지 아니한 경우에도 역시 추첨에 의하여 최고가매수신고인을 정한다.

③ 차순위매수신고인의 결정

최고가매수신고인의 입찰가격에서 매수신청보증금액을 뺀 나머지 금액을 넘는 가격으로 입찰에 참가한 사람은 차순위매수신고를 할 수 있다.

차순위매수신고란, 최고가매수신고인이 대금지급의무를 이행하지 아니하는 경우에는 자기의 입찰에 대하여 허가해 달라는 신고를 말한다.

차순위매수신고는 그 신고액이 최저매각가격 이상이어야 하고 또 최고가매수신고액에서 매수신청보증금액을 뺀 나머지 금액을 초과하는 경우에만 할 수 있다.
차순위매수신고를 한 자가 2인 이상인 때에는 입찰가격이 높은 사람을 차순위매수신고인으로 정하고, 입찰가격이 같을 때에는 추첨으로 차순위매수신고인을 정한다.

④ 매각기일의 종결 고지

최고가매수신고인과 차순위매수신고인이 결정되면 집행관은 그들의 성명과 가격을 부른 다음 매각기일을 종결한다고 고지한다.
입찰자가 없는 사건은 입찰불능으로 처리하고 매각기일의 종결을 고지한다.

⑤ 매수신청보증의 반환

집행관은 매각기일의 종결을 고지한 후에 최고가매수신고인과 차순위매수신고인 이외의 입찰자들에게 그들이 제출한 매수신청보증을 즉시 반환하게 된다.
매수신청보증으로 경매보증보험증권을 제출한 경우에는 입찰에 참가함과 동시에 경매보증보험증권을 사용한 것으로 보기 때문에 경매보증보험증권을 반환하는 것은 아무런 의미가 없으나 입찰자들의 반환을 요청하는 경우에는 반환하여 주고 있다.

3. 매각의 실시(기간입찰)

1) 입찰기간 및 매각기일

법원이 기간입찰의 방법으로 부동산을 매각하는 경우에는 매각기일과 매각결정기일을 정할 때 입찰기간도 함께 지정하여 공고한다.
입찰기간은 일주일 이상 1개월 이하의 범위 안에서 정해진다. 매각기일은 입찰기간이 끝난 후 일주일 안의 날로 지정된다.

2) 입찰표의 기재

기간입찰에 참가하려는 사람은 기일입찰의 경우와 같은 방법으로 입찰표를 작성하고 매수신청보증과 함께 입찰봉투에 넣은 다음 집행관에게 제출하거나 또는 입찰봉투를 등기우편으로 부치는 방법으로 제출하면 된다.

입찰봉투 겉면에는 매각기일을 적어야 하지만 사건번호는 적어서는 안된다.

3) 매수신청보증의 제출

기간입찰에서 매수신청보증을 제공하려면 은행에 개설된 해당 법원의 법원보관금 계좌에 매수신청보증금을 입금하거나, 보증료를 납부하고 발급받은 경매보증보험증권을 제출하면 된다. 매수신청보증금액은 기일입찰의 경우와 마찬가지로 법원이 달리 정하지 않는 한 최저매각가격의 1/10이다. 매수신청의 보증으로서

① 매수신청보증금을 입금한 경우에는 은행에서 발급받은 법원보관금영수필통지서를 입금증명서에 첨부하여 입찰봉투에 넣어 제출하면 되고,

② 경매보증보험증권을 발급받은 경우에는 경매보증보험증권을 입찰봉투에 넣어 제출하면 된다.

4) 입찰의 마감 및 개찰

집행관은 입찰기간 안에 제출된 입찰봉투를 입찰함에 넣어 매각기일까지 보관하다가 매각기일이 되면 입찰함을 매각장소로 옮긴 후 입찰자 앞에서 입찰함을 열고 최고가매수신고인 등을 정하게 된다.

최고가매수신고인과 차순위매수신고인의 결정 등 기타 절차는 기일입찰과 같다. 기간입찰의 경우에는 입찰기간 동안만 입찰할 수 있고 매각기일에는 입찰할 수 없으니 주의하여야 한다.

5) 매수신청보증금의 반환

매각기일이 종결되면 최고가매수신고인과 차순위매수신고인 이외의 입찰자들에게

그들이 제출한 매수신청보증을 즉시 반환하게 된다.

법원보관금 계좌에 납부한 매수신청보증금은 입찰자의 예금계좌로 입금되어 반환된다. 매수신청보증으로 경매보증보험증권이 제출된 경우에는 기일입찰의 경우와 동일하게 처리된다.

4. 새 매각기일의 지정

허가할 매수가격의 신고가 없이 매각기일이 최종적으로 마감된 때에는 법원은 최저매각가격을 상당히 낮추고 새 매각기일을 정하여야 한다. 그 기일에 허가할 매수가격의 신고가 없는 때에도 또한 같다.

7 매각결정절차

법원은 지정된 매각결정기일에 이해관계인의 의견을 들은 후 매각허가 여부를 결정한다. 매각허가 여부의 결정에 불복하는 이해관계인은 즉시항고를 할 수 있다.
매각기일에 최고가매수신고인이 정해지면, 법원은 매각결정기일에 이해관계인의 의견을 들은 후 매각허가 여부를 결정한다.

1. 매각기일 및 매각허부 결정

법원은 매각결정기일에 매각허가에 관한 이해관계인의 의견을 듣고 직권으로 법이 정한 매각불허가 사유가 있는지 여부를 조사한 다음, 매각허가결정 또는 매각불허가결정을 선고한다.

2. 매각허부에 대한 즉시항고

이해관계인은 매각허가 또는 매각불허가의 결정에 의하여 손해를 볼 경우에는 즉시항고를 할 수 있다. 매각허가에 정당한 이유가 없거나 결정에 적은 것 외의 조건으로 허가하여야 한다고 주장하는 매수인 또는 매각허가를 주장하는 매수신고인도 즉시항고를 할 수 있다.

즉시항고를 하려는 항고인은 매각허가 여부의 결정을 선고한 날부터 일주일 안에 항고장을 원심법원에 제출하여야 한다.
항고장에 항고이유를 적지 아니한 때에는 항고인은 항고장을 제출한 날부터 10일 내에 항고이유서를 원심법원에 제출하여야 한다. 매각허가결정에 대하여 항고를 하고자 하는 사람은 보증으로 매각대금의 10분의 1에 해당하는 금전 또는 법원이 인정한 유가증권을 공탁하여야 한다. 보증의 제공이 없으면 원심법원은 항고장을 접수한 날부터 7일 이내에 결정으로 즉시항고를 각하한 다음 경매절차를 계속 진행한다.

① 채무자나 소유자의 즉시항고가 기각된 때에는 항고인은 보증으로 제공한 금전이나 유가증권의 반환을 청구하지 못하고, 배당에 편입되어 배당의 재단이 된다.

② 채무자 및 소유자 외의 사람이 한 항고가 기각된 때에는 항고인은 보증으로 제공한 금전이나 유가증권을 현금화한 금액 가운데 항고를 한 날부터 항고기각결정이 확정된 날까지의 매각대금에 대한 법정이자(연20%의 비율에 의한 이자)부분에 대하여는 돌려줄 것을 요구할 수 없으므로 그 지연손해금만이 배당할 금액에 포함되고, 나머지는 보증제공자에게 반환된다.

3. 매각허가에 대한 이의신청

1) 매각허가에 대한 이의신청사유

매각허가에 관한 이의는 다음 각호 가운데 어느 하나에 해당하는 이유가 있어야 신청할 수 있다.

① 강제집행을 허가할 수 없거나 집행을 계속 진행할 수 없을 때
② 최고가매수신고인이 부동산을 매수할 능력이나 자격이 없는 때
③ 부동산을 매수할 자격이 없는 사람이 최고가매수신고인을 내세워 매수신고를 할 때
④ 최고가매수신고인, 그 대리인 또는 최고가매수신고인을 내세워 매수신고를 한 사람이 매각장소의 질서유지에 반하는 어느 하나에 해당되는 때
⑤ 최저매각가격의 결정, 일괄매각의 결정 또는 매각물건명세서의 작성에 중대한 흠이 있는 때
⑥ 천재지변, 그 밖에 자기가 책임을 질 수 없는 사유로 부동산이 현저하게 훼손된 사실 또는 부동산에 관한 중대한 권리관계가 변동된 사실이 경매절차의 진행중에 밝혀진 때
⑦ 경매절차에 그 밖의 중대한 잘못이 있는 때

2) 매각의 불허

법원은 이의신청이 정당하다고 인정한 때에는 매각을 허가하지 아니한다. 매각허가에 대한 이의신청사유가 있는 때에는 직권으로 매각을 허가하지 아니한다. 여러 개의 부동산을 매각하는 경우에 한 개의 부동산의 매각대금으로 모든 채권자의 채권액과 강제집행비용을 변제하기에 충분하면 다른 부동산의 매각을 허가하지 아니한다. 다만, 일괄매각의 경우에는 그렇지 않다.

3) 매각 허부, 항고 관련 판결

① 임차인이 경매절차 진행사실에 관한 통지를 받지 못한 경우에는 항고사유가 될 수 없다.

대법원예규에 의한 경매절차 진행 사실의 주택임차인에 대한 통지는 법률상 규정된 의무가 아니라 당사자의 편의를 위하여 주택임차인에게 임차 목적물에 대하여 경매절차가 진행 중인 사실과 소액임차권자나 확정일자부 임차권자라도 배당요구를 하여야 우선변제를 받을 수 있다는 내용을 안내하여 주는 것일 뿐이므로, 임차인이 그 권리신고를 하기 전에 임차 목적물에 대한 경매절차의 진행사실에 관한 통지를 받지 못하였다고 하더라도 이는 낙찰허가결정에 대한 불복사유가 될 수 없다 (대법원 2000. 1. 31. 자 99마7663 결정 참조).

대법원 2000. 1. 31. 자 99마7663 결정 【낙찰허가】

【판시사항】

[1] 주택임차인이 그 권리신고를 하기 전에 임차 목적물에 대한 경매절차의 진행 사실에 관한 통지를 받지 못한 경우, 낙찰허가결정에 대한 불복사유가 되는지 여부 (소극)

[2] [3] [4] [5]

【결정요지】

[1] 주택임대차보호법상의 대항요건을 갖춘 임차인이라 하더라도 낙찰허가결정이 있을 때까지 경매법원에 스스로 그 권리를 증명하여 신고하여야만 경매절차에 있어서 이해관계인으로 되는 것이고, 대법원예규에 의한 경매절차 진행 사실의 주택임차인에 대한 통지는 법률상 규정된 의무가 아니라 당사자의 편의를 위하여 주택임차인에게 임차 목적물에 대하여 경매절차가 진행중인 사실과 소액임차권자나 확정일자부 임차권자라도 배당요구를 하여야 우선변제를 받을 수 있다는 내용을 안내하여 주는 것일 뿐이므로, 임차인이 그 권리신고를 하기 전에 임차 목적물에 대한 경매절차의 진행 사실에 관한 통지를 받지 못하였다고 하더라도 이는 낙찰허가결정에 대한 불복사유가 될 수 없다.

② 낙찰허가 후 대금납부 전에 대위변제로 후순위 임차인을 인수하는 경우 낙찰허가결정을 취소할 수 있다.

선순위 근저당권의 소멸로 인하여 임차권의 대항력이 존속하는 것으로 변경됨으로써 낙찰부동산의 부담이 현저히 증가하는 경우에는, 낙찰인은 낙찰허가결정의 취소신청을 할 수 있다(대법원 1998. 8. 24. 자 98마1031 결정 참조).

대법원 1998. 8. 24. 자 98마1031 결정 【낙찰허가취소기각】

【판시사항】

[1] 낙찰대금지급기일 이전에 선순위 근저당권이 소멸한 경우, 후순위 임차권의 대항력의 소멸 여부(소극)
[2] 낙찰대금지급기일 이전에 선순위 근저당권이 소멸함으로써 원래는 소멸할 예정이던 후순위 임차권의 대항력이 소멸하지 않고 존속하는 것으로 변경된 경우, 낙찰인의 구제 방법

【결정요지】

순위의 임차권도 선순위 근저당권이 확보한 담보가치의 보장을 위하여 그 대항력을 상실하는 것이지만, 낙찰로 인하여 근저당권이 소멸하고 낙찰인이 소유권을 취득하게 되는 시점인 낙찰대금지급기일 이전에 선순위 근저당권이 다른 사유로 소멸한 경우에는, 대항력 있는 임차권의 존재로 인하여 담보가치의 손상을 받을 선순위

[1] 담보권의 실행을 위한 부동산의 입찰절차에 있어서, 주택임대차보호법 제3조에 정한 대항요건을 갖춘 임차권보다 선순위의 근저당권이 있는 경우에는, 낙찰로 인하여 선순위 근저당권이 소멸하면 그보다 후 근저당권이 없게 되므로 임차권의 대항력이 소멸하지 아니한다.
[2] 선순위 근저당권의 존재로 후순위 임차권의 대항력이 소멸하는 것으로 알고 부동산을 낙찰받았으나, 그 이후 <u>선순위 근저당권의 소멸로 인하여 임차권의 대항력이 존속하는 것으로 변경됨으로써 낙찰부동산의 부담이 현저히 증가하는 경우에는,</u>

낙찰인으로서는 민사소송법 제639조 제1항의 유추적용에 의하여 낙찰허가결정의 취소신청을 할 수 있다.

③ 공동소유자중 일부소유자의 지분경매 시에는 다른 공유자에게 입찰기일과 낙찰기일을 통지하여야 한다.

경매부동산의 다른 공유자들이 그 경매기일을 통지받지 못한 경우에는 이해관계인으로서 그 절차상의 하자를 들어 항고를 할 수 있다(대법원 1998. 3. 4.자 97마962 결정 참조).

대법원 1998. 3. 4. 자 97마962 결정 【낙찰허가】

【판시사항】

[1] 공유물 지분의 경매시 다른 공유자에게 경매기일과 경락기일을 통지하여야 하는지 여부(적극)

[2] 경락대금 완납 후 경락허가결정에 대한 추완항고 신청이 허용된 경우, 경락허가결정의 확정 여부(소극) 및 적법한 경락대금 납부가 있는 것으로 볼 수 있는지 여부(소극)

【결정요지】

[1] 경매법원은 공유물의 지분을 경매함에 있어 다른 공유자에게 경매기일과 경락기일을 통지하여야 하므로 경매부동산의 다른 공유자들이 그 경매기일을 통지받지 못한 경우에는 이해관계인으로서 그 절차상의 하자를 들어 항고를 할 수 있다.

[2] 경락허가결정에 대하여 이해관계인이 추완에 의한 항고를 제기한 경우 항고법원에서 추완신청이 허용되었다면 비록 다른 이유로 항고가 이유 없는 경우에도 경락허가결정은 확정되지 아니하고 따라서 그 이전에 이미 경락허가결정이 확정된

것으로 알고 경매법원이 경락대금 납부기일을 정하여 경락인으로 하여금 경락대금을 납부하게 하였다고 하더라도 이는 적법한 경락대금의 납부라고 할 수 없는 것이므로, 공유물 지분의 경매절차상의 경락허가결정에 대한 다른 공유자의 추완항고신청을 허용하고 그 경매절차에서 다른 공유자에 대하여 입찰기일 및 낙찰기일의 통지를 하지 아니한 하자가 있는 경우에는 그 추완항고를 받아들여 그 낙찰허가결정을 취소하여야 한다.

④ 집달관의 임대차조사보고서 및 입찰물건명세서에 선순위 임차인의 주민등록에 대한 기재가 누락되었다면 낙찰불허가 사유에 해당한다.

선순위 임차인의 주민등록에 대한 기재가 누락된 집달관의 임대차조사보고서 및 입찰물건명세서의 하자는 낙찰불허가 사유가 된다고 본 사례(대법원 1995. 11. 22. 자 95마1197 결정 참조).

대법원 1995. 11. 22. 자 95마1197 결정 【낙찰허가】

【판시사항】

[1] 민사소송법 제603조의2의 현황조사 제도 및 제617조의2의 경매물건명세서 비치 제도의 규정 취지

[2] 선순위 임차인의 주민등록에 대한 기재가 누락된 집달관의 임대차조사보고서 및 입찰물건명세서의 하자는 낙찰불허가 사유가 된다고 본 사례

【결정요지】

[1] 민사소송법 제603조의2 및 제617조의2의 규정 취지는 입찰대상 부동산의 현황을 되도록 정확히 파악하여 일반인에게 그 현황과 권리관계를 공시함으로써, 매수

> 희망자가 입찰대상 물건에 필요한 정보를 쉽게 얻을 수 있게 하여 예측하지 못한 손해를 입는 것을 방지하고자 함에 있다.
> [2] 선순위 임차인의 주민등록에 대한 기재가 누락된 집달관의 임대차조사보고서 및 입찰물건명세서의 하자는 낙찰불허가 사유가 된다고 본 사례.

4. 매각을 허가하지 아니할 경우의 새 매각기일

매각을 허가하지 아니하고 다시 매각을 명하는 때에는 직권으로 새 매각기일을 정하여야 한다.

8 매각대금의 납부

매각허가결정이 확정되면 법원은 매각대금의 지급기한을 정하여 매수인에게 매각대금의 납부를 명한다. 매수인은 지정된 지급기한 안에는 언제든지 매각대금을 납부할 수 있다. 매수인이 지정된 지급기한까지 매각대금을 모두 납부하지 아니하면, 법원은 차순위매수신고인이 있는 때에는 그에 대하여 매각을 허가할 것인지 여부를 결정하고 차순위매수신고인이 없는 때에는 재매각을 명한다.

1. 대금지급기한

 1) 법원은 매각허가결정이 확정되면 지체없이 직권으로 대금지급기한을 정하여 이를 매수인에게 통지한다. 대금지급기한은 통상 1개월 이내로 지정된다.

 2) 매수인은 지정된 대금지급기한 안에 언제든지 매각대금을 낼 수 있다.

 3) 공동입찰의 경우 공동입찰자 전원은 연대하여 대금지급의무를 부담하므로 공동입찰자 모두에게 대금지급기일의 소환장을 보내야 한다.

2. 매각대금의 지급절차

 1) 매수인은 대금지급기한 안에 매각대금을 은행에 납부하여야 한다. 납부할 금액은 매각대금에서 입찰보증금으로 제공한 금액(현금 또는 자기앞수표)을 뺀 나머지 금액이다. 매수신청의 보증으로 경매보증보험증권이 제출된 경우에는 매각허가결정문에 적힌 매각대금 전액을 납부하여야 한다.

 2) 낙찰자의 채무인수

 매수인은 배당표의 실시에 관계되는 채권자들이 승낙하면 매각대금의 한도에서 매각대금의 지급에 대신하여 채무를 인수함으로써 인수한 채무에 상당한 매각대금의 지급의무를 면할 수 있다.

 3) 낙찰자의 상계신청

 배당받을 채권자가 동시에 매수인인 경우에는 매각결정기일이 끝날 때까지 법원에 신고하고 배당받아야 할 금액을 제외한 대금을 배당기일에 낼 수 있다.

3. 매각대금 지급의 효과

1) 매수인은 매각대금을 모두 낸 때에 경매의 목적인 권리를 확정적으로 취득한다. 이에 따라 차순위매수신고인은 매수의 책임을 면하고 즉시 매수신청보증금을 반환 받을 수 있다.

2) 이해관계인의 경매취하신청, 경매개시결정에 대한 이의신청을 할 수 없다.

3) 낙찰자에게 대항할 수 없는 채무자 또는 소유자에 대한 인도명령신청을 할 수 있다.

4) 낙찰자가 부담하지 않는 부동산의 권리들은 말소 촉탁 대상이 되어 소멸된다.

4. 매각대금 미지급에 따른 법원의 조치

1) 차순위매수신고인에 대한 매각허가 결정

매수인이 대금지급기한까지 대금납부의무를 이행하지 아니할 경우 차순위매수신고인이 정해져 있으면, 법원은 차순위매수신고인에 대한 매각허가 여부를 결정하게 된다.

2) 재매각

① 재매각은 매수인이 대금지급기한까지 매각대금을 모두 내지 않는 경우에 법원이 직권으로 다시 실시하는 매각을 말한다. 차순위매수신고인이 있는 경우에는 법원이 매각결정기일을 다시 지정하여 차순위매수신고인에 대하여 매각허가결정을 하고 대금지급기한을 지정하게 되며, 차순위매수신고인이 대금지급기한까지 대금을 내지 않으면 재매각을 하게 된다.

② 재매각기일에는 종전의 매수인이 최고가매수신고인으로 불렸던 매각기일에 적용되었던 최저매각가격, 그 밖의 매각 조건이 그대로 적용된다. 따라서 최저매각가격이 낮아지지는 않는다.

③ 종전의 매수인은 재매각 절차에 참가하여 매수신청을 할 수 없다. 다만, 종전매수인이 재매각기일의 3일 이전까지 매각대금, 연 2할의 지연이자와 재매각절차의 비용을 낸 때에는 재매각절차를 취소하게 된다.

대법원 1992.6.9. 자 91마500 결정 【재경매명령취소에대한이의】

【판시사항】

가. 구 민사소송법 제648조 제4항 소정의 "재경매기일의 3일 이전까지"의 의미

나. 전경락인이 재경매기일 3일 이전까지 위 "가"항의 법조항 소정의 매입대금 등을 납부하여 오면 경매법원은 반드시 재경매명령을 취소하여야 하는지 여부(적극)

【결정요지】

가. 구 민사소송법(1990.1.13. 법률 제4201호로 개정되기 전의 것) 제648조제4항에 의하면, "경락인이 재경매기일의 3일 이전까지 매입대금, 지연리자와 절차비용을 지급한 때에는 재경매절차를 취소하여야 한다"고 규정하고 있고, 여기서 "재경매기일의 3일 이전까지"라 함은 재경매기일의 전일로부터 소급하여 3일이 되는 날의 전일까지를 의미하는 것이 아니라, 재경매기일의 전일로부터 소급하여 3일이 되는 날(따라서 3일째 날이 포함된다)까지를 의미한다고 할 것이다.

나. 재경매명령의 취소를 인정하는 취지는 재경매절차라는 것이 전경락인의 대금지급의무의 불이행에 기인하는 것이어서 그 전경락인이 법정의 대금 등을 완전히 지급하려고 하는 이상 구태여 번잡하고 시일을 요하는 재경매절차를 반복하는 것보다는 최초의 경매절차를 되살려서 그 대금 등을 수령하는 것이 경매의 목적에 합당하기 때문인 것이고, 전경락인으로서는 재경매기일 3일 이전까지 위 "가"

항의 법조항 소정의 매입대금을 납부함으로써 확정적으로 경락부동산의 소유권을 취득할 수 있게 될 뿐만 아니라, 같은 법조 제5항, 제6항소정의 불이익을 면하게 되고, 더욱이 위 법조항에서 "……재경매절차를 취소하여야 한다"고 규정하고 있는 점 등을 종합하여 고려하면, <u>전경락인이 재경매기일 3일 이전까지 위 법조 소정의 매입대금 등을 납부하여 오면 경매법원은 반드시 재경매명령을 취소하여야 한다고 할 것이다.</u>

3) 보증금의 배당재단 편입

① 매수인이 매각대금을 내지 아니하여 바로 재매각절차에 들어가거나 차순위매수신고인에 대하여 매각허가결정이 내려지면 종전 매수인은 매수신청의 보증을 돌려 줄 것을 요구하지 못하고 그 보증금은 배당재단에 편입된다.

② 매수신청의 보증으로 경매보증보험증권이 제출된 경우라면 법원은 경매보증보험증권을 발급한 보증보험 회사에 보증금 납부를 최고한 다음 납부된 보증금을 배당재단에 편입시킨다.

9 소유권 이전

매수인은 대금을 모두 납부하면 부동산의 소유권을 취득한다. 법원은 매수인이 필요한 서류를 제출하면 관할등기소에 매수인 명의의 소유권이전등기, 매수인이 인수하지 아니하는 부동산에 관한 부담의 말소등기를 촉탁하게 된다. 매수인은 대금을 모두 납부한 후에는 부동산의 인도명령을 신청할 수 있다.

1. 소유권이전등기 촉탁

매수인이 매각대금을 모두 내면 매각부동산의 소유권을 취득하므로, 법원은 매수인 명의의 소유권이전등기, 매수인이 인수하지 아니하는 부동산 위의 부담의 말소등기를 등기관에게 촉탁하게 된다. 또한 매각대금을 지급할 때까지 매수인과 부동산을 담보로 제공받으려고 하는 사람이 대법원규칙으로 정하는 바에 따라 공동으로 신청한 경우, 제1항의 촉탁은 등기신청의 대리를 업으로 할 수 있는 사람으로서 신청인이 지정하는 사람에게 촉탁서를 교부하여 등기소에 제출하도록 하는 방법으로 하여야 한다. 이 경우 신청인이 지정하는 사람은 지체 없이 그 촉탁서를 등기소에 제출하여야 한다. 다만, 그 등기의 비용은 매수인이 부담하여야 하므로, 매수인은 주민등록표등본, 등록세영수필통지서와 영수필확인서, 국민주택채권매입필증 등 첨부서류를 제출하여야 한다. 법원은 이러한 서류가 제출된 이후에 소유권이전등기 등을 촉탁한다.

2. 부동산인도명령

매수인이 매각대금을 모두 낸 후에는 채무자에 대하여 직접 자기에게 부동산을 인도할 것을 구할 수 있다. 채무자가 임의로 부동산을 인도하지 아니하는 경우 매수인은 매각대금을 완납한 뒤 6개월 이내에 법원에 부동산의 인도명령을 신청할 수 있다. 법원은 채무자·소유자 또는 부동산 점유자에 대하여 부동산을 매수인에게 인도하도록 명할 수 있고, 매수인은 집행관을 통해 부동산을 강제적인 방법으로 인도받을 수 있다.

10 배당

매수인이 매각대금을 모두 납부하면 법원은 배당기일을 정하고 이해관계인과 배당을 요구한 채권자에게 그 기일을 통지하여 배당을 실시하게 된다. 매수인이 매각대금을 모두 내면 법원은 배당기일을 정하여 이해관계인과 배당을 요구한 채권자를 소환하고 배당을 하게 된다. 채권자는 배당요구의 종기까지 법원에 그 채권의 원금, 이자, 비용 기타 부대채권의 계산서를 제출하여야 한다. 채권자가 계산서를 제출하지 아니한 경우 법원은 배당요구서 기타 기록에 첨부된 증빙서류에 의하여 채권액을 계산한다. 계산서를 제출하지 아니한 채권자는 배당요구의 종기 이후에는 채권액을 보충 할 수 없다.

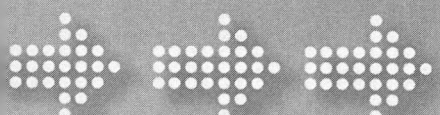
실전! 부동산 경매 완전정복 I

CHAPTER 3

주택, 상가임대차보호법과 경매

1. 주택임대차보호법 의의

1. 제정 목적

임차권은 임대인에 대한 채권에 불과하므로 대세적 효력을 갖는 물권에 비하여 효력이 약하다. 따라서 타인의 부동산을 이용하는 임차인은 상대적으로 열악한 지위에 놓이게 되므로 사회 정책적 측면에서 약자의 지위에 있는 주택 임차인을 보호하여 국민 주거생활의 안정을 보장하는 목적으로 1981년 3월 5일에 제정되어 수차에 개정을 거듭하고 있다.

2. 성질

1) 특별법적 성질

주택임대차에 대해서만 적용되는 민법의 특별법으로 동법에 규정된 사항은 민법의 적용이 배제된다. 하지만 주택임대차보호법에 규정되지 않는 사항은 민법을 적용한다.
예컨대 임차인의 필요비상환청구권(제625조), 임대인의 해지권(제629조), 임차인의 차임 연체액이 2기의 차임액에 달하는 경우 계약을 해지할 수 있다는 규정(제640조) 등이 해당된다.

2) 사회보장법적 성질

경제적 약자인 임차인을 강력히 보호하여 국민의 주거생활의 안정을 보장하기 위한 법으로 사회보장법의 목적을 가지고 있다.

3) 강행법규의 성질

'임차인에게 불리하면 그 효력이 없다'(동법 제10조)라는 명문 규정이 있으므로 편면적 강행규정의 성질을 갖고 있다.

2 적용 범위

1. 인적 범위

임대차 계약을 체결한 자연인에게 한하며, 법인은 인정되지 않고 임대인의 동의 얻은 양수인은 적용 받는다(대법원 1997. 7. 11. 96다7236).

1) 예외적으로 국민주택기금으로 임대주택을 지원하는 법인이 주택을 임차한 후 지방자치단체의 장 또는 그 법인이 선정한 입주자가 그 주택을 인도받고 주민등록을 마쳤을 때에는 그 법인이 대항요건을 갖춘 것으로 본다.
이 경우 대항력이 인정되는 법인은 '대한토지주택공사법'에 따른 대한토지주택공사와 '지방공기업법' 제49조에 따라 주택사업을 목적으로 설립된 지방공사에 한한다.

2) 외국인인 경우 주민등록법상의 전입신고를 할 수 없기 때문에 주민등록법 제6조에 따라 외국인은 주민등록에 관한 신고 대신에 출입국관리법에 의한 외국인 등록을 한 경우 대항요건을 갖추었으므로 주택임대차보호법의 적용을 받는다.

2. 임차인과 임대차계약의 범위

1) 채권담보의 목적으로 임대차 계약의 형식을 빌려 주택의 인도와 주민등록을 마친 경우에는 주택임대차보호법의 적용을 받을 수 없다.

이는 실제로 주택의 사용, 수익을 목적으로 한 것이 아니고 단지 주택소유자 내지 담보권자에 대한 채권을 담보할 목적으로 성립된 계약에까지 주택임대차보호법을 적용하는 것은 주거 생활의 안정을 보장하려고자 하는 주택임대차보호법의 제정목적에 비추어 타당하지 못하다는 취지이다(서울고판 84나 1128).

2) 주택의 소유자는 아니지만, 적법한 임대 권한을 가진 명의 신탁자와의 사이에 임대차 계약을 체결한 경우는 주택임대차보호법의 적용을 받을 수 있다.

주택임대차보호법이 적용되는 임대차로서는 반드시 주택의 소유자와 임대차 계약이 체결된 경우에 한정 된다고 할 수 없고, 주택에 관하여 적법하게 임대차 계약을 체결할 수 있는 권한을 가진 임대인과 임대차 계약을 체결한 경우도 포함한다.(대법원 1995.10.12. 95다22283)

1995.10.12 선고 95다22283 전세금반환

【판시사항】

[1] 주택임대차보호법이 적용되는 임대차계약에서 기간을 2년 미만으로 정한 임차인이 스스로 기간 만료를 이유로 임차보증금의 반환을 구할 수 있는지 여부

[2] 주택의 소유자는 아니지만 적법한 임대 권한을 가진 명의신탁자와의 사이에 임대차계약을 체결한 경우, 주택임대차보호법의 보호를 받을 수 없는지 여부

【판결요지】

[1] 주택임대차보호법 제4조 제1항은 같은 법 제10조의 취지에 비추어 보면 임차인의 보호를 위한 규정이라고 할 것이므로, 그 규정에 위반되는 당사자의 약정을 모두 무효라고 할 것은 아니고 그 규정에 위반하는 약정이라도 임차인에게 불리하지 아니한 것은 유효하다고 풀이함이 상당한 바, 임대차 기간을 2년 미만으로 정한 임대차의 임차인이 스스로 그 약정 임대차 기간이 만료되었음을 이유로 임차보증금의 반환을 구할 수 있다.

[2] 주택임대차보호법이 적용되는 임대차로서는, 반드시 임차인과 주택의 소유자인 임대인 사이에 임대차계약이 체결된 경우에 한정된다고 할 수는 없고, 나아가 주택의 소유자는 아니지만 주택에 관하여 적법하게 임대차계약을 체결할 수 있는 권한(적법한 임대 권한)을 가진 임대인과 사이에 임대차계약이 체결된 경우도 포함된다.

3) 주택임대차인이 법인인 경우에 주택임대차보호법의 적용을 받을 수 없다.

법인은 애당초 법 제 3조 1항 소정의 대항요건의 하나인 주민등록을 구비 할 수없는 점 등에 비추어 보면, 법인의 직원이 주민등록 마쳤다 하여 이를 법인의 주민등록으로 볼 수 없으므로, 법인이 임차주택을 인도받아 임대차 계약서상의 일자를 구비하였다 하더라도 우선변제권을 주장할 수는 없다(대법원 1997. 7. 11. 96다7236).

대법원 1997.7.11 선고 96다7236 부당이득금반환

【판시사항】

법인이 주택을 임차하면서 그 소속 직원 명의로 주민등록을 하고 확정일자를 구비한 경우, 주택임대차보호법상 우선변제권의 인정 여부(소극)

【재판요지】

주택 임차인이 주택임대차보호법 제3조의2 제1항 소정의 우선변제권을 주장하기 위하여는 같은 법 제3조 제1항 소정의 대항요건과 임대차계약증서상의 확정일자를 갖추어야 하고, 그 대항요건은 주택의 인도와 주민등록을 마친 때에 구비된다 할 것인 바, 같은 법 제1조는 "이 법은 주거용 건물의 임대차에 관하여 민법에 대한 특례를 규정함으로써 국민의 주거생활의 안정을 보장함을 목적으로 한다."라고 규정하고 있어 위 법이 자연인인 서민들의 주거생활의 안정을 보호하려는 취지에서 제정된 것이지 법인을 그 보호 대상으로 삼고 있다고는 할 수 없는 점, <u>법인은 애당초 같은 법 제3조 제1항 소정의 대항요건의 하나인 주민등록을 구비할 수 없는 점 등에 비추어 보면, 법인의 직원이 주민등록을 마쳤다 하여 이를 법인의 주민등록으로 볼 수는 없으므로, 법인이 임차주택을 인도받고 임대차계약서상의 확정일자를 구비하였다 하더라도 우선변제권을 주장할 수는 없다.</u>

4) 주택 임차인이 외국인인 경우는 주택임대차보호법의 적용을 받을 수 있다.

단 출입국관리법 제 31조 및 제36조는 90일을 초과하여 국내에 체류하는 외국인은 외국인 등록을 해야 하며, 주민등록법에는 주민등록신고 대신에 출입국관리법에 의한 외국인 등록을 하면 된다는 내용을 규정하고 있으므로 외국인 등록을 한 외국인은 법의 보호를 받을 수 있다.

5) 전차인인 경우 임차인의 임차 보증금 범위 내에서 주택임대차보호법의 적용을 받아 우선 배당을 받을 수 있으나, 주택임대차보호법상의 대항력을 갖추지 못하였거나 임차인과의 전대차 계약 시 임대인의 동의가 없었다면 주택임대차보호법의 적용을 받을 수 없다.

주택 임차인이 임차주택에 직접점유하여 거주하지 않고 간접점유하여 자신의 주민등록을 이전하지 아니한 경우라 하더라도, 임대인의 승낙을 받아 임차주택을 전대하고 그 전차인이 주택을 인도받아 자신의 주민등록을 마친 때에는 임차인이 제 3자에 대하여 대항력을 취득한다.

6) 일시사용을 위한 임대차는 적용을 아니한다.

주택임대차보호법상 주택 임차인의 범위는 주거용 건물을 사용, 수익함을 목적으로 하는 임대차계약 당사자 중 임차인이 일정 기간 이상 계속적인 임대차 관계의 존속이 있는 임차인만을 의미하며 일시 사용을 위한 임대차임이 명백한 경우에는 이를 적용하지 아니한다(주택임대차보호법 제11조).

7) 임차인의 승계인 (법 제9조)

① 사실혼 관계가 있는 배우자(혼인신고가 없는 경우)는 현행 민법에 의하면 상속권이 없다. 이 법리를 적용하면 사실혼 관계에 있는 배우자는 생활의 기반을 상실 할 염려가 있기 때문에 임차인이 사망한 경우 일정한 범위 안에서 임차권의 상속을 인정하는 민법의 특별규정을 두고 있다.

② 임차인이 상속권자 없이 사망한 경우에 그 주택에서 가정 공동생활을 하던 사실상의 혼인 관계에 있는 자가 임차인의 권리와 의무를 승계한다.

③ 임차인이 사망한 경우에 사망 당시 상속권자가 그 주택에서 가정 공동생활을 하고 있지 아니한 때에는 그 주택에서 가정 공동생활을 하던 사실상의 혼인 관계에 있는 자와 2촌 이내의 친족은 공동으로 임차인의 권리와 의무를 승계한다.

④ 임차인이 사망한 후 1월 이내에 임대인에 대하여 반대의사를 표시한 때에는 그러하

지 아니하고(제9조 제3항), 임대차 관계에서 생긴 채권과 채무는 임차인의 권리와 의무를 승계한 자에게 귀속한다.

3. 주택의 범위

사실상 주거 용도로 사용되고 있다면 등기 여부 및 공부상 용도 불문하며 허가 여부도 관계없이 본법의 적용을 받는다.

1) 주거용 건물 여부의 판단

① 주거용 건물에 해당하는지의 여부는 공부상의 표시만을 기준으로 할 것이 아니라 그 실제적인 용도에 따라서 정하여야 한다(대법원 1988.12.27. 87다카2024).

② 집합건물 지하실 등 공용부분을 임차한 경우에도 그 공용부분이 실제적으로 주거용으로 사용되는 한 주택임대차보호법이 적용된다(서울지법 1998.6.18 98나8508).

③ 주거용 건물이 되기 위해서는 '임대차 계약 당시'를 기준으로 하여 그 건물이 구조상 주거로 사용될 수 있을 정도의 실질적인 형태를 갖추고 있어야 한다
 (대법원 1986.1.21. 85다카1367).

④ 관할 관청으로부터 허가를 받지 않고 건축한 무허가건물이나, 건축허가를 받았으나 사용승인을 받지 못한 건물도 주거용 건물에 해당한다 (대법원 1987.3.24. 86다카 164).

⑤ 겸용건물의 해당여부

어떠한 건물이 겸용주택에 해당하는가에 대해서는 논란이 있으나 임차건물의 주된 용도, 주거용 부분과 비주거용 부분의 면적비율, 임차인의 유일한 주거인지 여부 등이 중요한 판단으로 적용된다고 할 것이다

따라서 주거용 비주거용은 그 건물의 위치, 구조, 객관적 용도, 실제 이용관계 등을 고려하여 합목적적으로 판단해야 한다.

그러나, 현재는 주거용을 폭넓게 인정하고 있는 추세이다(대법원 1995. 3. 10 94다52522).

2) 법률관계 (채권적 전세)

본법이 적용되는 법률관계는 주택 임대차이나 미등기 전세인 경우는 채권적 전세로써 전세금을 임차보증금으로 취급하여 본법을 준용할 것을 규정 하고 있다(주택임대차보호법 제12조).

4. 주거용 건물과 임대차계약의 범위

1) 여관, 여인숙의 내실을 개조하여 주거용을 점유한 경우에는 주택임대차보호법의 적용을 받지 못한다.

여인숙 경영의 목적으로 임차한 건물의 방 10개중 1개를 내실로 사용하며, 주거용으로 점유하였다 하더라도 영업 목적이므로, 이 건물은 주택임대차보호법상의 주거용 건물에 해당하지 아니한다(서울고법 1986.9.29 86나77).

2) 다방 내 2개의 방과 주방을 주거용을 사용한 경우에도 주택임대차보호법의 적용을 받지 못한다.

다방 내에 방 2개와 주방을 주거목적에 사용한다고 하더라도 이는 어디까지나 다방의 영업의 부수적인 것으로서 그러한 주거목적의 사용은 비주거용 건물의 일부가 주거 목적으로 사용되는 것일 뿐, 주택임대차보호법 제 2조 후문에서 말하는 '주거용 건물의 일부가 주거 외에 목적으로 사용되는 경우'에 해당한다고 볼 수 없다(대법원 1996.3.12. 95다51953).

3) 임대 기간 중 비주거용 건물을 주거용으로 개조한 경우는 원칙적으로 주택임대차보호법의 보호를 받지 못하나 임대차 계약 당시 주거용이 아니였기에 임대인의 승낙을 얻어 주거용으로 개조한 경우에는 개조한 때부터 보호 받을 수 있다.

주택임대차보호법이 적용되려면 먼저 임대차계약 체결 당시를 기준으로 하여 그 건물의 구조상 주거용 또는 그와 겸용될 정도의 건물의 형태가 실질적으로 갖추어져 있어야 하고, 만일 그 당시에는 주거용 건물부분이 존재하지 아니하였는데 임차인이 그 후 임의로 주거용으로 개조하였다면 임대인이 그 개조를 승락하였다는 등의 특별한 사정이 없는 한 위 법의 적용은 있을 수 없다(대법원 1986.1.21 85다카1367).

4) 공부상 용도는 공장이나, 현재 주거로 사용되는 경우는 주택임대차보호법의 보호를 받는다.

공부상 용도가 상가, 공장으로 되어 있어도 이미 건물의 내부구조 및 형태가 주거용으로 용도 변경된 건물을 임차하여 이곳에서 일상생활을 하고 있었다면 주택임대차보호법이 적용됨(대법원 1988.12.27 87다카2024).

5) 옥탑을 주거용으로 임차한 경우, 주택임대차보호법의 보호를 받는다.

옥탑을 주거용으로 하는 임대차 계약을 체결하고 그곳에서 주거 생활을 하여 왔다면,

비록 옥탑이 불법 건축물로서 행정기관에 의해 철거될 수 있다 하더라도 임대차 당시 주거용으로 실질적 형태를 갖추고 있고, 주거용으로 사용해 왔다면 주택임대차보호법의 보호를 받을 수 있다.

6) 공부상 단층 작업소 및 근린 생활 시설이나, 실제 주거용과 비주거용으로 겸용되고 있는 경우에는 주택임대차보호법의 보호를 받는다.

비주거용으로 사용되는 부분이 더 넓기는 하지만 주거용으로 사용되는 부분도 상당한 면적이고 이것이 임차인의 유일한 주거인 경우 주택임대차보호법에서 정한 주거용 건물로 인정한다.

7) 점포 딸린 주택의 경우는 주택임대차보호법의 보호를 받는다.

1층이 공부상으로 소매점으로 표시되어 있으나, 실제로 그 면적의 절반은 방 2칸으로, 나머지 절반은 소매점 등 영업을 위한 홀로 이루어져 있고, 임차인이 이를 임차하여 가족들과 함께 거주하면서 음식점 영업을 하여 방 부분은 영업 시 손님을 받는 곳으로, 그때 외에는 주거용으로 사용하여 왔다면 보호 대상이 된다(대법원 1996.5.30 96다5791).

8) 한 건물의 주거용 부분과 비주거용 부분이 함께 임대차의 목적이 된 경우는

주거용 부분이 주가 되고 비주거용이 부수적인 경우에는 그 전체에 대해 주택임대차보호법이 적용. 그 반대의 경우에는 적용되지 아니한다. (그러나, 현재는 주거용을 폭넓게 인정하고 있는 추세) (대법원 1995.3.10 94다52522).

9) 임차주택이 미등기 건물인 경우, 주택임대차보호법의 보호를 받는다.

임차주택이 관할 관청의 허가를 받은 건물인지, 등기를 마친 건물인지 아닌지를 구별하고 있지 아니하므로, 어느 건물이 국민의 주거생활의 용도로 사용되는 주택에 해당하는 이상 비록 그 건물에 관하여 아직 등기를 마치지 아니하였거나 등기가 이루어질 수 없는 사정이 있다고 하더라도 다른 특별한 규정이 없는 한 같은 법의 적용대상이 된다 (대법원 2007.6.21. 2004다26133).

3 존속 기간

1. 임대차 기간

기간을 정하지 아니하거나 2년 미만으로 정한 임대차는 그 기간을 2년으로 본다. 다만, 임차인은 2년 미만으로 정한 기간이 유효함을 주장할 수 있다. 만약 임대차기간을 1년으로 약정한 경우에 임차인은 1년의 임대차기간의 유효를 주장할 수 있고, 임대인은 1년의 유효를 주장할 수 없다. 임대차기간이 끝난 경우에도 임차인이 보증금을 반환받을 때까지는 임대차관계가 존속되는 것으로 본다.

2. 묵시적 갱신

1) 묵시적 갱신의 의의

① 임대인이 임대차기간이 끝나기 6개월 전부터 1개월 전까지의 기간에 임차인에게 갱신거절의 통지를 하지 아니하거나 계약조건의 변경에 대한 통지를 하지 아니한 경

우에는 그 기간이 끝난 때에 전 임대차와 동일한 조건으로 다시 임대차한 것으로 본다.

② 임차인이 임대차기간이 끝나기 1개월 전까지 통지하지 아니한 경우에도 또한 같다.

③ 임차인이 2기의 차임액에 달하도록 차임을 연체하거나 그밖에 임차인으로서의 의무를 현저히 위반한 임차인에 대하여는 이를 적용하지 아니한다.

2) 묵시적으로 갱신된 경우 임대차의 존속기간

묵시적 갱신이 된 경우에 임대차의 존속기간은 2년으로 본다. 이 경우에 계약이 묵시적으로 갱신된 경우 임차인은 언제든지 임대인에게 계약해지를 통지할 수 있다. 임차인의 계약해지 통지는 임대인이 그 통지를 받은 날부터 3개월이 지나면 그 효력이 발생한다.

4 주택임차권의 대항력

1. 대항력의 의의

1) 주택임대차보호법 제3조제1항은 "임대차는 그 등기가 없는 경우에도 임차인이 주택의 인도와 주민등록을 마친 때에는 그 익일부터 제3자에 대하여 효력이 생긴다"고 규정하고 있다. 여기에서 '제3자에 대하여 효력이 생긴다' 라는 것이 바로 대항력을 의미한다.

2) 대항력 있는 임차인은 대항력을 갖춘 이후 임차주택에 대한 권리를 취득한 제3자에 대해서도 임대차관계의 존속을 주장하면서 임차주택을 계속 사용할 수 있고, 임대차기간이 만료되면 보증금의 반환을 청구할 수 있다.

즉 임대인의 지위의 승계와 보증금반환채무의 면책적 이전이 대항력의 내용이라 할 수 있다(대법원 1987.3.10. 86다카1114).

3) 주택임대차보호법상 임차인을 보호하는 가장 중요한 제도는 대항력과 우선변제권의 인정에 관한 것인데, 우선변제권은 대항력을 갖춘 자가 확정일자를 구비하는 경우에 인정되는 것이므로, 결국 주택임대차보호법에 관한 최대의 쟁점은 대항력에 관한 것이라고 해도 과언이 아니다.

2. 대항력의 취득요건

1) 주택의 인도(점유)

임대차의 목적물인 주택에 대한 점유(사실상의 지배)가 사회 통념상 또는 거래관념상 임차인에게 이전하는 것을 말한다. 이때의 인도는 임차주택의 전부의 점유를 이전 받는 경우는 물론 그 중의 일부를 먼저 인도받는 경우도 포함된다(서울고판 1999.12.28. 99나45729).

대항력 발생요건으로서의 인도의 의의
대항력은 주택의 인도와 주민등록 전입신고라는 두가지 요건을 모두 충족한 때에 발생한다. 그러나 임차인이 입주한 날짜 또는 열쇠를 넘겨받은 날짜를 안다는 것은 사실상 쉽지 않으므로, 실무상 대항력이 발생 유무는 주민등록 신고로 판단하고, 주택의 인도 여하는 이해관계인의 다툼이 있으면 이를 확인하는 방법으로 한다.

2) 주민등록 전입신고

주민등록은 거래의 안전을 위하여 임대차의 존재를 제3자가 명백히 인식할 수 있게 하는 공시방법으로 마련된 것이고 그 주민등록이 어떤 임대차를 공시하는 효력이 있는가의 여부는 일반 사회 통념상 그 주민등록이 당해 임대차건물에 임차인이 주소 또는 거소를 가진 자로 등록되어 있는지를 인식할 수 있는가의 여부에 따라 결정된다(대법원 1999.4.13 99다4207).

대법원1999.4.13 선고 99다4207 배당이의

【판시사항】

[1] 주택임대차보호법 제3조 제1항 소정의 대항요건인 주민등록이 임대차를 공시하는 방법으로서 효력이 있는지 여부의 판단 기준

[2] 등기부상 동·호수 표시인 '디동 103호'와 불일치한 '라동 103'호로 된주민등록이 임대차의 공시방법으로서 유효하다고 할 수 없다고 본 사례

【재판요지】

[1] 주택임대차보호법 제3조 제1항에서 주택의 인도와 더불어 대항력의 요건으로 규정하고 있는 주민등록은 거래의 안전을 위하여 임대차의 존재를 제3자가 명백히 인식할 수 있게 하는 공시방법으로 마련된 것이고, 그 주민등록이 어떤 임대차를 공시하는 효력이 있는가의 여부는 일반사회 통념상 그 주민등록이 당해 임대차건물에 임차인이 주소 또는 거소를 가진 자로 등록되어 있는지를 인식할 수 있는가의 여부에 따라 결정된다.

[2] 등기부상 동·호수 표시인 '디동 103호'와 불일치한 '라동 103'호로 된 주민등록은 그로써 당해 임대차건물에 임차인들이 주소 또는 거소를 가진 자로 등록되어 있는지를 인식할 수 있다고 보여지지 아니한다고 하여, 위 주민등록이 임대차의 공시방법으로서 유효하다고 할 수 없다고 본 사례.

3) 주민등록의 유효성

주민등록은 임차주택의 실제 표시와 정확하게 일치해야 한다. 따라서 임차주택의 등기부상 주소와 일치하지 않는 표시로 행해진 주민등록은 그 임차주택의 공시방법으로 유효한 것이라 볼 수 없어 대항력을 취득하지 못한다.

① 주민등록이라는 대항요건은 임차인 본인의 주민등록뿐만 아니라 그 배우자나 자녀 등 가족의 주민등록을 포함한다(대법원 1988.6.14. 선고 87다카3093,3094).
따라서 반드시 현장확인을 통해 임차인과 동거가족이라 확인이 되면 대항력이 있다고 보고 입찰 여부를 판단하여야 한다.

② 등기부상 소유자로 있던 자가 소유권을 양도 후 임차권을 취득한 경우에는 (점유개정)새로운 소유자의 소유권 이전등기일 익일부터 대항력을 가진다(대법원 2000. 2. 11. 선고 99다59306).

③ 임차인이 직접점유하여 거주치 않고 간접점유하여 자신의 주민등록을 이전하지 아니하였더라도 임대인의 승낙을 받아 임차주택을 전대하고 그 전차인이 임차인으로부터 임차주택을 인도받아 전차인 자신의 주민등록을 마친 때에는 그때로부터 임차인은 제3자에 대하여 대항력을 취득한다(대법원 1994.6.24. 선고 94다3155).

④ 임차인은 대항요건을 계속 존속해야만 대항력을 가지며 만일 주민등록을 옮긴 경우에는 다시 원상으로 돌아온다 하더라도 대항력을 회복되지 아니한다. 또한 대항력은 취득 시에만 구비하면 족한 것이 아니고 그 대항력을 계속 존속하고 있어야한다(대법원 1987.2.24. 선고 86다카1695).

⑤ '00동 258-1 연립주택 가동 1층 102호'가 정확한 주소임에도 연립주택의 동, 호수의 표시없이 그 지번인 '00동 258-1'이러고만 표시하여 주민등록을 한 경우 이것은 적

법한 주민등록이 아니다(대법원 1995.4.28. 선고 94다27427).

⑥ 현행 주민등록법상 다가구주택 임차인이 그 호수를 특정하여 주민등록을 하는 방법이 없으므로 다가구주택 임차인은 호수를 특정하여 주민등록을 하지 않아도 대항력을 가진다고 볼 수밖에 없다(대법원 1998. 1. 23. 선고 97다47828).

⑦ 임대인이 대출을 보다 많이 받기위해 주택임차인 모르게 주민등록을 일시 다른 곳으로 이전시켰다가 근저당설정 후에 재전입 시킨 경우로서, 주택임차인의 의사와는 상관없이 이전하였다면 주택임차인의 책임을 물을만한 사유가 없어 이미 취득한 대항력에 영향을 미치지 아니한다(대법원 2000. 9. 29. 선고 2000다37012).

⑧ 임차인이 전입신고를 올바르게 하였다면 그 임대차의 대항력이 생기는 것이므로 담당공무원이 실수로 주민등록상의 주소를 잘못 기입하였다면(사후에 임차인의 요청으로 정정하였음) 그 당초 전입신고는 적법하고 이로써 그 임대차는 제3자에 대하여 효력이 있다(대법원 1991.8.13. 선고 91다18118).

⑨ 임차인이 점유보조자를 통하여 점유하는 경우 대항력을 취득한다.
　시골에 거주하는 부모가 학업을 위해 자식을 도시로 보낸 후 자식의 거주를 위하여 주택을 임차하는 경우처럼 임차인이 점유보조자에 의하여 임차주택을 점유하는 경우에도 점유보조자의 주민등록에 의하여 임차인이 대항력을 취득할 수 있다(민법 195조).

⑩ 임차인이 임대차계약을 체결함에 있어 그 임차주택을 등기부상 표시(202호)와 다르게 현관문에 부착된 호수(302호)의 표시대로 전입신고를 하였다면, 그 임차주택의 실제 표시와 불일치한 표시로 행해진 임차인의 주민등록은 그 임대차의 공시방법으로 유효한 것으로 볼 수 없다(대법원 1996. 4. 12. 선고 95다55474).

⑪ 건축 중인 주택에 대한 소유권보존등기가 경료되기 전에 그 일부를 임차하여 건물에 표시된 대로 '다동302호'로 주민등록을 마쳤다고 하더라도 그 후 사정변경으로 등기부 등의 주택의 표시가 'B동302호'로 주택의 표시가 달라졌다면 그 주민등록은 그 제3자에 대한 관계에서 유효한 임대차의 공시방법이 될 수 없다(대법원 2003. 5. 16. 선고 2003다10940).

4) 적법한 계약

① 적법한 임대차계약이 있어야 점유권원이 발생하고 차임이 있어야 임대차계약의 효력이 발생하게 된다. 따라서 무상임대차는 임대차계약의 효력이 없으므로 대항력을 주장할 수 없다(대법원 1997. 6. 27. 선고 97다12211).

대법원 1997. 6. 27. 선고 97다12211 판결 【배당이의】

【판시사항】

근저당권자가 담보로 제공된 건물에 대한 담보가치를 조사할 당시 대항력을 갖춘 임차인이 그 사실을 부인하고 임차보증금에 대한 권리주장을 않겠다는 내용의 확인서를 작성해 준 경우, 그 후 그 건물에 대한 경매절차에 참가하여 배당요구를 하는 것이 신의칙에 반한다고 본 사례

【판결요지】

근저당권자가 담보로 제공된 건물에 대한 담보가치를 조사할 당시 대항력을 갖춘 임차인이 그 임대차 사실을 부인하고 임차보증금에 대한 권리주장을 않겠다는 내용의 확인서를 작성해 준 경우, 그 후 그 건물에 대한 경매절차에서 이를 번복하여 대항력 있는 임대차의 존재를 주장함과 아울러 근저당권자보다 우선적 지위를 가지는 확정일자부 임차인임을 주장하여 그 임차보증금반환채권에 대한 배당요구를 하는 것은 특별한 사정이 없는 한 금반언 및 신의칙에 위반되어 허용될 수 없다고 본 사례.

② 임대차계약을 적법하지 않다고 부인하여 대항력을 인정치 않는 경우는 부부관계, 자녀주택에 부모가 거주하는 경우, 부모주택에 미성년자 자녀가 거주하는 경우이다.

위 근거로 대항력있는 위장임차인을 밝혀내는데 주력하면 유찰된 우량물건을 취득하는 좋은 기회를 얻게 될 것이다.

3. 대항력의 발생 시기

1) 대항력의 발생시기 판단

임차인은 주택의 인도와 주민등록을 마친 다음날 0시로부터 대항력을 취득한다(대법원 1999.5.25. 99다9981).
주택의 인도시기는 이를 알기 어려우므로 실무상 전입신고일자를 기준으로 대항력의 발생시기를 판단한다.

4. 대항력의 존속

1) 대항력의 존속기간

주택의 점유와 주민등록은 대항력의 취득요건이자 동시에 존속요건이므로 대항력의 유지를 위해서는 주택의 점유와 주민등록은 계속 존속하고 있어야 하는데(대법원 1998.12.11. 98다34584), 이러한 대항요건은 임차주택의 소유권이 양수되는 시점까지 계속 구비하고 있어야 양수인에게 대항할 수 있다.

2) 경매에서의 대항력 존속요건

주택의 인도 및 주민등록의 존속기간의 종기에 관하여 현행 민사집행법 하에서는 법원이 정한 배당요구의 종기까지 유지하여야 하나(대법원 1997.10.10 95다95다44597), 경락허가결정이 취소되거나, 재경매시는 '배당요구종기일'은 배당금의 기초가 되는 경락대금을 납부한 경락인에 대하여 경락허가결정을 한 마지막 경락기일을 말한다고 보아야 한다(대법원 2002.8.13 2000다61466).

따라서 다양한 사유로 낙찰이 취소되고 재입찰되거나 경매자체가 취소되는 경우가 있으므로 모든 임차인은 매수인이 매각대금을 완납할 때까지는 위 대항요건을 유지하는 것이 안전하다.

대법원 1997.10.10 선고 95다44597 배당이의

【판시사항】

주택임대차보호법상 소액임차인의 우선변제권의 요건인 주택의 인도 및 주민등록의 존속기간의 종기(=경락기일)

【재판요지】

주택임대차보호법 제8조에서 임차인에게 같은 법 제3조 제1항 소정의 주택의 인도와 주민등록을 요건으로 명시하여 그 보증금 중 일정액의 한도 내에서는 등기된 담보물권자에게도 우선하여 변제받을 권리를 부여하고 있는 점, 위 임차인은 배당요구의 방법으로 우선변제권을 행사하는 점, 배당요구시까지만 위 요건을 구비하면 족하다고 한다면 동일한 임차주택에 대하여 주택임대차보호법 제8조 소정의 임차인 이외에 같은 법 제3조의2 소정의 임차인이 출현하여 배당요구를 하는 등 경매절차상의 다른 이해관계인들에게 피해를 입힐 수도 있는 점 등에 비추어 볼 때, <u>공시방법이 없는 주택임대차에 있어서 주택의 인도와 주민등록이라는 우선변제의 요건은 그 우선변제권 취득 시에만 구비하면 족한 것이 아니고, 배당요구의 종기인 경락기일까지 계속 존속하고 있어야 한다.</u>

대법원 2002.8.13 선고 2000다61466 배당이의

【판시사항】

경락허가결정이 취소되어 신경매를 하거나 경락허가결정 확정 후 최고가매수인의 경락대금 미납으로 재경매를 한 경우, 임차인이 주택임대차보호법에 의한 대항력과 우선변제권을 인정받기 위한 주택의 인도와 주민등록이라는 요건이 존속되어야 할 종기로서의 경락기일(=최종 경락기일).

【재판요지】

달리 공시방법이 없는 주택임대차에 있어서 임차인이 주택임대차보호법에 의한 대항력과 우선변제권을 인정받기 위한 주택의 인도와 주민등록이라는 요건은 그 대항력 및 우선변제권의 취득시에만 구비하면 족한 것이 아니고 경매절차의 배당요구의 종기인 경락기일까지 계속 존속하고 있어야 하는데, 처음의 경락허가결정이 취소되어 신경매를 하였거나 경락허가결정의 확정 후 최고가매수인이 경락대금을 납부하지 아니하여 재경매를 한 경우에 있어서, '배당요구의 종기인 경락기일'이라 함은 배당금의 기초가 되는 경락대금을 납부한 경락인에 대하여 경락허가결정을 한 마지막 경락기일을 말한다.

3) 문제가 되는 경우

① 특수주소변경

'특수주소'란 아파트, 연립, 빌라 등의 명칭이 주소로 사용되었을 때 이를 통칭하는 용어로 실무상 사용되는 용어이다.

예컨대 '00구 00동 현대아파트 1010동 1204호" 인 경우 일반주소인 번지 이하의 '현대아파트 1010동 1204호'와 같은 것을 실무상 특수주소라 한다.

실무에서는 주로 공동주택의 명칭과 동. 호수를 정정하는 형태의 특수주소 변경이 많은데 이 경우 주민등록표에 특수주소변경을 하였다는 취지를 기재하여 놓는다. 특수주소변경 사유가 임차인의 잘못된 신고로 되어있는 경우 대항력은 정정된 이후에 발생한다(대법원 2000. 4.7. 99다66212).

② 세대합가의 경우

세대원이 어떤 사정으로 세대분리 후 다시 세대가 합하여지는 것을 '세대합가' 라 하는데, 주택 임차인이 그 가족과 함께 그 주택에 대한 점유를 계속하고 있으면서 그 가족의 주민등록을 그대로 둔 채 임차인만 주민등록을 일시 다른 곳으로 옮긴 경우라면 제3자에 대한 대항력을 상실하였다고 볼 수 없다(대법원 1996. 1. 26. 선고 95다30338).

따라서 '세대합가'로 기재된 임차인이 있는 경우에는 세대분리 당시 임차인의 전입신고와 말소기준권리와의 선후를 검토하여 대항력 있는 임차인인지 여부를 반드시 확인하여야 한다.

주민등록법 제14조 (주민등록전입세대의 열람)
① 열람 또는 등, 초본 ....자만 열람하게 할 수 있다. 다만 동일 세대별 주민등록표 상의 세대원이 세대주보다 전입일자가 빠른 경우에는 그 세대원의 성명과 전입일자를 열람하게 할 수 있다(개정 2008. 11. 17. 2009. 09. 10.).

③ 임차권의 양도. 전대 시의 대항력

임차권은 채권이므로 양도성이 없다. 다만 예외적으로 임대인의 승낙이 있는 경우라야 타인에게 임차권을 양도하거나 전대할 수 있다.

대항력을 갖춘 주택임차인이 임대인의 동의를 얻어 적법하게 임차권을 양도하거나 전대한 경우에 있어서 양수인이나 전차인이 임차인의 주민등록 퇴거일로부터 주민등록법상의 전입신고기간(사유발생일로부터 14일)내에 전입신고를 마치고 주택을 인도받아 점유를 계속하고 있다면 비록 위 임차권의 양도나 전대에 의하여 임차권의 공시방법인 점유와 주민등록이 변경되었다 하더라도 원래의 임차인이 갖는 임차권의 대항력은 소멸되지 아니하고 동일성을 유지한 채로 존속한다고 보아야 한다(대법원 1988. 4. 25. 87다카2509).

따라서 '임차권양도양수계약서'가 존재하는 경우에는 양도 전 임차인의 대항력 발생시점과 말소기준권리와의 선후를 비교하여 매수인에게 인수되는 임차권인지 여부를 확인하여야 한다.

5 확정일자와 우선변제권

1. 확정일자의 의미

확정일자란 그 날짜에 임대차 계약서가 존재한다는 사실을 증명하기 위하여 계약서에 공신력있는 기관(법원, 공증기관, 동사무소 등)에서 확인인을 찍어주는 것을 의미한다(대법원 1988. 4. 12 87다카2429).
이는 임대차계약서의 작성 및 존재시기를 증명하고, 임대인과 임차인이 통모하여 제3자의 권리를 해하는 것을 방지하는 기능을 한다.

1) 확정일자를 받은 사실은 반드시 임대차계약서로만 입증하여야 하는 것은 아니고 공증증서 등 다른 방법으로도 입증할 수 있다(대법원 1996. 6. 25. 96다12474).

2) 선순위 임차인이 대항력과 확정일자를 받아 두면, 일반채권자나 후순위 권리자에 우선하여 보증금을 배당받을 수 있으며,

3) 대항요건과 확정일자를 갖춘 임차인은 임차주택이 경매 (임의경매, 강제경매 모두 해당)/공매되는 경우에 임차주택의 환가대금에서 후순위 권리자 보다 우선하여 임차보증금을 변제받을 권리가 있다(대법원 1992.10.13 92다30597).

2. 확정일자 부여 방법

확정일자 부여기관은 전국 지방법원 또는 등기과(등기소), 각 동사무소 및 공증인사무소, 법무법인 또는 공증인가 합동법률 사무소등 공증 기관 등이 있다.

1) 반드시 임대차계약서 원본에 받아야 한다.

2) 확정일자를 받은 계약서는 분실하지 않도록 주의하여야 하며 분실한 경우 임대인 동의하에 임대차계약서를 다시 작성하더라도 소급하여 최초 계약서에 받은 확정일자인과 같은 날짜의 확정일자를 받을 수 없다

3) 확정일자 부여기관(등기소, 읍, 면, 동사무소)은 단순히 임대차계약서에 확정일자를 찍어줄 뿐이고 보증금 액수, 계약서의 내용 등의 자료를 남겨두지 않기 때문이다. 따라서 임차인은 서류를 잘 보관해 두어야 한다.

4) 분실했을 경우 최선의 방법은 계약서를 다시 작성하여 현재시점에서 새로 확정일자를 받는 것이며 공증인 사무실에서 공정증서로 작성하였다면 나중에 공정증서대장으로 입증할 수도 있다(대법원 1996. 6. 25. 96다12474).

3. 우선변제권

주택의 인도, 주민등록(전입신고)의 대항요건과 임대차계약서상 확정일자를 갖춘 임차인은 후순위권리자 기타 채권자보다 우선하여 보증금을 변제받을 권리가 있다. 이는 배당절차에 있어서 확정일자를 갖춘 임차인은 담보물권자와 유사한 지위를 갖는다는 의미이다(대법원 1992.10.13 92다30597).

대법원 1992.10.13 선고 92다30597 배당이의

【판시사항】

[1] 주택임대차보호법 제3조의2 제1항의 규정취지 및 같은 규정에 의하여 우선변제권을 갖는 임차보증금채권자와 선순위의 가압류채권자와의 배당관계(=평등배당)

[2] 가압류채권자가 주택임차인보다 선순위인지 여부의 판단기준

【판결요지】

[1] 주택임대차보호법 제3조의 2 제1항은 대항요건(주택인도와 주민등록전입신고)과 임대차계약증서상의 확정일자를 갖춘 주택임차인은 후순위권리자 기타 일반채권자보다 우선하여 보증금을 변제받을 권리가 있음을 규정하고 있는바, 이는 임대차계약증서에 확정일자를 갖춘 경우에는 부동산 담보권에 유사한 권리를 인정한다는 취지이므로, 부동산 담보권자보다 선순위의 가압류채권자가 있는 경우에 그 담보권자가 선순위의 가압류채권자와 채권액에 비례한 평등배당을 받을 수 있는 것과 마찬가지로 위 규정에 의하여 우선변제권을 갖게 되는 임차보증금채권자도 선순위의 가압류채권자와는 평등배당의 관계에 있게 된다.

1) 우선변제권의 발생요건 : 대항요건과 확정일자

2) 우선변제권의 효력발생일 : 대항요건과 확정일자를 모두 갖춘 시점

3) 우선변제권이 미치는 매각대금의 범위

소액임차인과는 달리 그 금액에 제한이 없으며 건물만의 확정일자 임차인이라 할지라도 대지의 낙찰대금을 포함한 금액에서 우선변제를 받을 수 있음은 소액임차인과 같다.

다만 이러한 법리는 대지에 관한 저당권 설정 당시 이미 그 지상에 건물이 존재하는 경우에만 적용될 수 있다(대법원 1999.7.23. 99다25532).

6 소액임차인 최우선변제권

1. 최우선변제권

임차인은 임차주택에 대한 경매신청등기 전에 대항요건을 갖추어야 하며 '다른 담보물권자보다 우선하여 변제받을 권리'가 있다고 규정(주임법 제8조1항)하고 있다. 따라서 주택의 임차인은 소액보증금 중 일정액에 관하여 주택가액(대지포함)의 1/2의 범위 내에서 다른 선순위 담보권자보다 우선하여 배당받을 수 있다.

임차인이 수인인 경우 개인적으로 배당 받을 금액은 안분배당을 받는다(보증금중 일정액의 비율로 분할).

이러한 소액보증금 임차인의 우선변제권은 선순위 담보물권자보다도 우선하는 것이므로 이를 확정일자부 임차인의 우선변제권과 구별하여 최우선변제권이라고 부르는 것이 일반적이다.

2. 최우선변제권의 요건

1) 소액임차인이 우선변제를 받기 위해서는 임차 주택에 대하여 경매신청등기가 경료되기 전에 입주 및 주민 등록 전입신고를 마쳐야 할 것.

2) 보증금 액수가 소액보증금(주임법시행령 제4조)에 해당할 것.

3) 배당요구종기일까지 배당요구를 하였을 것.

4) 배당요구종기일(대금을 납부한자의 매각결정기일)까지 대항력을 유지할 것.

3. 소액보증금 및 최우선변제금의 범위

(단위 : 만원)

담보물권 설정일	지역	보증금범위	최우선변제액
84.1.1~87.11.30	특별시, 광역시	300이하	300까지
	기타지역	200이하	200까지
87.12.1~90.2.18	특별시, 광역시	500이하	500까지
	기타지역	400이하	400까지
90.2.19~95.10.18	특별시, 광역시	2,000이하	700까지
	기타지역	1,500이하	500까지
95.10.19~	특별시, 광역시	3,000이하	1,200까지
	기타지역	2,000이하	800까지

2001.09.15~	수도권(서울,인천,의정부,구리,남양주,하남,고양(일산), 수원,성남(분당),안양,부천,과천	4,000이하	1,600까지
	광역시 (부산,대구,대전,광주,울산)	3,500이하	1,400까지
	기타지역	3,000이하	1,200까지
2008.08.21.~	수도권 과밀억제권역	6,000이하	2,000이하
	광역시(부산,대구,대전,광주,울산)	5,000이하	2,000이하
	기타지역	4,000이하	1,400이하
2010.07.26~	서울특별시	7,500이하	2,500이하
	수도권정비계획법에 의한 수도권 중 과밀억제권역(서울특별시 제외)	6,500이하	2,200까지
	광역시(인천시,군지역 제외) 김포시,광주시,용인시,안산시	5,500이하	1,900까지
	기타지역	4,000이하	1,400까지

4. 과밀억제권역 (수도권정비계획법시행령)

1) 서울특별시

2) 인천광역시(강화군, 옹진군, 서구 대곡동·불로동·마전동·금곡동·오류동·왕길동·당하동·원당동, 인천경제자유구역 및 남동 국가산업단지는 제외)

3) 의정부시, 구리시, 하남시, 고양시, 수원시, 성남시, 안양시, 부천시, 광명시, 과천시, 의왕시, 군포시, 시흥시(반월특수지역은 제외), 남양주시(호평동, 평내동, 금곡동, 일패동, 이패동, 삼패동, 가운동, 수석동, 지금동 및 도농동만 해당)

5. 소액임차인 최우선변제 적용 사례

1) 하나의 주택에 처와 남편의 명의로 소액임대차가 별도 작성된 경우에 소액임차인으로 보호 못 받을 수 있다.

   이는 하나의 주택에 임차인이 2인 이상인데 이들이 그 주택에서 가정공동체생활을 하는 경우에는 1인의 임차인으로 보아 각 보증금을 합산한 금액을 기준으로 소액보증금에 해당여부를 판단하여야 하기 때문이다.(주택임대차보호법 시행령 제3조4항)

2) 배당요구종기일까지 배당요구를 하지 않는 경우에는 우선변제를 받을 수 없다.

   또한 배당요구를 하였으나 배당요구종기일 내 취소하였거나, 배당요구종기일 후에 배당요구를 한 경우에는 배당을 하지 않는다.

   따라서 배당신청을 한 문건내역만을 살피지 말고 임차인의 배당신청일과 배당요구종기일을 비교 살펴야 대항력 있는 임차인의 임차보증금을 인수하게 되는 실수를 범하지 않는다.

3) 보증금을 소액으로 감액한 경우에는 감액한 일자가 경매개시등기일 이전이면 우선변제를 받을 수 있으며 당초에 소액임차인의 범위에 해당되지 않았으나 임대인과 합의하여 보증금을 감액하여 소액임차인이 된 경우, 감액시기가 경매개시등기일 이후라면 소액임차인으로서 보호 받을 수 없다(대법원2008.5.15. 2007다23203). 소액임차권자가 아니한 자라도 후에 계약내용이 탈법적인 의사없이 진정한 의사로 적법하게 이루어 진 경우에는 소액임차권자로 보호하여 주어야한다.

4) 확정일자부 소액임차인으로서 최우선변제를 받지 못한 잔여 보증금은 후순위 담보권자, 기타 일반채권자에 우선하여 변제를 받을 수 있다.

5) 임차인으로부터 주택을 전차한 소액전차인의 우선변제권은 원래의 임차인(전대인)이 소액임차인에 해당하여야만 하고 전대차는 임대인의 동의를 얻은 경우에야 전차

인도 소액전차인으로 보호받을 수 있다.

따라서 전차한 소액임차인은 원래의 임차인의 권리를 원용하여 대항력 및 우선변제권을 행사함으로써 전차인의 보증금을 반환 받을 수 있다.

6) 임금채권과 소액임차인은 동순위로서 임금채권과 소액보증금의 채권은 모두 최우선순위의 채권이므로 채권액에 비례하여 평등하게(안분배당) 배당 받게 된다.

7) 단독주택의 대지 및 건물에 관한 경매를 신청하였다가 그 중 건물에 대한 경매신청만을 취하함으로써 임차주택을 제외한 대지부분만 매각되더라도 우선변제권 있으므로 그 주택의 소액임차인은 그 대지 낙찰대금 중에서 소액보증금 중 일정액을 선순위 담보권자인 물권자보다 우선하여 변제 받을 수 있다(대법원 1996.6.14 96다7595).

대법원 1996.6.14 선고 96다7595 배당이의

【판시사항】

[1] 주택임대차보호법의 적용 대상인 '주거용 건물'의 의미는 대지를 제외한 건물만을 뜻하는지 여부(소극)

[2] 대지 및 건물이 경매개시 되었다가 대지 부분만 낙찰된 경우에도, 그 주택의 소액임차인은 대지 낙찰대금 중에서 보증금을 우선변제 받을 수 있다고 한 사례

【재판요지】

[1] 임차주택의 환가대금 및 주택가액에 건물뿐만 아니라 대지의 환가대금 및 가액도 포함된다고 규정하고 있는 주택임대차보호법 제3조의2 제1항 및 제8조 제3항의 각 규정과 같은 법의 입법 취지 및 통상적으로 건물의 임대차에는 당연히 그 부지 부분의 이용을 수반하는 것인 점 등을 종합하여 보면, 주택임대차보호법 제2조에서 같은 법의 적용 대상으로 규정하고 있는'주거용 건물'의 임대차라 함은 임

차목적물 중 건물의 용도가 점포나 사무실등이 아닌 주거용인 경우의 임대차를 뜻하는 것일 뿐이지, 같은 법의 적용대상을 대지를 제외한 건물에만 한정하는 취지는 아니다.

[2] 다가구용 단독주택의 대지 및 건물에 관한 근저당권자가 그 대지 및 건물에 관한 경매를 신청하였다가 그 중 건물에 대한 경매신청만을 취하함으로써 이를 제외한 대지 부분만이 낙찰되었다고 하더라도, 그 주택의 소액임차인은 그 대지에 관한 낙찰대금 중에서 소액보증금을 담보물권자보다 우선하여 변제받을 수 있다고 한 사례.

8) 대지에 관한 저당권 설정 후 지상에 건물이 신축된 경우에는 건물의 소액임차인에게 그 저당권 실행에 따른 대지의 환가대금에 대한 우선변제권 없다.

대지권에 관한 저당권 설정 당시 그 지상에 건물이 존재하는 경우에는 대지의 환가대금에 대하여 우선변제권이 있다고 할 것이나, 저당권 설정 후에 비로소 건물이 신축된 경우에도 적용할 경우, 저당권자가 예측할 수 없는 손해를 입게되는 범위가 지나치게 확대되어 부당하다.

따라서 이러한 경우에는 임차인은 대지의 환가대금에 대하여 우선변제를 받을 수 없다(대법원 1999.7.23 99다25532).

대법원 1999.7.23 선고 99다25532 배당이의

【판시사항】

대지에 관한 저당권 설정 후 지상에 건물이 신축된 경우, 건물의소액임차인에게 그 저당권 실행에 따른 환가대금에 대한 우선변제권이 있는지 여부(소극)

【재판요지】

임차주택의 환가대금 및 주택가액에 건물뿐만 아니라 대지의 환가대금 및 가액도 포함된다고 규정하고 있는 주택임대차보호법(1999. 1. 21. 법률 제5641호로 개정되기 전의 것) 제3조의2 제1항 및 제8조 제3항의 각 규정과 같은 법의 입법 취지 및 통상적으로 건물의 임대차에는 당연히 그 부지 부분의 이용을 수반하는 것인 점 등을 종합하여 보면, 대지에 관한 저당권의 실행으로 경매가 진행된 경우에도 그 지상 건물의 소액임차인은 대지의 환가대금 중에서 소액보증금을 우선변제받을 수 있다고 할 것이나, 이와 같은 법리는 대지에 관한 저당권 설정 당시에 이미 그 지상 건물이 존재하는 경우에만 적용될 수 있는 것이고, <u>저당권 설정 후에 비로소 건물이 신축된 경우에까지 공시방법이 불완전한 소액임차인에게 우선변제권을 인정한다면 저당권자가 예측할 수 없는 손해를 입게 되는 범위가 지나치게 확대되어 부당하므로, 이러한 경우에는 소액임차인은 대지의 환가대금에 대하여 우선변제를 받을 수 없다고 보아야 한다.</u>

9) 임차주택 경매 시 소액임차인의 대항요건 유지기간은 매각결정기일까지 임차인이 우선변제를 받기위하여 언제까지 대항요건을 유지하고 있어야 하는지는 명시적으로 규정하고 있지 않으나 판례를 보면 낙찰기일(매각대금을 납부한자의 매각결정기일)까지는 주택점유 및 주민등록을 유지하고 있어야 한다(대법원 2002. 8. 13. 2000다61466).

다만 주택임대차보호법 제3조3에 의하여 임차권등기를 설정하고 이사를 한 경우에는 주민등록을 옮기더라도 이미 취득한 대항력과 우선변제권을 상실하지 않는다.

7 임차권등기명령제

1. 임차권등기의 효력

임대차기간이 끝났음에도 임대인이 보증금을 돌려주지 않은 경우 임차인이 법원에 신청하여 임차권을 단독으로 등기할 수 있도록 한 제도로 임차인이 개인 사정상 먼저 이사를 가더라도 대항력 및 우선변제권을 상실하지 않고 그대로 유지하여 대항력 및 우선변제권을 인정받을 수 있다.

효력은 임차권등기가 마쳐진 시점부터 발생하므로 등기가 경료 된 이후에 이사나 전출을 하여야만 보호를 받는다.

또한 임차권등기가 경료된 주택을 그 이후에 임차한 임차인은 주택임대차보호법 제8조의 규정에 의거 최우선변제를 받을 수 없다.

2. 임차권등기자의 지위

경매절차에서 이해관계인으로 법원에서는 채권계산서 제출을 최고하고 기일을 통지하며, 임차권등기권자는 우선변제권이 있고 경매절차에서는 당연히 배당요구를 한 것으로 보고 배당을 한다.

8 기타

1. 차임지급 의무

임대차는 차임의 지급을 요소로 한다. 임차인의 차임연체액이 2기에 달하는 때에는 임대인은 계약을 해지할 수 있다 (민법 제640조, 641조). 차임의 연체는 연속될 것을 요하지 않으며, 임대인이 해지하기 위하여 상당한 기간을 정하여 이를 최고할 필요가 있는 것도 아니다.

2. 차임 등의 증감청구권

1) 약정한 차임 또는 보증금이 임차주택에 관한 조세, 공과금 기타 부담의 증감이나 경제사정의 변동으로 인하여 상당하지 아니한 때에는 당사자는 언제든지 그 증감을 청구 할 수 있다. 증액의 경우는 대통령령이 정하는 기준에 따른 비율을 초과하지 못한다. (제7조)

2) 현재 그 비율은 약정한 차임 등의 20분의 1을 초과 할 수 없다.(시행령 제2조1항) 그리고 증액청구는 임대차계약 또는 차임 증액이 있은 후 1년 이내에는 이를 하지 못한다.

3. 월차임 전환 시 산정율의 제한

보증금의 일부 또는 전부를 월 단위의 차임으로 전환하는 경우에는 그 전환되는 금액에 년 14%를 곱한 월차임을 초과 할 수 없다.

9 상가건물임대차보호법 의의

'상가건물 임대차에 관하여 민법에 대한 특례를 규정함으로써 국민의 경제생활의 안정을 보장함을 목적으로 한다'고 밝힘으로써 상가임차인을 보호하기 위해 제정되었다.

10 적용 범위

1. 상가건물

상가건물임대차보호법의 적용대상이 되는 건물은 사업자등록의 대상이 되는 상가건물의 임대차이어야 하므로 사업용 내지 영업용 건물이어야 하고, 종중이나 동창회 사무실, 교회 등 비사업용 내지 비영업용 건물의 임대차에는 적용되지 않는다.

2. 일정액의 보증금

상가건물임대차보호법은 대통령령이 정하는 보증금액을 초과하지 않는 임대차에 대하여 적용된다(상가건물임대차보호법 제2조 제1항).
이때 보증금 외에 차임이 있는 경우에는 그 차임액에 은행법에 의한 금융기관의 대출금리 등을 감안하여 대통령령이 정하는 비율을 곱하여 환산한 금액을 보증금에 합산하여야 한다.

3. 자연인. 법인

주택임대차보호법은 자연인에 대해서만 적용되지만, 상가건물임대차보호법의 경우에는 자연인뿐만 아니라 법인도 사업자등록을 할 수 있으므로 적용대상이다.

4. 일시사용을 위한 임대차

일시 사용이 명백한 경우에는 동 법을 적용하지 않는다(상가건물임대차보호법 제16조).

5. 채권적 전세

이 법은 목적건물의 등기하지 아니한 전세계약에 관하여 이를 준용한다. 이 경우 '전세금'은 '임대차의 보증금'으로 본다(상가건물임대차보호법 제17조)

11 상가임대차보호법 시행령 2조에서 정하는 보증금 (환산보증금)

지역	2008.8.21. ~	2010.7.26. ~
서울특별시	2억6천만원	3억원이하
수도권정비계획법에 의한 수도권 중 과밀억제권역 (서울특별시를 제외)	2억1천만원	2억5천만원
광역시(인천시,군지역 제외) 김포시,광주시,용인시,안산시	1억6천만원	1억8천만원
그 밖의 지역	1억5천만원	1억5천만원

12 대항력과 대항요건

1. 대항력의 취득요건

본법에서는 '상가건물을 인도와 사업자등록'을 대항력을 인정하기 위한 공시방법으로 삼았다(상임법 제3조1항).
따라서 상가임차인은 임대차 등기가 없는 경우에도 '상가건물을 인도'하고 부가세법, 소득세법, 법인세법 규정에 의한 '사업자등록을 신청한 때'에는 그 익일부터 제3자에게 효력을 발생한다(상가건물임대차보호법 제3조 제1항).

2. 대항력의 발생 시기 및 존속

1) 대항력의 발생 시기

임차인은 건물의 인도와 사업자등록신청을 마친 다음날로부터 대항력을 취득한다. 즉 이러한 대항요건을 모두 마친 다음날 오전 0시부터 대항력이 생기는 것이다.
사업자등록신청을 사업개시 이전에 하였든, 그 이후에 하였든 묻지 않고 '신청일 다음날'에 대항력이 발생한다.

폐업신고 후 다시 사업자등록을 신청하는 경우
사업자등록을 마친 사업자가 폐업신고를 한 후에 다시 같은 상호 및 등록번호로 사업자등록을 하였다 하더라도, 상가건물임대차보호법상의 대항력 및 우선변제권이 존속한다고 할 수 없다(대법원 2006. 10. 13. 2006다56299).

2) 대항력의 존속

건물의 점유와 사업자등록은 대항력의 취득요건이자 동시에 존속요건이므로, 대항력의 유지를 위해서는 건물의 점유와 사업자등록은 계속 존속하여야 한다(대법원 2006.1.13. 2005다64002).

3. 임대차 관련 등록 사항의 열람. 제공

건물의 임대차에 이해관계가 있는 자는 건물의 소재지 관할 세무서장에게 아래와 같은 사항에 대한 열람 또는 제공을 요청할 수 있다. 이 때 관할 세무서장은 정당한 사유 없이 이를 거부할 수 없다(상가건물임대차보호법 제4조).

1) 임대인, 임차인의 성명, 주소, 주민등록 번호 (임대인, 임차인이 법인 또는 법인이 아닌 단체인 경우에는 법인명 또는 단체명, 대표자, 법인 등록 번호, 본점, 사업장 소재지)
2) 건물의 소재지, 임대차 목적물 및 면적
3) 사업자등록 신청일
4) 사업자등록 신청일 당시의 보증금 및 차임, 임대차기간
5) 임대차 계약서상의 확정일자를 받은 날
6) 임대차 계약이 변경 또는 갱신된 경우에는 변경된 일자, 보증금 및 차임, 임대차 기간, 새로운 확정일자를 받은 날
7) 그밖에 대통령령이 정하는 사항

13 우선변제권

1. 소액 보증금의 최우선 변제권

상가건물의 경매 시 임차인은 건물에 대한 경매신청의 등기 전에 대항력을 갖추었다면 임차인은 보증금 중 일정액을 임대건물가액(임대인 소유의 대지가액 포함)의 1/3의 범위 안에서 다른 담보물권자보다 우선하여 변제 받을 수 있다.

2. 최우선 변제의 요건

1) 정당한 임차인일 것(위법 또는 불법 임차인 제외)
2) 경매신청등기 전에 대항요건(인도 + 사업자등록신청)을 구비 및 존속할 것
3) 환산보증금이 소액보증금에 해당할 것(동법 시행령 제6조)
4) 배당요구종기일내 배당신청을 할 것 등이다.

3. 최우선 변제의 한도액

최우선변제 금액의 합계액이 상가건물가액(임대인 소유의 대지가액을 포함)의 1/3에 해당하는 금액의 한도 내에서 최우선변제가 가능하며, 하나의 상가건물에 임차인이 2인 이상이고, 각 보증금 중 일정액의 합산액이 상가건물가액의 1/3을 초과하는 경우, 각 보증금 중 최우선변제금 합계액과 각 임차인의 최우선변제금의 비율로서 상가건물의 1/3에 해당하는 금액을 분배한다(안분배당).

> **계산식** 각 임차인의 변제금액 = 건물가액의 1/3 각 임차인의 최우선변제금액/
> 임차인들의 최우선변제금이 합계액.

4. 최우선변제에 해당하는 소액임차보증금액 및 최우선변제금액

지역	소액임차보증금액	최우선변제 금액
서울특별시	5,000만원 이하	1,500만원
수도권정비계획법에 의한 수도권 중 과밀억제권역 (서울특별시를 제외)	4,500만원 이하	1,350만원
광역시(군지역과 인천광역시지역을 제외)	3,000만원 이하	900만원
그밖의 지역	2,500만원 이하	750만원

5. 확정일자부 임차인의 우선변제권

1) 상가건물 임대차 계약서상의 확정일자를 받은 날짜를 기준으로 하여 후순위권리보다 우선하여 변제를 받을 수 있다.

   법 제5조2항을 보면 제3조1항의 대항요건을 갖추고 관할 세무서장으로부터 임대차 계약서상의 확정일자를 받은 임차인은 민사집행법에 의한 경매 또는 국세징수법에 의한 공매 시 임차건물(임대인 소유의 대지를 포함한다)의 환가대금에서 후순위권리자 그밖의 채권자보다 우선하여 보증금을 변제받을 권리가 있다고 밝히고 있다.

2) 우선변제권 관련 주의사항은 대항요건을 갖춘 상태에서 확정일자의 효력이 발생한다는 점이다. 따라서 대항요건 없이 받았다면 어떠한 효력도 발생하지 않는다. 단지 그 날짜(확정일자)에 계약서가 있었다는 것만을 증명 하는 것에 불과하다.

14 차임(월세)의 보증금 환산 방법

1. 환산보증금액

차임(월세) × 100

보호대상 임대차 보증금 = 보증금 + 환산 보증금액

(예1) 보증금 1,000만원 월 80만원의 차임인 경우

-1,000만원 + (80만원 × 100) = 9,000만원

(예2) 보증금2억원 월 150만원의 차임인 경우

-2억원 + (150만원 × 100) = 3억5천만원

이 경우 상가임대차보호법의 보호대상이 아니다. 서울지역의 경우에도 보호대상 한도액인 3억원을 초과하기 때문이다.

15 상가임차인의 권리와 의무

1. 배당 보증금 수령 시 임차건물의 인도

우선변제의 대상이 되는 보증금을 수령하기 위해서는 임차건물의 인도가 필요하다(법 제 5조 3항). 이는 보증금 수령과 임차건물의 인도가 동시이행의 관계이기 때문이며, 경매 실무에서는 임차인이 배당금을 수령하기 위해서는 낙찰자의 인감증명서가 첨부된 명도 확인서를 해당 법원에 제출하여야 한다.

2. 필요비와 유익비 청구권

임차건물의 보존에 관한 필요비를 지출한 때에는 임대인에 대하여 그 상환을 청구 할 수 있다(민법 제626조 제1항).
그러나 유익비를 지출한 경우에는 임대차 종료 시에 그 가액의 증가가 현존한 때에 한하여 임대인에게 임차인이 지출한 금액이나 그 증가액의 상환을 청구 할 수 있다(대법원 1980.10.14 80다1851). (대법원 1994.9.30 94다20389)

대법원 1980.10.14 선고 80다1851 건물명도등

【판시사항】

[1] 민법 제626조 소정의 유익비와 필요비의 의미

【판결요지】

[1] 민법 제626조 소정의 유익비라 함은 임차인이 임차물의 객관적 가치를 증가시키기 위하여 투입한 비용이고 필요비라 함은 임차인이 임차물의 보존을 위하여 지출한 비용을 말한다.

대법원 1994.9.30 선고 94다20389 손해배상(기),건물명도(반소)

【판시사항】

[1] 임차인이 지출한 간판설치비가 유익비 인지의 여부

[2] 임차인이 임차목적물을 반환할 때에는 일체 비용을 부담하여 원상복구를 하기로 약정한 경우, 임차인의 유익비상환청구권을 포기하기로 한 특약이라고 볼 것 인지의 여부

[3]

【판결요지】

[1] 민법 제626조 제2항에서 임대인의 상환의무를 규정하고 있는 유익비란 임차인이 임차물의 객관적 가치를 증가시키기 위하여 투입한 비용을 말하는 것으로, 임차인이 임차건물부분에서 간이 음식점을 경영하기 위하여 부착시킨 시설물에 불과한 간판은 건물부분의 객관적 가치를 증가시키기 위한 것이라고 보기 어려울 뿐만 아니라, 그로 인한 가액의 증가가 현존하는 것도 아니어서 그 간판설치비를 유익비라 할 수 없다.

[2] 임대차계약 체결 시 임차인이 임대인의 승인하에 임차목적물인 건물부분을 개축 또는 변조할 수 있으나 임차목적물을 임대인에게 명도할 때에는 임차인이 일체 비용을 부담하여 원상복구를 하기로 약정하였다면, 이는 임차인이 임차목적물에 지출한 각종 유익비의 상환청구권을 미리 포기하기로 한 취지의 특약이라고 봄이 상당하다.

[3]

16 상가임대차의 존속기간

1. 최단존속기간의 제한

기간의 정함이 없거나 기간을 1년 미만으로 정한 임대차는 기간을 1년으로 본다.
다만, 임차인은 임대차계약을 1년 미만으로 하였을 경우 그 기간이 유효함을 주장 할 수 있으며, 임대차가 종료 하였을지라도 임차인이 보증금을 반환 받을 때까지는 임대차 관계는 존속하는 것으로 본다(상가건물임대차보호법 제9조2항).

2. 임차인의 계약갱신요구권

임대인은 임대차기간 만료 전 6개월 전부터 1개월 전까지 행하는 임차인의 계약갱신 요구에 대하여 5년간 정당한 사유없이 거절하지 못한다.
전차인도 임차인의 계약갱신요구권 행사시간(5년) 범위내서 임차인을 대위하여 임대인에게 계약갱신요구권을 행사할 수 있다.

다만 다음과 같은 경우에는 그러하지 아니한다.
  1) 임차인이 3기의 차임액에 달하도록 차임을 연체한 사실이 있는 경우
  2) 임차인이 거짓 그밖의 부정한 방법으로 임차한 경우
  3) 쌍방 합의하에 임대인이 임차인에게 상당한 보상을 제공한 경우
  4) 임차인이 임대인의 동의 없이 목적 건물의 전부 또는 일부를 전대한 경우
  5) 임차인이 임차한 건물의 전부, 일부를 고의 또는 중대한 과실로 파손한 경우
  6) 임차한 건물의 전부 또는 일부가 멸실되어 임대차의 목적을 달성하지 못할 경우
  7) 임대인의 목적 건물의 전부 또는 대부분을 철거하거나 재건축하기 위해 목적건

물의 점유회복이 필요한 경우

8) 그밖에도 임차인이 임차인으로서의 의무를 현저히 위반하거나 임대차를 존속하기 어려운 중대한 사유가 있는 경우

3. 계약의 갱신

1) 임대인이 계약만료 전 1~6개월 사이에 임차인에 대하여 갱신거절의 통지 또는 조건의 변경에 대한 통지를 하지 않은 경우, 전 임대차와 동일한 조건으로 다시 임대차한 것으로 본다(법 제 10조 4항). 이 경우에는 임대차의 존속 기간은 정함이 없는 것으로 간주 된다(동조 4항 단서).

2) 임대차의 존속기간이 정함이 없을 경우 임차인은 언제든지 임대인에 대하여 계약 해지의 통고를 할 수 있고, 임대인이 그 통고를 받은 날로부터 3월이 경과하면 그 효력이 발생한다(상가건물임대차보호법 제10조 5항).

17 보증금 인상제한 및 월세전환 시 제한

1. 보증금 인상

보증금 또는 차임을 인상하는 경우 당시의 차임 또는 보증금의 100분의9의 금액을 초과하지 못하도록 제한하였으며, 증액하는 경우 1년 이내는 다시 증액을 할 수 없다.

2. 월차임 전환

보증금의 전부 또는 일부를 월세로 전환 시 산정율을 연 15%를 초과 할 수 없다 (상가건물임대차보호법 제12조).

18 경매신청 시 집행개시요건의 완화

1. 보증금반환청구소송

임대인이 임대차기간 만료 후에 보증금을 반환하지 않는 경우 임차인은 전세권자와는 달리 경매청구권이 없으므로 임대인을 상대로 보증금반환청구소송을 제기하여 확정판결을 받아 집행권원에 기한 강제집행을 신청하는 수 밖에 없다.
이때 보증금반환청구소송은 소액심판제도를 준용하여 신속하게 재판을 진행하고 있다.

2. 집행개시요건의 완화

1) 임차주택의 명도와 보증금의 반환은 동시이행 관계에 있기 때문에 임대인의 보증금 반환채무의 이행지체를 이유로 그 반환청구를 하려면 임차인이 먼저 그 주택을 명도하여야만 한다(민법 제536조 제1항).

2) 주택임대차보호법에서는 임차인이 임차건물에 대하여 보증금반환청구소송의 확정판결 그밖에 이에 준하는 집행권원에 기한 경매를 신청하는 경우에는 민사집행법 제

41조의 규정에 불구하고, 반대의무의 이행 또는 이행의 제공을 집행개시의 요건으로 하지 아니한다(법 제5조 1항)라는 특례를 정하고 있다.

3) 즉, 임차보증금의 회수에 있어서 동시이행의 항변권을 주장한다면, 임대인이 보증금을 주지 않는 한 임차인은 계속 그 건물을 임차하고 있어야 하고 또한 경매를 신청하려면 동시이행의 법리에 따라 주택을 먼저 인도하게 되면 주택의 인도라는 대항요건을 상실하여 우선변제권을 잃는 문제가 발생하여 임차인 보호에 역행하기 때문에 특례를 정한 것이다.

19 상가임대차보호법의 적용

2002년 11월 1일을 기준, 이 법 시행 후 체결되거나 갱신된 임대차부터 적용한다. 그러나 대항력의 규정, 보증금의 회수규정, 보증금 중 일정액의 보호규정은 이 법 시행 당시 존속 중인 임대차에도 적용. 단 이 법 시행 전 물권을 취득한 제3자에 대해서는 효력이 없다.

20 임대차보호법 비교

구분	주택임대차보호법	상가건물임대차보호법
적용 범위	주거용 건물의 임대차 (예외:일시사용을 위한임대차)	상가건물의 임대차
대항요건	주택의 인도+주민등록	건물의 인도+사업자등록
존속기간의 보장	최단존속기간: 2년	최단존속기간: 1년
증액청구의 제한	20분의 1 (5%)	100분의 9 (9%)
월차임 전환 시 산정율 제한	연 1할4푼	년 1할5푼
확정일자의 부여	주로 관할 읍.면.동사무소	관할세무서장
최우선변제를 받는대상의 범위	주택가격(대지가액 포함)의 2분의 1	건물가액(임대인 소유의 대지가액 포함)의3분의 1
임차권의 승계	사실혼 배우자에게 인정	승계제도 없음
대항력발생 시기	익일	좌동
우선변제	대항요건+확정일자	좌동
우선변제 내용	경매 배당 시 우선변제권	좌동
최우선 변제	경매기입등기전 대항요건을 갖춘 상태에서 보증금액이 일정금액 이내인 경우	좌동

실전! 부동산 경매 완전정복 Ⅰ

CHAPTER
4

물권의 종류 및 경매대상물

1. 물권과 채권

1. 의의

물권은 물건이나 기타 재산권을 사용, 수익, 점유, 처분 등을 직접적 배타적으로 지배할 수 있는 권리를 물권이라 하고, 특정인(채권자)이 다른 특정인(채무자)에 대하여 일정한 행위(급부)를 요구할 수 있는 권리를 채권이라 한다.

배타성이란 하나의 부동산 위에 같은 내용의 권리가 동등하게 성립할 수 없다는 뜻이다. 즉 일물일권주의의 원칙이 지배하며 하나의 물권에는 여러 권리가 존재할 수 없으며 여러 개의 물건이 또한 하나의 권리가 될 수 없다는 원칙이 바로 일물일권주의 원칙이다.

반면 채권은 당사자간 계약에 의해 성립하며, 채무자에게 채무이행, 즉 돈을 갚아 달라고 청구할 수 있는 청구권, 당해 채무자에게만 요구할 수 있는 상대권, 권리자 사이에 배타성이 없는 평등성을 가진다.

2. 물권과 채권의 차이점

1) 권리의 작용

물권은 물건 또는 재산권을 직접 지배할 수 있는 지배권이다. 반면 채권은 채권자가 채무자에 대하여 일정한 행위를 해달라고 요구할 수 있는 권리로서 청구권이다.
예컨대, 물권인 지상권은 토지의 사용가치를 직접 지배하는 권리이고, 반면에 토지임차권은 토지소유자인 임대인에 대하여 그 토지를 사용, 수익하게 해달라고 요구할 수 있는 권리에 불과하다.

2) 효력의 범위

물권은 물건을 직접적, 배타적으로 지배하는 권리이므로 이 세상 어느 누구에게나 주장할 수 있는 대세적(對世的), 절대적(絶對的)인 권리이다.

반면 채권은 원칙적으로 채권자가 채무자에 대해서만 주장할 수 있는 대인적(對人的), 상대적(相對的)인 권리에 불과하다.

예컨대, 물권인 지상권은 지상권자는 토지소유자인 지상권설정자에게는 물론 토지의 양수인에게도 자신의 권리를 주장할 수 있다. 반면에 임차권은 임대인에 대한 권리(對人權)에 불과하므로 원칙적으로 양수인에게는 자기의 권리를 주장할 수 없다(매매는 임대차를 깨뜨린다).

3) 배타성

물권은 타인의 간섭을 배제하고 물건의 점유, 사용, 수익, 처분할 수 있는 배타적 지배권이다. 따라서 하나의 물건 위에 물권이 동시에 두개 이상 성립할 수 없고(일물일권주의), 후순위 권리자 또는 일반채권자에 우선한다(우선적 효력).

반면에 채권자평등의 원칙이 지배하는 채권은 배타성이 없으므로 동일한 내용의 채권이 동시에 두개 이상 병존할 수 있고 채권자 상호간에는 우열관계가 없으므로 평등하게 작용한다.

4) 양도성

물권은 당연히 양도성을 가지는 재산권이므로 양도성을 배제할 수 없음이 원칙이다. 반면에 채권은 당연히 양도성을 본질로 하는 것이 아니므로 양도성이 부정되거나 제한당할 수 있다. 예컨대, 임차권은 임대인의 동의, 승낙이 없는 한 함부로 양도하거나 전대차할 수 없다.

물권과 채권의 차이점

구분	물권	채권
부동산에 대해 미치는 권리	직접지배(점유,사용,수익,처분)	지배하지 못함. 채무이행청구권만 있음(집행권원 있으면 압류가능)
주장할 수 있는 상대방	누구한테나 주장 가능(절대권)	채무자에만 청구(상대권)
대인권/대물권	물건에 대해서만 권리 있음	채무자에 대해 권리 있음
배타성의 유무	배타성이 있음. 그 물건의 그 권리에 대해 유일한 권리가 있을 뿐이다.	배타성이 없음. 채무자의 모든 재산에 대하여 어느 채권자의 독점적 권리 인정 안됨
권리변동의 공시	공시하는 것이 필요	공시 안함
권리의 내용	법률로 획일적으로 정해짐	자유계약 원칙으로 임의로 권리의 내용을 정할 수 있음

2 권리 상호간의 우열관계

1. 물권우선주의

물권은 타인의 간섭을 배제하고 물건을 직접적으로 지배할 수 있는 대세적, 절대적인 지배권이므로, 이러한 물권의 성질로부터 물권의 우선적 효력이 인정된다.
즉 무엇보다도 우선하는 권리라는 말로서 다른 권리보다 앞선다는 뜻이다.

2. 물권 상호간의 관계

1) 소유권과 제한물권

제한물권(전세권, 지상권, 지역권, 저당권, 유치권 등)은 소유권의 권능 중 일부를 제한하여 창설된 권리이므로 제한물권은 소유권에 우선한다.
예컨대, 전세권자의 사용권은 소유권에 우선하고, 저당권자는 저당목적부동산의 환가대금으로부터는 소유권자에 우선하여 변제받을 수 있다.

2) 제한물권 상호간

① 우선순위 결정

하나의 물건 위에 여러 가지 권리가 성립하는 경우에 그들 상호간에는 먼저 성립한 권리가 우선한다. 결국 제한물권 상호간의 우선순위는 설정등기의 선후에 의하여 결정된다.

② 저당권 상호간의 순위

저당권 상호간의 순위는 각 저당권의 설전등기의 선후에 의한다.
저당목적물에 대한 경매가 실행되면 각 저당권자는 매각대금으로부터 자기의 순위에 따라 변제를 받게 된다.

③ 전세권과 저당권이 경합하는 경우

저당권과 전세권의 우선순위 역시 설정등기의 선후에 의한다. 전세권이 먼저 설정되고 후에 저당권이 설정된 경우에는 저당권자가 경매를 신청하더라도 전세권자가 배당요구를 하지 않는 한 전세권은 소멸하지 않는다(민집 제91조 제4항).

④ 점유권

점유권은 배타성이 없으므로 다른 물권과 달리 우선적 효력도 없다.

3. 물권과 채권간의 우열관계

1) 원칙

동일한 물건에 관하여 물권과 채권이 성립한 경우 그 성립시기의 선후와 관계없이 물권이 채권에 우선한다. 따라서 일반채권자는 매각대금으로부터 우선변제권을 갖는 물권자들이 모두 만족을 얻고 남는 것이 있는 경우에 한하여 채권액에 비례한 평등배당을 받을 수 있을 따름이다.
물권이 채권에 우선한다는 원칙은 부동산 이중매매에서도 나타난다.

2) 물권이 채권에 우선한다는 원칙의 예외

① 부동산 물권의 변동을 목적으로 하는 채권이 가등기 되어 있는 경우
종국등기를 할 수 있는 실체법상 또는 절차법상 요건이 완비되지 않는 경우에 장래에 그 요건이 완비된 뒤에 할 본등기의 순위를 보전하기 위하여 하는 등기가 가등기이다. 후에 본등기가 행하여지면 본등기의 순위는 가등기의 순위에 의하므로, 가등기와 본등기의 중간에 이에 저촉하는 중간처분이 본등기를 갖추었더라도 가등기에 저촉하는 범위에서 효력을 잃거나 후순위로 된다.

② 부동산 임차권이 물권화 되는 경우
부동산임차인이 임차권을 등기하거나 특별법에서 요구하는 일정한 요건을 갖추는 경우에는 마치 물권에 버금가는 효력으로 강화되는데 이러한 현상을 '부동산임차권의 물권화'라고 한다.
임차인이 임대인의 협력을 얻어 부동산임대차를 등기하거나(민법 제621조), 건물의 소유를 목적으로 하는 토지임대차에서 임차인이 지상건물을 등기한 때(민법 제622조), 또는 임차권등기명령에 의한 임차권등기(주임법 제3조3, 상임법 제6조)를 경료하면, 임차권은 등기의 대항적 효력에 의하여 그 등기보다 나중에 설정된 물권에 우

선하게 된다.

또한 주택 또는 상가건물의 임대인이 등기절차에 협력하지 않더라도 임차인이 특별법에서 요구하는 대항력(주민등록, 주택의 인도)과 확정일자를 모두 구비하는 경우에는 그 임차권의 등기가 없더라도 임차주택의 양수인 등에게 대항할 수 있고, 그 건물이 경매 등으로 매각되는 경우에는 후순위 권리자 및 일반채권자에 우선하여 보증금을 변제받을 권리가 있다.

③ 선순위 물권자에 대한 관계에서도 채권이 우선하는 경우

- 소액보증금 중 일정액의 최우선변제권

  주,상임법에서 규정한 일정 규모 이하의 소액임차인은 보증금 중 일정액에 관하여 다른 담보물권자 또는 국세보다 우선하여 변제 받을 수 있다.

  소액보증금의 우선변제권은 선순위 담보물권자보다도 우선하는 것이므로 이를 확정일자부 임차인의 우선변제권과 구별하여 최우선변제권이라고 부르는 것이 일반적이다.

- 근로기준법상의 임금우선특권

  근로자의 최종 3월분의 임금과 재해보상금은 그보다도 먼저 설정된 저당권에 우선한다(근로기준법 제37조 제2항).

  최종 3년간의 퇴직금에 대한 우선변제권 또한 근로자퇴직급여보장법(위 법 제11조)에 의하여 인정되고 있다.

- 국세징수법상의 조세(당해세)우선특권

  그 저당물에 부과된 국세(상속세, 증여세 등 당해세)와 가산금은 그 법정기일 전에 설정된 저당권에 대해서도 언제나 우선한다(국세기본법 시행령 제18조).

  하지만 저당물의 소유자가 체납하고 있는 국세는 그 법정기일 전에 설정된 저당권에 우선하여 징수하지 못한다(국세기본법 제35조).

3. 물권의 종류

1. 민법이 인정하는 물권의 종류

1) 소유권

'법률의 범위 내에서 특정 물건을 사용, 수익, 처분할 수 있는 권리'이다(민법 제211조). 사용이란 물건의 용법에 따라 물건을 쓰는 것이고, 수익이란 목적물로부터 생기는 과실을 수취하는 것을 말한다. 또 처분이란 물건의 교환가치를 실현하는 것을 말한다.

2) 점유권

소유권 유무에 관계없이 특정 물건을 사실상 지배함으로써 갖게 되는 권리로 갑의 물건(부동산)을 임대차에 의해 을에게 빌려준 경우 임차인 을은 그 물건에 대한 점유권을 가지게 된다.

3) 지상권

지상권은 타인의 토지 위에 건물, 기타 공작물이나 수목을 소유하기 위해 그 토지를 사용하는 권리를 말한다(민법 제279조).
지역권, 전세권과 더불어 용익물권에 속하며, 지상권 설정기간 동안 지상권자는 그 토지를 배타적으로 사용할 수 있는 반면에 토지 소유자에게는 별도의 약정에 의해 지료를 지불해야 한다.
또한 당사자 간의 계약에 의해 성립되는 경우와는 달리 법률이 요구하는 일정한 요건만 갖추고 있으면 당사자의 의사와 상관없이 당연히 지상권이 성립되는 것으로 취급하는 경우가 있는데 이를 법정지상권이라고 한다.

4) 지역권

지역권이란 자기 토지의 이용가치를 높이기 위해 타인의 토지를 이용할 있는 권리이다.

예를 들어 맹지의 소유자가 도로에 출입하기 위해 통행료가 필요한 경우 그 통행할 토지의 소유자와의 계약에 의해 지역권을 설정하고 등기하면 지역권이 인정된다. 지역권은 실거래에서는 거의 이용되지 않고 통행지역권의 시효취득의 문제가 나타나는 정도에 불과한 것이 현실이다.

지역권의 시효 취득
특별한 지역권 설정이 약정과 등기가 없더라도 타인의 토지를 계속해서 일정기간(20년) 동안 자기 토지에 통행하기 위해 이용하였다면 지역권이 성립되는 경우가 있는데 이런 경우를 통행지역권의 시효취득이라고 한다.

5) 전세권

전세권이란 전세금을 지급하고 타인의 부동산을 점유하여 그 부동산의 용도에 맞게 사용, 수익하며 그 부동산 전부에 대해 후순위권리자 또는 기타채권자보다 전세금에 관해 우선변제권이 인정되는 권리이다(민법 제303조 제1항).

타인의 부동산을 사용, 수익한다는 점에서 지상권, 지역권과 같은 용익물권이지만 전세권은 특수하게 저당권과 같은 담보물권의 성격도 아울러 가진다.

또한 전세권자는 전세권 자체에 의해서 별도의 소송절차를 거치지 않고도 전세보증금 미상환의 경우 경매를 신청할 수 있다(미등기 전세의 경우 채권으로서 보증금반환청구소송 후 확정판결에 의해 경매를 신청할 수 있음).

6) 질권

돈을 빌려주는 대신에 채무자나 제3자가 제공한 목적물을 점유하고 채무자가 채무를 변제할 때까지 목적물의 반환을 거절할 수 있고, 나아가 동산경매 등의 경우에 다른 채권자보다 우선해 채권의 변제를 받을 수 있는 권리이다(민법 제329조).

현행 민법은 질권에 관해 부동산 질권을 인정하지 않고 있으므로 부동산경매에서 질권은 관련이 없다.

7) 유치권

타인의 물건(동산, 부동산)을 점유하는 자가 그 물건에 대해 생긴 채권을 가지고 그 채권의 변제를 받을 때까지 그 물건을 유치할 수 있는 권리를 말한다(민법 제320조 제1항).

유치권은 점유함으로써 성립되는 것이고, 점유를 상실함으로써 소멸되는 물권이기에 등기할 수 있는 권리는 아니다. 따라서 이를 판별하는 것이 용이하지 않으며, 신축건물, 리모델링 건물의 경매물건은 유치권 성립 여부 가능성을 염두에 두어야 한다.

8) 저당권

저당권은 채권자가 채무자 또는 제3자(물상보증인)로부터 점유를 옮기지 않고 그 채권의 담보로 제공된 목적물에 대해 일반 채권자에 우선해 변제 받을 수 있는 담보물권이다.

저당권은 계속적인 거래계약에서 장래 증감, 변동하는 불특정다수의 채권에 대해서도 목적물이 담보하는 일정한 한도(채권최고액)를 정하여 저당권을 설정할 수 있는데 이를 '근저당'이라 하며, 채권최고액의 범위 안에서만 근저당권의 효력이 미치며, 이를 초과하는 부분은 우선변제를 받지 못한다.

저당권, 근저당권은 부동산 경매절차에서 말소기준권리로 되는 것 중에서 가장 빈번하게 그 기준으로 작용한다.

4 법정물권 및 경매의 중요물권

1. 지상권

1) 의의

타인의 토지에 건물 등의 공작물과 입목을 소유하기 위하여 그 토지를 이용하는 권리이다.

지상권은 직접 그 토지에 관한 권리이므로 임차권보다 효력이 크다. 예컨대 지상권의 경우 지상권자는 지주의 승낙 없이 자유롭게 그 권리를 타인에게 양도하든가, 토지를 전대할 수 있으나 임차권의 경우는 원칙적으로 지주의 승낙이 필요하다. 그러므로 지주입장에서는 자신에게 불리한 지상권을 굳이 설정해 주려고 하지 않으며 현실적으로 대출에 관련된 경우 이외에는 거의 이용되지 않고 있다.

2) 지상권의 성질

① 타 물권
② 1필 토지의 일부 위에도 성립(지표, 지상, 지하)
③ 직접 토지를 지배하는 권리
④ 지료의 지급은 지상권의 요소가 아니다.

3) 지상권의 존속기간

가. 약정한 경우의 최단 존속기간

① 견고한 건물(석조, 석회조, 연와조 등), 수목 - 30년 이상
② 견고하지 않은 건물   - 15년 이상
③ 건물이외의 공작물   - 5년 이상

나. 약정하지 않은 경우 최단존속기간

계약으로 지상권의 존속기간을 정하지 아니한 때에는 그 기간은 존속기간을 정한 경우에 적용하는 최단존속기간으로 한다. 단, 지상권 설정당시에 공작물의 종류와 구조를 정하지 아니한 경우에는 15년으로 한다.

4) 계약의 갱신과 갱신청구권

당사자가 계약을 갱신하는 경우 지상권의 존속기간은 갱신한 날로부터 최단존속기간보다 단축하지 못한다. 다만, 당사자는 이보다 장기의 기간을 정할 수 있다. 또한 지상권이 소멸한 경우에 건물 기타 공작물이나 수목이 현존한 때로부터 지상권자는 계약의 갱신을 청구할 수 있다.

5) 매수청구권

지상권설정자가 계약의 갱신을 원하지 아니한 때에는 지상권자는 상당한 가액으로 현존하는 공작물이나 수목의 매수를 청구할 수 있다.

6) 지상권설정자의 지상권의 소멸 청구

지상권설정자는 지상권자의 지료연체를 이유로 하여 지상권의 소멸을 청구할 수 있다. 즉 지상권자가 2기 이상의 지료를 지급하지 아니하였다면 관습법상의 법정지상권도 민법 제287조에 따른 지상권의 소멸청구 할 수 있다.

2. 법정지상권

1) 의의

법정지상권은 동일인에 속한 토지와 그 지상건물이 어떤 사정으로 각각 소유자를 달리하게 된 경우에 건물소유자에게 그 건물소유를 위하여 법률상 당연히 인정되는 지상권을 말한다.

2) 법률규정에 의한 법정지상권이 성립되는 경우

① 토지와 그 지상의 건물이 같은 소유자에게 속하는 경우에, 건물에 대하여서만 전세권을 설정한 후 경매 등 사유로 토지소유자가 변경된 때(민법 305조)
② 토지와 그 지상의 건물이 같은 소유자에게 속하는 경우에, 어느 한쪽에만 저당권이 설정된 후, 저당권의 실행으로 경매됨으로써, 토지와 건물의 소유자가 다르게 된 때(민법 366조)
③ 토지와 그 지상의 건물이 같은 소유자에게 속하는 경우에, 그 토지 또는 건물에만 가등기담보권, 양도담보권 또는 매도담보권이 설정된 후, 이들 담보권의 실행(이른바 귀속청산)으로 토지와 건물의 소유자가 다르게 된 때(가등기담보권에 관한 법률 제10조)
④ 토지와 입목이 같은 소유자에게 속하는 경우에, 경매 기타의 사유로 토지와 입목이 각각 다른 소유자에게 속하게 된 때(입목에 관한 법률 6조)

3) 법정지상권 성립요건

① 토지에 저당권이 설정될 당시에 건물 존재하고 있을 것
건물은 저당권 설정 당시에 실제로 존재하고 있으면 되고 보존등기가 없더라도 법정지상권의 성립을 방해하지 않는다(판례).
건물이 있는 토지에 저당권을 설정한 후에 건물이 멸실되어 신축하거나 또는 건물

이 낡아 개축한 경우에도 법정지상권은 성립한다.

그래서 건물이 없는 부지위에 저당권을 설정하고, 그 후에 건물을 지었을 때에는 그 건물을 위하여 법정지상권이 성립하지 않는다.

② 저당권 설정될 당시에 토지와 건물 소유자가 동일할 것
③ 토지와 건물 중 양자 또는 어느 하나에 저당권 설정될 것
④ 경매로 인하여 토지와 건물의 소유자가 달라져야 한다.

나대지에 저당권설정 후 저당권자의 건물의 신축 동의가 있었던 경우 : 인정 ×
저당권설정 후 토지와 건물의 소유권이 분리된 경우 : 인정 ○
(대법원 99다52602 판결)

4) 성립 여부

① 성립하는 경우

건물이 사회통념상 독립된 건물로 볼 수 있을 정도에 이르지 않았다 해도 건물의 규모, 종류가 외형상 예상할 수 있는 정도까지 건축이 진전, 그 후 매수인이 매각대금을 다 내었을 때까지 최소한의 기둥, 지붕, 주벽이 이루어지는 등 독립된 부동산으로서 건물의 요건을 갖춘 경우에는 법정지상권이 성립될 수 있다.

저당권설정 당시에 건물이 신축중일 경우 : 규모와 종류가 예상되면 인정 ○
단독저당권 설정당시 존재하던 건물을 멸실 후 신축 : 인정 ○
미등기, 무허가 건물 : 인정 ○

② 성립하지 않는 경우

나대지에 저당권이 설정된 후 저당권설정자가 그 위에 건물을 건축하고 경매로 인하여 그 토지와 건물의 소유자가 달라진 경우, 민법 제366조의 법정지상권이 인정되지 아니할 뿐만 아니라 관습상의 법정지상권도 인정되지 아니한다(대법원

1995.12.11 95마1262).

동일인의 소유에 속하는 토지 및 그 지상 건물에 관하여 공동저당권이 설정된 후 그 지상 건물이 철거되고 새로 건물이 신축된 경우에는 그 신축건물의 소유자가 토지의 소유자와 동일하고 토지의 저당권자에게 신축건물에 관하여 토지의 저당권과 동일한 순위의 공동저당권을 설정해 주는 등 특별한 사정이 없는 한 그 신축건물을 위한 법정지상권은 성립하지 않는다(대법원 2003. 12. 18. 98다43601).

5) 법정지상권의 성립시기

매수인이 소유권을 취득한 때 즉, 매각대금을 납부한 때부터 성립한다.
법률규정에 의한 물권의 취득이므로 성립 시에는 등기는 필요치 않지만 처분할 경우에는 등기를 한 후에 처분해야 한다.

6) 법정지상권의 존속기간

지상물의 종류에 따라 다르나, 특별한 규정이 없으면 일반 지상권에 준한다.
최장기간의 제한은 없으나, 지상권자 보호를 위해 최단기간의 제한은 있다.

① 존속기간이 등기된 경우
  지상물의 소멸과 관계없이 존속기간 동안 법정지상권이 성립한다.

② 존속기간을 등기하지 않은 경우
  이때는 기간 약정이 없는 경우로 보아 민법상 최단존속기간으로 본다.

7) 지료

① 지료 요율

지료는 당사자간 협의에 의해 결정하는 것이 원칙이나 협의가 안 될 경우에는 당사자의 청구로 법원이 결정한다. 대략 농지는 2% 내외, 주거용지는 4%내외, 상업용지는 6% 내외이다.

② 지료 결정시점

매수인이 매각대금을 납부한 때 지료청구권이 발생한다.

③ 지료증감청구권

지료가 토지에 관한 조세 기타 부담의 증감이나 지가의 변동으로 인하여 상당하지 않을 때에는 당사자는 그 증감을 청구할 수 있다.

④ 지료연체의 효과

지상권자가 2년 이상의 지료를 납부하지 않은 경우에는 지상권설정자는 지상권의 소멸을 청구할 수 있다. 지료의 지급액 또는 지급시기 등 지료에 관한 약정은 이를 등기하여야만 제3자에게 대항할 수 있다.

지료는 토지소유자가 <u>지료를 청구하여야만 그때부터</u> 지상물 소유자에게 지료연체에 대한 책임을 물을 수 있으므로, <u>당사자 사이에 지료에 관한 협의가 있었다거나 법원에 의하여 지료가 결정되었다는 아무런 입증이 없고 법정지상권에 관한 지료가 결정된 바 없다면</u> 법정지상권자가 지료를 지급하지 않았다고 하더라도 지료지급을 지체한 것으로 볼 수 없으므로 법정지상권자가 2년 이상의 지료를 지급하지 아니하였음을 이유로 하는 <u>토지소유자의 지상권 소멸청구는 이유가 없다는</u> 것이다 (대법원 2001.3.13 99다17142).

법정지상권이 성립되고, 그 지료액수에 관하여 판결로 정해진 경우 지상권자가 그 판결확정 후 지료의 청구를 받고도 책임있는 사유로 상당기간동안 지료지급을 지체한 경우에 그 지료가 <u>판결확정 전후에 걸쳐 2년분 이상일 경우에는 토지소유자는 지상권의 소멸을 청구할 수 있고 반드시 판결확정일로부터 2년 이상 지체하여야 하는 것은 아니다.</u>

그러나 현 지상권소멸청구권자는 <u>종전소유자의 연체기간의 합산을 주장할 수는없다</u>(대법원 2001.3.13 99다17142).

3. 관습법상 법정지상권

1) 의의

토지이용권에 관한 합의 없이 매매, 증여 등에 의하여 토지와 건물의 소유자가 달라진 경우 법정지상권의 보호를 받지 못하는 경우가 있다. 이 경우 일정한 요건이 충족되면 판례는 관습법상 법정지상권을 인정한다.

2) 성립요건

① 토지와 건물이 동일인에게 속할 것
   처분 당시에 동일인에게 속하면 되고, 원시적으로 동일인의 소유일 필요는 없다.
② 경매 이외의 매매, 증여 등 기타의 원인에 의하여 토지와 건물의 소유자가 달라질 것
   이 경우 그 소유권이전등기까지 이루어져야 한다.
③ 당사자 사이에 건물을 철거한다는 약정이 없을 것
   이 특약에 관해서는 이를 주장하는 자가 입증하여야 한다(판례).

3) 내용

존속기간을 약정하지 아니한 지상권으로 보고 그 기간을 준용하며 건물의 유지 및 사용에 필요한 범위에 법정지상권이 미친다.
필요한 범위를 넘어서 대지를 사용한 때에는 불법점유자로서 토지소유자가 손해배상청구를 받게 된다(판례).

4) 지료

당사자 간의 합의에 의하여 결정하고 합의가 없으면 당사자의 신청에 의하여 법원이 결정한다.

4. 구분지상권

1) 의의

타인의 토지 지하 또는 지상에 일정한 범위를 정하여 건물 기타 공작물(터널, 고가도로, 송전선, 지하철 등)을 소유하기 위하여 그 구분층을 사용할 것을 내용으로 하는 지상권이다(민법 제289조의2 제1항).
구분지상권은 토지의 입체적, 효율적 이용을 위하여 제도화된 특수지상권이지만 그 본질에 있어서는 일반 지상권과 차이가 없다. 다만 구분지상권은 수목을 소유하기 위해서는 설정할 수 없다.

2) 구분지상권의 설정

일반지상권과 마찬가지로 당사자 사이에 구분지상권의 설정에 관한 물권적 합의와

등기가 있어야 한다.

구분지상권의 설정을 위해서는 그 객체가 되는 목적토지의 상하의 범위, 즉 구분층의 한계를 어떤 방식으로든지 확정하여야 하며(예컨대 지상 20m에서 30m 사이 또는 지하 15m부터 40m 사이 등) 그것을 등기하여야 한다. 상하의 범위 즉 구분층은 그 구분이 수평면이든 곡면이든 상관없다.

또한 구분지상권이 설정되어 있는 토지에서 그 구분지상권과 중복되지 않는 구분지상권은 기존의 구분지상권자의 승낙 없이 설정할 수 있다.

3) 구분지상권의 효력

구분지상권은 보통의 지상권에 관한 규정을 준용한다(민법 제290조 제2항).

토지소유자가 송전선이 설치된 토지를 농지로만 이용하여 왔다고 하더라도, 그 소유권을 행사함에 있어 아무런 장애를 받지 않았다고 할 수 없고 그 송전선의 가설로 인하여 그 토지 상공에 대한 구분지상권에 상응하는 임료 상당의 손해를 입었다고 한 원심판결은 정당하다(대법원 1996. 5. 14. 94다54283 판결).

5. 분묘기지권(墳墓基地權)

1) 의의

타인의 토지에 분묘를 설치하여 분묘가 차지하고 있는 토지를 사용할 수 있는 권리이다. 그 분묘기지에 대하여 지상권에 유사한 일종의 물권을 취득한다.

2) 성립요건

① 장사 등에 관한 법률 제정 전(2001년 1월 12일까지)

가. 토지소유자의 승낙을 얻어 분묘를 설치한 경우

나. 타인 소유의 토지에 승낙 없이 분묘를 설치하고 20년간 평온, 공연하게 점유하여 시효로 취득한 경우

다. 자기 소유의 토지에 분묘를 설치한 후 그 분묘기지에 대한 소유권을 유보하거나 분묘이전의 약정 없이 토지를 처분한 경우

② 장사 등에 관한 법률 제정 이후 (2001년 1월 13일 이후)

가. 토지소유자의 승낙을 얻어 분묘를 설치한 경우

나. 자기 소유의 토지에 분묘를 설치한 후 그 분묘기지에 대한 소유권을 유보하거나 분묘이전의 약정 없이 토지를 처분한 경우

취득시효형 분묘기지권이 제외된 이유는 토지소유자의 승낙 없이 또는 묘지설치자는 연고자의 승낙 없이 분묘를 설치한 경우에 해당되면 장사에 관한 법률에 위반되기 때문이다.

3) 분묘기지권의 특징

① 사용대가가 무상이고
② 봉분의 형태가 분명해야 한다. 따라서 가묘, 평장이나 암장 등은 인정되지 않는다(대법원 1976. 10. 26. 76다1359).

4) 분묘기지권의 권리의 내용

① 효력범위

분묘기지권자는 분묘소유자여야 하며, 분묘를 수호하고 봉사하는 목적을 달성 하는데 필요한 범위 내에서 타인의 토지를 사용할 수 있다(대법원 1997.3.28. 97다3651).

② 지료

지료에 관해서는 원칙적으로 무상인 것으로 본다(대법원 1995. 2. 28. 94다37912). 다만 자기 토지 내에 분묘를 가지고 있던 자가 그 토지를 처분하여 분묘기지권을 취득한 경우에는 지료를 지급하여야 한다(다수설).

5) 분묘기지권의 존속기간

분묘기지권은 지상권과 유사하나 민법상 지상권 규정을 따르지 않는다. 권리자가 분묘의 수호와 봉사를 계속하고 분묘가 존속하는 동안은 항상 존속한다.
이의 존재여부를 알아보기 위해 시청. 구청. 읍. 면. 동사무소에서 묘적부, 묘지설치 허가 신고대장 등 묘지관련 공부의 열람 및 묘지 인근 주민들에게 수소문을 하여 연고여부와 설치시기 등을 파악해야 한다.

① 2001년 1월 12일까지 설치한 분묘
　가. 토지소유자의 승낙을 얻어 분묘를 설치했거나, 존속기간을 약정한 경우는 약정 기간 동안 존속
　나. 약정을 정하지 않았거나 토지소유자의 승낙 없이 분묘를 설치하고 시효 취득한 경우, 분묘권리자가 분묘의 수호와 봉사를 계속하는 한 영원히 존속한다.

② 2001년 1월 13일 이후 설치한 분묘
　장사 등에 관한 법률 제19조에 따르면 더 이상 분묘기지권의 시효취득은 불가능할 뿐만 아니라 분묘의 설치기간도 최소 15년에서 최장 60년으로 제한을 받는다.
　가. 토지소유자의 승낙 없이 당해 토지에 설치한 분묘
　나. 묘지 설치자 또는 연고자의 승낙 없이 당해 묘지에 설치한 분묘의 연고자는 당해 토지의 소유자, 묘지설치자 또는 연고자에 대하여 토지사용권 기타 분묘의 보존을 위한 권리를 주장할 수 없다(장사 등에 관한 법률 제27조 제3항).

6) 분묘 처리방법

토지소유자의 승낙 없이 설치한 분묘나 묘지설치자 또는 연고자의 승낙 없이 설치한 분묘는 분묘기지권이 성립하지 않는 경우로 분묘를 관할하는 시장, 군수, 구청장의 허가를 받아 개장할 수 있다.

연고가 있다 해도 현행 장사 등에 관한 법률에 의해 일간지 공고 후 90일이 지나면 유연고라해도 무연고로 간주되어 임의개장을 허용하고 있어 법적으로 사실상 모든 행위가 면책된다.

① 연고자를 아는 경우

토지 소유자등은 개장을 하고자 할 때는 미리 3월 이상의 기간을 정하여 분묘의 설치자 또는 연고자에게 통보하여야 한다.

② 연고자를 모르는 경우

만일 분묘의 연고자를 알 수 없는 무연분묘일 경우에는 중앙일간신문을 포함한 2번 이상의 일간신문에 〈묘지 또는 분묘의 위치 및 장소〉〈개장사유, 개장 후 안치장소 및 기간〉〈공설묘지 또는 사설묘지 설치자의 성명, 주소, 연락방법〉〈그밖의 개장에 필요한 사항〉의 내용을 2회 이상 공고하되, 두 번째 공고는 첫 번째 공고일로부터 1개월이 지난 다음에 하여야 한다.

③ 연고자 있는 불법묘지

이런 경우 토지소유자가 해당묘지의 개장을 원할 경우에는 관할시장, 군수에게 불법묘지 개장허가를 신청할 수 있다. 법제처가 2009년 1월 23일 불법묘지의 개장허가 신청대상 범위와 관련해 불법묘지의 연고자를 아는 경우라도 신청이 가능하다고 밝혔다.

④ 연고자 확인 방법

입찰하기 전 묘지 소재지 시, 군, 구청, 읍, 면, 동사무소에서 묘적부, 묘지설치허가 관리대장 등 묘지관련 공부를 열람하면 연고 있는 분묘인지 확인할 수 있다. 묘지 소재지 인근 주민들에게 수소문을 해서 연고여부와 설치시기 등을 확인할 수 있다.

7) 분묘기지권의 소멸사유

존속기간의 약정이 있는 경우 그 약정사유의 발생으로 소멸한다. 이장 또는 폐묘가 된 경우에도 더 이상 존속이유가 없어 소멸한다.

권리를 포기하는 의사표시를 하면 곧바로 소멸한다.

도로 건설, 신도시 건설 등 공익목적으로 조상 묘를 수용당하는 경우엔 분묘기지권 성립여부와 상관없이 이장에 응할 수밖에 없다. 다만 이 경우엔 감정평가를 통해 1기당 250만~300만원 정도의 보상금을 받는다.

6. 유치권

1) 의의

유치권이란 타인의 물건 등을 점유한 자가 그 물건에 관하여 발생된 채권이 있을 경우 그 채권을 변제받을 때까지 물건 등을 유치할 수 있는 권리이다(민법 제320조 제1항). 예컨대 시계수리업자는 시계라는 물건에서 발생된 채권을 변제받을 때까지 시계의 인도를 거절하고 유치할 수 있는 권리와 임차인이 임차목적물에 투여한 필요비 및 유익비의 반환을 받을 때까지 임차목적물을 점유할 수 있는 권리를 유치권이라 하는데, 이와 같이 유치권은 목적물을 유치함으로서 채무변제를 간접적으로 강제할 수 있다.

2) 유치권의 성립요건

① 채권이 유치권의 목적물에 관하여 생긴 것이어야 함

임차인이 임차목적물에 들인 필요비, 유익비의 상환청구권, 물건의 하자로 인해 발생된 손해배상청구권 등으로서 채권이 목적물 자체에서 발생되어야 한다(대법원 1976.9.28. 76다582).

임차인의 보증금반환청구권은 유치권의 대상이 되지 않는데(대법원 1976. 12. 13 77다115) 임차보증금반환채권은 임차목적물에 대하여 생기는 채권으로서 임대인에 대한 채권이지 임차목적물 자체와 관련하여 발생된 채권이 아니기 때문이다.

② 피담보채권의 변제기가 도래해야 한다.

채권의 변제기가 되어야 채무이행을 강제할 수 있기 때문이다. 변제기에 대한 약정이 있으면 점유와 함께 유치권이 성립한다.

③ 타인의 물건을 점유하여야 한다.

유치권자는 타인의 물건을 점유하여야 하여야 하며, 직접점유이든 간접점유이든 묻지 않는다. 타인은 채무자만을 의미하지 않고 그 승계인도 포함된다(대법원 1972. 1. 31. 71다2414).

④ 불법행위에 의한 점유가 아니어야 한다.

유치권자의 점유는 적법한 점유이어야 한다. 따라서 불법행위에 의하여 점유를 취득한 자에 대하여는 유치권이 인정되지 아니한다(민법 제320조 제2항).

따라서 경매개시결정의 기입등기가 경료된 후 점유를 개시한 자로서는 유치권을 내세워 그 부동산에 관한 경매절차의 매수인에게 대항할 수 없다(대법원 2005. 8. 19. 2005다22688).

⑤ 유치권의 발생을 배제하는 특약이 없어야 한다.

건물의 임차인이 임대차 종료 시 건물을 원상으로 복구하여 임대인에게 명도하기로 약정하였다면, 이는 건물에 지출한 필요비, 유익비의 상환청구권을 미리 포기하기로 한 취지의 특약이라고 볼 수 있어 임차인은 유치권을 주장할 수 없다(대법원 1975.

4. 22. 73다2010).

3) 유치권자의 권리

① 목적물을 유치할 권리

민법 제321조는 "유치권자는 채권 전부의 변제를 받을 때까지 유치물 전부에 대하여 그 권리를 행사할 수 있다."고 규정하고 있다.

따라서 유치권자는 목적물을 유치할 수 있으며 이는 유치권의 가장 중심이 되는 효력이다. 반면 유치권자는 자신의 이익을 위해서 유치물을 이용하는 것은 원칙적으로 허용되지 않는다.

② 경매권과 우선변제권

유치권자는 채권의 변제를 받기 위하여 유치물을 경매할 수 있다(민법 제322조 제1항). 이러한 경매는 유치물을 현금화하기 위한 경매로서, 형식적 경매의 일종이다.

또한 유치권자는 우선변제권을 가지지 않는다. 그러나 채무자 또는 제3자가 목적물을 인도받으려면 유치권자에게 변제하여야 하므로, 실제에 있어서는 우선변제권이 있다.

③ 간이변제충당권

목적물의 가치가 적어서 경매에 부치는 것이 부적당한 경우처럼 정당한 이유가 있는 때에는 유치권자는 감정인의 평가에 의하여 유치물로 직접 변제에 충당할 것을 법원에 청구할 수 있다. 이를 간이변제충당권이라고 한다. 이 경우에 유치권자는 미리 채무자에게 통지하여야 한다(민법 제322조 제2항).

④ 과실수취권

유치권자는 유치물의 과실(천연, 법정)을 수취해서 다른 채무자보다 먼저 그 채무의 변제에 충당할 수 있다(민법 제323조 제1항). 수취한 과실은 먼저 채권의 이자에 충당하고, 나머지가 있으면 원본에 충당하여야 한다(민법 제323조 제2항). 그리고 과실이 금전이 아닌 때에는 민사집행법의 규정에 따라 경매환가해서 위와 같이 충당하여야 한다(민법 제323조 제1항 단서).

⑤ 유치물 사용권

유치권자는 채무자의 승낙 없이 유치물을 사용, 대여 또는 담보로 제공할 수 없으나, 보존에 필요한 범위 안에서 채무자의 승낙이 없더라도 그 유치물을 사용할 수 있다(민법 제324조 제2항).

⑥ 비용상환 청구권

유치권자가 유치물에 관하여 필요비를 지출한 때에는, 소유자에게 그 상환을 청구할 수 있다. 유치권자가 유치물에 관하여 유익비를 지출한 때에는, 그 유치물의 가액의 증가가 현존한 경우에 한하여, 소유자의 선택에 좇아, 그 지출한 금액이나 또는 증가액의 상환을 청구할 수 있다. 그러나 소유자의 청구가 있는 때에는, 법원은 상당한 상환기간을 허락하여 줄 수 있다. 이때에는 유익비에 관하여 유치권을 행사할 수 없다.

4) 유치권자의 의무

① 선관주의 의무

유치권자는 채권의 담보를 위하여 목적물을 점유하고, 채무자의 변제가 있으면 반환하여야 할 의무를 부담하므로, 법률은 특히 선관주의의무를 인정하고 있다. 또한 유치권자는 채무자의 승낙 없이 유치물의 사용, 대여 또는 담보제공을 하지 못한다.

② 주의의무 위반의 효과

유치권자가 선관주의의무에 위반한 때에는, 채무자는 유치권의 소멸을 청구할 수 있다. 이 청구권은 형성권이며, 소유자의 유치권자에 대한 일방적 의사표시에 의하여 유치권 소멸의 효과가 생긴다.

5) 유치권의 소멸

① 목적물이 멸실 하거나 토지의 수용, 혼동, 포기(포기의 의사표시만으로도 가능, 예를 들어 명도해 주기로 약정한 경우) 등으로 소멸한다.
② 피담보채권의 소멸로 소멸한다. (담보물권의 부종성)
③ 유치권자의 의무 위반에 대해서 채무자의 소멸 청구가 있으면 소멸한다.
④ 채무자가 상당한 담보를 제공하면 유치권은 소멸한다.
⑤ 점유를 상실하면 유치권은 소멸한다 (민법 제328조)
⑥ 유치권으로 경매를 신청한 경우
　이 경우에 유치권자는 민법에서 규정한 바에 따라 유치권자가 유치하고 있는 부동산을 경매신청할 수 있으며, 매각이 되면 유치권은 소멸한다(대법원 2011. 6. 15. 2010마1059).

7. 전세권

1) 의의

전세금을 지급하고서 타인의 부동산을 그의 용도에 쫓아 사용. 수익하는 용익물권이며 전세권이 소멸하면 목적부동산으로부터 전세금의 우선변제를 받을 수 있는 효력이 인정되는 물권이다.
현행 임대차에 있어서의 전세는 채권적 전세로서 등기되지 않은 것이고 전세권은 물권으로써 등기된 경우이다. 현행의 채권적 전세는 주택임대차보호법 및 상가건물임대차보호법의 적용을 받는다.

2) 전세권의 법적 성질

전세권은 타인의 부동산에 대한 권리이고, 농경지는 전세권의 목적이 되지 못한다. 객체인 부동산은 1필의 토지 또는 1동의 건물의 일부라도 무방하고 그 등기신청 시에는 그 도면을 첨부하여야 한다.

또한 전세권은 물권으로서 당연히 양도성과 상속성을 가지며, 소유자의 변경에 영향을 받지 않고 양도, 전전세, 임대를 하는데 부동산소유자의 동의를 요하지 않는다.

3) 존속기간

전세권의 존속기간은 건물의 최단기간은 1년 최장은 10년까지 가능하다. 토지의 전세권은 최단기간은 없고 최장기간만 10년이다.

전세권의 존속기간을 1년 미만으로 정한 때에는 이를 1년으로 정한 것으로 본다.

전세권의 존속기간은 등기하여야만 성립하고 등기하지 아니하고 정하지 아니할 때는 당사자는 언제든지 전세권 소멸을 통고할 수 있으며 전세권설정자나 전세권자는 통고를 받은 날 부터 6월이 경과하면 전세권은 소멸한다.

4) 경매에 있어서의 전세권

① 임의경매

아파트나 다세대주택, 연립주택 등 각 세대별로 구분 등기된 집합건물에 설정된 전세권은 전세권 설정기간이 만료된 후 소유자가 전세금을 반환해 주지 않으면 전세권에 기한 임의경매를 신청할 수 있다. 즉 전세권은 용익물권이나 집합건물에 설정된 전세권의 효력은 전유부분뿐만 아니라 대지권까지 미치기에 담보권에 준하여 임의경매신청이 가능한 것이다(대법원 2002. 6. 14 2001다68389).

② 강제경매

각 세대별로 구분등기 되지 않은 일반건물에 전세권을 설정한 경우, 전세권은 건물 부분에만 효력이 미치고 토지에는 그 효력이 미치지 않기에 집합건물에 설정된 전세권처럼 전세권에 기해 임의경매를 신청할 수 없다.

따라서 전세권자는 소유자를 상대로 전세금반환청구소송을 제기하여 판결문으로 토지 및 건물 전부를 강제경매신청하여야 한다.

이러한 경우 토지에는 전세권의 효력이 미치지 않기에 토지 경매대금을 제외한 건물 경매대금 전부에 대해서만 후순위 권리자보다 우선 변제받을 수 있다는 것이 민법의 규정이다(민법 제303조 제1항).

③ 건물 일부에 대해 전세권이 설정되어 있는 경우 전세권 설정자가 전세금의 반환을 지체한 때에는 전세권의 목적물을 경매청구 할 수 있으나 전세권의 목적물이 아닌 나머지 건물부분에 대한 경매신청권은 없다 할 것이다. 이런 경우 집주인을 상대로 전세금반환소송을 제기하고 승소판결문으로 건물전체를 강제경매신청하는 방법이 있다.

④ 말소기준권리 이전에 설정된 용익물권 즉 지상권, 지역권, 전세권은 매수인이 인수한다. 다만 그 중에 전세권의 경우에는 전세권자가 경매신청이나 배당요구를 하면 매각으로 소멸된다.

8. 가등기

1) 의의

부동산의 물권(소유권, 저당권 등) 또는 임차권의 변동(설정, 이전 등)을 목적으로 하는 청구권을 보전하려 할 때 장래 실행될 본등기의 순위보전을 위한 예비등기를 말한다.

2) 종류

① 청구권 보전가등기

매도인이 부동산을 이중으로 매도하여 제2매수인에게 소유권이전등기를 경료하는 등의 배신행위를 하는 경우, 매수인은 그 부동산의 소유권을 취득할 수 없다. 이에 매수인이 매매의 목적을 달성하기 위하여 이러한 등기청구권을 보전하여야 할 필요성이 존재하는데 이를 위한 제도적 장치가 바로 가등기이다.

즉 종국등기를 할 수 있는 실체법상 또는 절차법상의 요건이 완비되지 않은 경우에 장래 그 요건이 완비된 뒤에 할 본등기의 순위를 보전하기 위하여 하는 가등기를 청구권보전을 위한 가등기라고 한다.

② 담보 가등기

채권담보를 위하여 채권자와 채무자의 부동산에 하는 가등기이다. 즉 채무자가 채권액을 변제하지 않을 경우에 채무자의 부동산을 채권자에게 소유권을 이전시키게 된다. 이때 채권액과 부동산 시세를 파악하여 남은 차액은 채무자에게 돌려주어야 소유권의 이전이 가능하다.

그러나 이 법은 지나치게 까다롭고 복잡한 청산절차 요구하는 등 수많은 제한규정과 금지규정을 두어 종래 가등기담보의 간편성이라는 장점이 사라짐으로써 그 이용 자체가 기피되고 있는 실정이다.

3) 가등기의 효력

가등기는 자체로서 등기의 효력은 없으나, 후에 본등기를 경료하면 그 본등기의 순위는 가등기의 순위에 의한다(부동산등기법 제6조 제2항).

즉 대항력의 순위가 가등기를 한 때로 소급하게 되고 가등기는 본등기에 비해 절차가 간단하고 비용이 저렴하여 많이 활용하고 있다.

4) 경매에 있어서의 가등기

① 소멸되지 않는 가등기

근저당권자보다 선순위가등기(소유권이전청구권 가등기)는 경매절차에서 소멸되지 않고 매수자가 인수해야 한다.

즉, 후일 가등기권리자가 본등기를 경료하면 낙찰자는 소유권을 잃을 수도 있다.

② 소멸되는 가등기

선순위 가등기가 금전대차관계에 의한 담보가등기일 경우 경매절차에서 근저당과 동일하게 배당절차에 참여하여 배당받고 소멸된다.

또한 가등기보다 빠른 말소기준권리(저당권, 가압류 등)가 있는 경우 가등기의 종류를 불문하고 그 가등기는 소멸한다.

③ 청구권보전가등기와 담보가등기의 구별

등기부상에 가등기가 되어 있는 경우에 등기부를 통해서는 청구권보전가등기인지, 담보가등기인지를 구별할 수 있는 방법은 없다.

따라서 법원은 가등기의 종류를 구별하기 위하여 가등기권자에게 어떤 종류의 가등기인지를 법원에 신고하라고 최고하게 된다. 이때 가등기권자가 청구권보전가등기라는 취지의 신고를 해 오면 법원은 그러한 사실을 입찰기록에 기재하여 경고하게 된다.

반면 가등기권리자가 담보가등기라는 취지의 신고를 하고 권리신고 및 채권계산서를 제출하게 되면 가등기는 저당권으로 취급되어 매각으로 소멸하게 된다.

만일 법원의 최고에도 불구하고 가등기권자가 그 가등기의 종류에 관하여 신고하지 않는다면 법원은 청구권보전가등기라고 취급하는 것이 실무이다.

9. 예고등기

1) 의의

예고등기는 등기원인의 무효(도박자금 대여), 등기원인의 취소(미성년자와의 매매)에 의한 등기의 말소 또는 회복의 소가 제기된 경우에 이를 제3자로 하여금 소송의 결과 발생할 불측의 손해를 경고하기 위하여 수소법원의 촉탁으로 행하여지는 등기이다.

2) 예고등기의 효력

예고등기는 실체법상이나 절차법상 효력이 있는 것이 아니다. 즉, 예고등기에는 부동산에 관하여 거래를 하고자 하는 제3자에게 경고를 준다는 사실상의 효과이며 그 밖에 부동산에 관하여 처분금지의 효력이 있거나, 소제기 이유가 추정력이 있는 것도 아니며, 가등기와 같은 순위보전의 효력이 있는 것도 아니다.

3) 경매에 있어서의 예고등기

① 예고등기를 제기한 자(원고)가 승소하는 경우
  예고등기 후에 그 부동산에 관한 각종 행위 등은 예고등기를 한 사람에게 대항할 수 없다. 즉 경매절차가 무효가 되는 경우가 발생할 수도 있으며, 또한 판결에 의해 매수자는 낙찰 후에도 소유권을 잃을 수 있다.

② 예고등기를 제기한 자(원고)가 패소하는 경우
  경매진행 절차에 아무런 문제도 발생하지 않는다. 즉 낙찰자에게 아무런 문제가 발생하지 않는다.

4) 예고등기 2011년 10월 13일부로 폐지

그동안 부동산경매의 함정의 하나였던 예고등기 제도가 없어진다. 이를 포함한 중요 내용으로 부동산등기법이 2011년4월 12일 전면 개정되어 2011년 10월 13일부로 폐지.

원인무효와 행위무능력에 의한 취소는 선의의 제3자에게도 효력을 미쳐 선의인 낙찰자(매수자)도 보호되지 못하기 때문에 원고가 승소를 하게 되면 이전받은 소유권이 무효, 취소되므로 이를 보호하고자 경고차원에서 예고등기를 했던 것인데, 이제 예고등기가 폐지되면 가처분제도로만 이러한 무효, 취소 소송에 대하여 판단하여야 하므로 이럴 경우 원고가 당연히 승소할 거라고 예상하여 처분금지가처분등기를 하지 않는 경우에는 오히려 예고등기조차 폐지되었으므로 경매참가자로서는 소유권이전등기 말소청구소송이 있는지까지도 조사해야 하므로 어찌 보면 더욱 실체 파악이 어려워진 게 아닌가 하는 우려가 생긴다.

5 경매대상물

1. 토지

'토지'란, 우리 민법 제212조를 참조하여 설명을 하자면 일정한 범위의 지면과 지표, 그리고 정당한 이익이 있는 범위에 있어 그의 상하, 즉 공중과 지하를 포함하는 것을 말한다. 따라서 토지를 구성하는 땅속의 토사나 암석, 지하수 등은 토지의 구성물의 부분에 지나지 않기 때문에 독립된 부동산이 아니며, 토지의 소유권은 그 구성물에도 영향을 미친다. 그러나 지중의 광물은 국가가 이를 채굴, 취득하는 권리를 부여하는 권한을 가지고 있으므로 광물에 대한 토지 소유자의 소유권은 그 범위 내에서 포함되지 미채굴한 광물의 경우, 이를 독립한 부동산으로 보지 않고 국가의 배타적 객체로 해석하는 견해도 있기는 하지만, 국가 소유의 독립한 부동산으로 보는 것이 좋다. 이외에 토지와 관련하여 바다, 내천 등의 경우 관련 법규를 통하여 주의하며 살펴보아야 한다.

토지는 끊어지지 않고 이어져 있지만, 그 지표에 인위적으로 선을 그어 경계로 삼고 갈라서 정한다. 이렇게 정해진 토지는 관할시에 토지대장에 등록되고 법원의 등기부에 기재되며, '필(筆)'이라는 개수 단위를 삼아 일필(一筆)마다 지번을 붙이고 한필로서 한 개의 물건이 된다.

2. 토지의 정착물

1) 의의

토지에 고정적으로 부착되어 용이하게 이동할 수 없는 물건으로서 그러한 상태로 이용되는 것이 통상적으로 용인되는 것(건물, 수목, 교량, 도로의 포장 등).

2) 유형

① 독립정착물 … 건물
② 종속정착물 … 토지의 구성부분, 토지와 일체로 처분됨(도로의 포장, 교량, 담).
③ 반(半)독립정착물 … 토지와 일체로 처분될 수도 있지만 공시를 갖출 경우 토지와 별개로 취급될 수 있는 양면성을 가지는 것(입목법에 의한 수목, 수목, 미분리의 과실, 농작물 등).

3) 토지와는 별개의 독립된 정착물

① 건물
  양도 시 건물에 이르지 않은 경우에는 인도하면 되지만, 건물로 인정되는 경우에는

등기를 하여야 효력이 발생한다. 건물인지의 여부는 건물의 기능과 효용에 비추어 사회통념에 따라 판단하되 최소한 기둥·지붕·벽의 시설은 갖추어야 한다(판례).

② 입목법에 의한 입목
입목등기부에 소유권보존등기를 받은 것을 입목이라 한다. 양도나 저당권의 목적으로 할 수 있다.

③ 그 밖의 수목
수목 내지 수목의 집단에 대해 명인방법이라는 관습법상의 공시방법을 갖춘 경우에는 토지와 독립하여 거래할 수 있다.

④ 미분리의 과실
명인방법을 갖춘 경우 토지와 독립하여 거래할 수 있다. 통설적 견해는 미분리의 과실을 부동산으로 보지만 동산으로 보아야 한다는 소수설이 있다.

⑤ 농작물 (약초, 양파, 마늘, 고추 등)
농작물은 토지의 일부이다. 다만 정당한 권원에 의한 타인이 경작·재배한 농작물은 토지와는 별개의 부동산으로 다루어진다. 그런데 판례는 정당한 권원없이 경작한 때에도, 즉 명인방법 없이도 소유권은 경작자에게 있는 것으로 보고 있다.
판례 : 가식중인 수목, 판자집, 신문가판대, 공중전화박스 등 정착물(×) : 동산

3. 농지에 대한 경매

1) 개발 '농지' 투자 유망

경매를 통해 농지(전·답·과수원)를 낙찰 받으면 토지거래허가를 별도로 받지 않고

시세 대비 20% 이상 저렴한 가격에 매입할 수 있다. 수도권, 개발 가능한 농지를 값싸게 낙찰 받아 주말농장이나 장기 투자용도로 매입해 두는 것도 좋은 투자방법이다.

수도권의 농지는 위치와 규모에 따라 얼마든지 개발여지가 있어 가공되지 않은 대표적인 부동산 상품이다. 농지전용이 가능한 토지는 대지로 전환해 집을 지을 수 있고, 도시화가 진행되는 택지지구 인근의 경우 상가나 공장용지로 용도 변경할 수 있어 활용가치가 높다.

농지는 지역여건에 따라 개발여지가 있거나 용도상 제한이 많지 않은 지역 농지를 고르는게 관건이다.

2) 농취증 발급여부 조사

농지를 경매로 취득하려면 농지법〈제8조1항〉에 의해 농지가 소재하는 시·구·읍·면의 장에게 '농지취득자격증명(농취증)'을 발급 받아야 한다.

입찰 전 '농취증' 발급 여부를 확인하고 입찰에 참여해야 한다. 매각결정기일까지 '농지취득자격증명'을 발급받아 제출해야 낙찰허가가 나고 소유권이전등기가 가능하다. 거의 대부분의 경매법원이 농취증을 제출치 않으면 입찰보증금을 몰수한다.

증명서 발급은 실제토지 이용현황(지목에 관계없이)이 농지로 사용되는 농지에 대하여 발급하는 것이다. '반려통지서'는 지목이 전, 답 인데 실제로는 농지로 이용되지 않는 농지에 대하여 해당관청에서 농지취득자격증명을 반려하는 것이다. 농취증이나 반려 통지서를 제출하면 매각허가 내지는 불허가결정을 내리게 된다.

지상에 합법적인 건축물이 있으면 농지가 아닌 것으로 봐서 매각허가가 나올 수 있지만 무허가라서 원상회복이 될 가능성이 있으면 농지로 보고 농취증발급대상으로 간주하게 된다. 이러한 불법전용의 경우 농지로 원상회복이 되어야 농업경영이 가능한 경우에는 농지로 복구해야만 취득가능하다.

도시계획구역 내의 농지는 농취증이 필요 없다. 이 경우에는 농지취득자격증명 대신 '도시계획확인원'을 제출하면 된다. 단, 도시계획구역내의 농지라도 녹지지역의 경우 도시계획사업에 필요한 농지라는 사실증명을 첨부하지 아니하면 농취증이 필요하다.

3) 소유제한

도시민이 농사를 짓는 땅, 즉 농지를 소유할 때는 소유 제한이 있다. 원칙적으로 직접 농사를 지을 자가 아니면 소유하지 못하도록 되어있다. 하지만 예외적으로 개인이 취득할 수 있는 방법이 있다.

주말체험영농을 하기 위해 1,000㎡(302평) 미만의 농지를 소유하는 경우, 또 상속 농지 취득, 국가 지자체 농지 소유 기타 등은 직접 농사를 짓지 않아도 농지를 소유할 수 있다. 다만 개인은 직접 농사를 짓는다면 주거지에 상관없이 취득 가능하다.

개인은 1,000㎡(302평) 미만은 주말영농이므로 비자경이 가능한데 1,000㎡ 이상은 자경이 원칙이나 농지은행을 통한 위탁 영농도 가능하다.

4) 주의할 사항

농지 입찰 시에는 여러 가지 조사해야 할 것이 있다. 현장 답사에서 수목이 있는 경우 법정지상권, 타인의 분묘가 있는 경우 분묘기지권이 성립될 수 있다. 특히 토지 위에 무연고 분묘가 있다고 해서 함부로 다른 곳으로 이장과 개장하면 안 된다.

농지는 여러 거래 제한을 받고 있으며, 공법상으로 토지이용계획 및 개발계획에 의해 개발하는 데도 어려움이 많다. 경매를 통해 낙찰 받을 경우 개발예정지역 내 농지 전용이나 개발이 불가능한 땅으로 지정돼 투자금액이 수년째 묶여있는 경우도 빈번하다.

'공유 지분' 농지 경매물건인지도 꼭 확인 후 입찰해야 한다. 한 필지의 땅에 두 사람 이상이 소유한 지분 경매는 온전한 소유권이 아니어서 나중에 땅을 분할청구를 해야 하는 수가 발생한다.

4. 제시 외 건물

1) 의의

등기부상에 나타나지 않는 기존건물의 증개축 부분이나 미등기의 부속물 따위를 일컫는 말로서 이러한 제시 외 물건이 경매의 목적물에 포함되는지, 즉 경락인이 그 소유권을 취득하는지의 여부가 문제다.

제시 외 물건이 종물이나 부합물인 경우에는 경락인이 같이 매수하는 결과가 되지만 독립된 물건이라면 경락인의 소유가 되지 못한다.

감정평가가 되었는지만으로는 충분하지 않으며 현장 활동을 통해 확인하는 것이 좋으며 부합물과 종물의 구별 실익은 없다.

2) 매각에 포함되는 물건 및 권리

매각부동산 및 매수인이 그 부동산과 함께 취득할 모든 물건 및 권리, 압류의 효력이 미치는 물적 범위(부합물, 종물, 종된 권리, 법정지상권 등 부동산상의 부담, 공법상의 부담 등)를 의미 한다.

3) 구체적 예

부합물은 원래는 소유자를 달리하는 별개의 물건이나 부동산에 결합하여 하나의 물건이 됨으로써 부동산 소유자의 소유에 속하게 되는 물건을 말한다.

토지나 건물의 낙찰 시 별도의 법률행위 없이 당연히 매수인의 소유에 포함되는데, 독립성을 갖추면서 타인의 권원(지상권, 전세권, 임차권 등)에 의하여 부속된 것과 설정 행위 시 다른 약정이 있는 경우는 부합물이라도 포함되지 않는다.

① 토지에의 부합물

정원수, 정원석, 석등, 수목 등 (단, 입목에 관한 법률에 따라 등기된 입목, 명인 방법을 갖춘 수목, 타인의 권원에 의해 식재된 수목은 제외)

② 건물에의 부합물

증축 또는 개축된 부분이 독립된 구분소유권의 객체로 거래될 수 없는 것인 때는 기존건물에 부합한다(대판80다2643).

법률상 1개의 부동산으로 등기된 기존 건물이 증축되어 증축 부분이 구분소유의 객체가 될 수 있는 구조상 및 이용상의 독립성을 갖추었다고 하더라도 이로써 곧바로 그 증축 부분이 법률상 기존 건물과 별개인 구분건물로 되는 것은 아니고, 구분건물이 되기 위하여는 증축 부분의 소유자의 구분소유의사가 객관적으로 표시된 구분행위가 있어야 한다.

기존건물에 부합된 증축부분이 기존건물에 대한 경매절차에서 경매목적물로 평가되지 않은 경우에도 매수인은 증축부분의 소유권을 취득한다(대판92다26772).

③ 종물

물건의 소유자가 그 물건의 상용에 제공하기 위해 자기소유인 다른 물건을 이에 부속한때는 그 물건을 주물이라 하고 주물에 부속된 다른 물건을 종물이라 한다. 민법 제100조(주물, 종물) ① 물건의 소유자가 그 물건의 상용에 제공하기 위하여 자기소유인 다른 물건을 이에 부속하게 한 때에는 그 부속물은 종물이다. ② 종물은 주물의 처분에 따른다.

이러한 종물은 주물의 낙찰시 당연히 주물 매수인에게 귀속된다.

가) 부동산의 종물

화장실, 목욕탕, 창고, 연탄창고, 정화조 등

나) 동산의 종물

주유소의 주유기, 보일러시설, 지하수펌프,

다) 종물 아닌 것

　　호텔의 방에 설치된 텔레비전, 전화기, 세탁기, 탈수기

④ 종 된 권리

압류 및 저당권의 효력은 매각부동산의 종 된 권리에도 미치고 매수인은 종된 권리도 취득한다. (요역지인 경우의 지역권, 건물의 지상권, 건물의 소유를 목적으로 한 토지임차권 단, 임대인의 동의필요, 대지권 미등기인 구분소유권의 대지권)

⑤ 과실

저당권의 효력은 원칙적으로 천연과실에 미치지 않는다. 저당권은 목적물의 이용을 설정자에게 맡겨 두는 것을 그 특질로 하기 때문이다.

그러나 예외적으로 저당권의 실행에 착수한 이후에 있어서는 그 효력이 미친다. 즉, 민법 제359조는 저당권의 효력은 저당부동산에 대한 압류(경매절차의 개시결정에는 동시에 그 부동산의 압류를 명한다)가 있은 후에 저당권설정자가 그 부동산으로부터 수취한 과실 또는 수취할 수 있는 과실에 미친다고 규정하고 있다. 다만, 그 부동산에 대한 소유권·지상권·전세권을 취득한 제3자에 대하여는 저당권자가 압류한 사실을 통지하여야만 대항할 수 있다(민법 제359조 단서).

천연과실은 압류효력 발생 후 경매토지에서 분리되지 아니한 것은 물론 분리되어도 채무자의 소유에 속하는 것은 매수인의 대금납부로 소유권을 취득한다.

강제경매 시 법정과실은 압류의 효력이 미치지 아니하므로 별도의 압류가 필요하다. 임의경매의 경우에는 법정과실에도 압류의 효력이 미치는 것으로 보는 것이 통설이다.

실전! 부동산 경매 완전정복 Ⅰ

CHAPTER
5

권리분석

1. 총설

부동산 경매에서 분석하여야 할 내용으로는 물건분석, 권리분석 및 절차분석 등이 있다. 즉 경매에 참가하고자 하는 자는 먼저 경매대상물의 현황을 조사하여 목적물의 객관적 가치가 어느 정도 되는지 파악한 후(물건분석), 그 부동산의 권리관계를 분석하여야 할 것이다(권리분석), 뿐만 아니라 입찰에서 낙찰 및 명도에 이르기까지의 일련의 절차를 분석하여 경매과정상 발생할지도 모를 절차상의 문제에도 대비하여야 할 것이다(절차분석).

이 중 경매절차에 관하여는 앞에서 살펴본 바 있으므로, 아래에서는 물건분석과 권리분석에 관하여 설명하기로 한다.

2. 물건분석

1. 물건분석의 의의

물건분석이란 경매대상목적물의 현황을 조사하여 목적물의 객관적 가치가 어느 정도 되는지 파악하는 일련의 사실적 행위를 말하는 것으로서 입지분석이라고도 한다. 일반적인 매매절차에서의 매수인은 매매의 대상인 권리에 흠결이 있거나 물건에 하자가 있는 경우에는 매도인에게 담보책임을 물을 수 있다.

그러나 일반적인 매매절차에서와는 달리 경매절차에서의 매수인은 권리의 하자에 대해서는 담보책임을 물을 수 있으나 물건의 하자에 대해서는 담보책임(하자담보책임)을 묻지 못하도록 하고 있다(민법 제578조 제2항).

예컨대 다 쓰러져가는 건물을 아직 충분히 사용할 수 있는 건물이라고 판단하는 등 목적물의 평가를 잘못한다면 그 책임은 전적으로 매수인이 부담으로 귀결된다. 따라서 경매에 참여하고자 하는 자는 자기 책임 하에 그 경매물건의 객관적 가치를 파악하여야 할 것이다.

철저한 물건분석이 선행되어야 하는 이유가 바로 여기에 있다.

2. 물건분석 내용

1) 부동산의 입지에 따른 분석

경매로 취득하고자 하는 부동산이 교통이 편리한 곳에 위치하고 있는지 여부는 입지분석을 함에 있어 가장 먼저 파악하여야 할 사항일 것이다.

또한 그 부동산이 편의시설(관공서, 학교, 병원, 대형마트 등)에 인접하고 있는지, 아니면 혐오시설(쓰레기소각장, 가스충전소, 주유소 등)에 인접하고 있는지 여부 등도 간과하여서는 아니 될 중요사항이다.

일반적으로 목적부동산이 편의시설에 인접하고 있다면 그 부동산의 가치에 긍정적인 요인으로 작용될 것이지만 혐오시설에 인접하고 있다면 부정적인 영향을 미칠 것이다.

2) 부동산의 용도에 따른 분석

부동산은 그 용도에 따라 분석하여야 할 사항이 각각 달라질 수 있다.

예컨대 그 부동산이 주거용 건물이라면 주거의 쾌적성 여부 및 임대수요가 많은지 여부 등을, 상가건물이라면 상권형성의 여부 및 임대수익의 정도 등을, 공장건물이라면 물류의 편리성 및 인력 또는 동력 등의 조달난이도 등을 분석하여야 할 것이다. 만약 그것이 토지라면 그 토지의 용도(지목), 향후 개발가능성 또는 개발제한의 여부 등도 파악하고 있어야 할 것이다.

3) 투자목적에 따른 분석

경매대상부동산은 이를 매수하고자 하는 자의 투자목적이 무엇인가에 따라 그 분석하여야 할 사항이 각각 달라질 수 있다.

즉 투자자가 이를 매수하여 바로 되팔고자 한다면 그 부동산의 시세가 어떻게 형성되는지 여부를 파악하여 얼마에 매수신청을 할 것인지를 정하는 것으로 충분하지만, 그 부동산을 매수하여 재개발하고자 한다면 그 분석의 폭과 깊이가 달라질 것이다.

3. 물건분석에서 유의해야 할 것 (예시)

1) 교통(통행로)

취득하고자 하는 부동산에 접하는 통행로가 있는지, 통행로가 있다면 그 내용 및 폭 등은 어떠한지 등은 입지분석의 일환으로 잘 살펴보아야 할 것 중에 하나이다. 예컨대 도로가 신설되거나 확장되어 취득하고자 하는 토지에 인접하는 도로가 생긴다면 일반적으로 토지의 가치를 증가시킬 것이므로 입찰여부의 결정에 긍정적인 요인이 될 것이다. 그러나 그 도로가 자동차전용도로라면 얘기는 달라질 수도 있다.

따라서 만약 취득하고자 하는 토지에 통행로가 없다면 장차 통행로를 확보할 수 있는지 여부와 그 용이성 여하를 분석하여야 할 것이다.

2) 산업폐기물

공장 또는 산업체가 소유하던 부동산을 낙찰 받고자 할 때에는 그 부동산위에 고가의 처리비용의 지출을 요하는 산업폐기물이 존재할 가능성이 크므로 이러한 산업폐기물의 존재 유무를 각별한 주의를 기울여 조사하여야 할 것이다.

필자는 공장 앞마당에 야적해 놓은 석면쪼가리의 존재를 간과한 채 그 공장을 낙찰

받았다가 1억원 상당의 처리비용으로 인하여 오히려 손실을 본 투자자를 본 바도 있다.

3) 목적부동산내의 동산

집행채무자가 도망을 가거나 행방불명의 상태에 있는 경우 등에는 경매목적인 주택 또는 공장건물 등의 내부에 가재도구나 기계류 등이 존재할 수 있는데, 매수인이 이를 알지 못한 채 또는 알면서도 이를 무시한 경우에는 명도단계에서 큰 곤욕을 치를 수 있다.
이러한 현상은 집행채무자의 행방불명 외에 경매목적부동산 내에 동산에 대하여 압류, 가압류 또는 가처분이 경료된 경우에도 발생되는데, 이러한 사정은 현황조사서 등에도 잘 나타나지 않는 것이 일반적이다.
따라서 매수신청 하고자 하는 자는 가능한 모든 방법을 동원하여 이러한 동산의 존재 유무를 조사하여야 하는데, 집행채무자가 폐문부재 중인 경우에는 특히 주의하여야 한다.

4) 목적물 가격의 변동

실전경매에서는 때로 매각가격이 실거래가격을 웃도는 경우도 종종 발생하는데 이러한 현상은 목적물의 가격이 계속 상승하고 있어서 현재 매물이 없는 등의 경우에 발생할 수 있다. 따라서 때로는 현재의 가격보다 가격의 변동 상황이 오히려 더 중요한 변수가 될 수도 있으므로, 목적물의 객관적 가치를 평가함에 있어 현재의 가치만을 기준으로 평가하여서는 제대로 된 물건분석을 하였다고 볼 수 없는 경우가 허다하다.

5) 전기, 수도, 가스 등의 사용료, 관리비 등

경매목적부동산에 관하여 전기, 수도, 가스 등의 사용료가 미납되어 있거나 아파트 등의 관리비가 체납되어 있는 경우도 심심치 않게 볼 수 있다.
채무자인 전소유자가 체납한 사용료 등은 '수익자 부담의 원칙'에 따라 원칙적으로 그의 부담이고 매수인에게 승계되지 않는 것이 일반적이나, 이러한 비용 중 일부는 때로 매수인에게 승계되는 경우가 있을 수 있다.

또 설사 법적으로는 매수인에게 승계된 것이 아니라 하여도 단전, 단수의 조치로 인하여 매수인이 경매로 취득한 목적물의 사용에 어려움을 겪게 되는 경우에는 사실상 그 비용은 매수인의 부담으로 될 수 있으므로 이러한 체납관리비 등의 존재 여하에 대해서도 주의를 게을리 하지 말아야 한다.

4. 물건분석의 한계

물건분석에 있어서 정석이라고 할 만한 것이 없다는 내재적인 한계가 있다.

물건분석은 각 사안마다 달라질 수 있으므로 계량화에 한계가 있고, 동일한 물건일지라도 그 부동산의 용도에 따라 또는 투자목적에 따라 분석의 폭과 깊이가 달라질 것이다. 예컨대 경매대상부동산을 매수인이 직접 사용할 것인가 또는 이를 되팔 것인가, 되판다면 낙찰 받은 부동산을 그대로 되팔 것인가 아니면 이를 리모델링하여 매각할 것인가 등에 따라 그 분석 내용이 달라질 것이다.

3 권리분석

1. 권리분석의 의의

부동산 권리분석이란 부동산의 권리상태를 정확히 파악하는 일련의 작업을 말한다. 즉 경매목적부동산에 존재하는 권리에는 경매로 소멸하는 것도 있고 소멸하지 않고 매수인에게 인수되는 것도 있는데, 경매에 참가하고자 하는 자는 권리분석을 통하여 경매가 실행됨으로써 소멸하는 권리와 매수인이 인수하는 권리를 파악하여야 입찰에 참가할 것인가의 여부 및 참가한다면 얼마에 매수신청을 할 것인가 등을 판단할 수 있다. 더 나아가 권리상호간의 우열관계를 파악하여 소멸하는 권리자들에 대한 배당분석이 이루어진다면 이를 기초로 이들에 대한 명도대책까지 마련할 수 있다. 권리분석이 요구되는 이유가 여기에 있다.

2. 권리분석의 자료

1) 권리분석의 자료와 그 입수방법

① 법원 경매부동산 매각공고

경매법원은 매각기일 20일 전에서 14일 이내에 각 일간신문에 매각부동산을 공고하여야 한다. 이러한 매각공고는 정보에의 접근성이 용이하다는 장점이 있으나, 그 공고는 각 일간지에 분산되어 게재되므로 전체적인 공고내용을 파악하기 곤란하다는 단점도 있다.

② 현황조사보고서, 감정평가서, 매각물건명세서 등의 법원기록

경매법원은 경매개시결정을 한 후 바로 현황을 조사하도록 집행관에게 명하여 현황조사보고서를 작성하도록 하고(민집 제85조), 감정인에게 매각부동산을 평가하게 하고 그 평가액을 참작하여 최저매각가격을 정하여야 하며(민집 제97조), 이를 기초로 매각물건명세서를 작성하는데(민집 제105조), 이러한 매각물건명세서, 현황조사보고서 및 감정평가서의 사본은 매각기일 1주일 전까지 법원에 비치하여야 한다(민집규칙 제55조). 현황조사를 생략하는 경우, 감정평가를 그르쳐 최저매각가격의 결정 내용 및 그 절차에 중대한 잘못이 있는 경우(대결 2000.11.2. 2000마3530), 매각물건명세서에 기재할 사항에 중대한 흠 또는 그 기재내용에 중대한 오류가 있는 경우(대결 2000.1.19. 99마7804) 또는 물건명세서 사본을 비치하지 아니한 경우에는

매각허가에 대한 이의사유가 된다.

이러한 법원기록은 법원에 비치된 사본을 열람할 수도 있지만, 인터넷의 법원경매정보를 통하여 간편하게 이를 확인할 수 있다.

③ 등기부등본

등기부등본은 부동산경매 권리분석의 가장 기초가 되는 자료이다. 우리 법제상 토지와 건물은 각각 별개의 부동산으로 다루어지므로 단독주택에 관한 권리관계를 조사하기 위해서는 토지등기부와 건물등기부를 모두 열람하여야 한다.

다만 아파트 등의 집합건물은 구분건물과 대지권이 표제부에 모두 기재되므로 일반적으로 그 집합건물의 등기부만 열람하는 것으로 충분하나, 토지별도등기의 경우 등 특수한 경우에는 따로 토지등기부등본을 열람할 필요가 있다.

등기부등본은 관할등기소에서 열람 등을 할 수 있으나, 대법원 인터넷등기소를 활용하여 간편하게 그 내용을 알 수도 있다.

④ 주민등록등본 또는 사업자등록

주택 또는 상가건물의 임차관계를 확인하기 위해서는 임차인의 주민등록등본 또는 사업자등록 내용을 열람할 필요가 있는데, 주민등록등본은 읍, 면, 동사무소에서 사업자등록은 관할세무서에서 각각 열람할 수 있다.

이러한 등본은 원칙적으로 그 본인 또는 그의 대리인이 아닌 한 열람할 수 없지만, 그 건물이 경매대상 목적인 경우에는 이를 소명하여 열람할 수 있다.

⑤ 각종의 대장

부동산의 현황은 대장을 중심으로 공시된다. 토지 또는 임야의 현황을 공시하는 장부로는 토지대장 또는 임야대장이 있으며, 이와 관계된 도면으로는 지적도 또는 임야도가 있다. 건물의 현황을 공시하는 것으로 건축물관리대장이 있는데, 건축물관리대장으로부터 건축물의 소재지와 지번 외에 그 건축물의 용도, 종류, 건폐율, 용적율 등을 알 수 있다.

또한 이러한 대장으로부터 위법건축물 여부 등을 알 수 있다. 전유부분에 위법건축물로 등록되어 있는 경우, 위법건축물을 매수한 자는 법규위반에 따른 원상회복의 책임도 부담하게 될 수 있으므로 원상회복의 가능 여부를 살피는 것도 매우 중요하다. 이러한 각종대장은 시, 군, 구청에서 열람할 수도 있지만 인터넷 '대한민국전자정부'를 통해서 열람할 수도 있다.

⑥ 토지이용계획원, 공시지가확인원

토지에 대한 도시계획의 결정사항 및 도시계획구역내의 행위의 허가제한등을 확인하기 위한 자료로 토지이용계획확인원과 개별공시지가를 확인하기 위한 자료로 공시지가확인원이 있다. 이러한 각종대장은 시, 군, 구청에서 열람할 수도 있지만 인터넷 '대한민국전자정부'를 통해서 열람할 수도 있다.

⑦ 경매정보지

경매에 참가하려는 사람이 위에서 열거한 자료를 모두 검색하기 위하여는 적잖은 비용과 노력을 들여야 하는데, 이러한 수고를 덜어주는 것이 경매정보지이다.

현재 국내에서 발행되는 경매정보지는 여러 가지가 있는데, 각 정보지는 그 구성면에서 약간의 차이를 보이고 있다. 따라서 그 정보지를 이용하려면 그 전에 각 정보지의 정확성, 신속성 및 효율성 등을 미리 따져 보아야 할 것이다.

경매정보지는 경매대상 물건을 탐색하는 기초자료에 불과하다.

등기부등본, 각종의 대장 열람 시 주의사항
부동산경매에 입찰하고자 하는 자는 시중에 있는 사설 인터넷경매싸이트를 많이 이용하고 있는데 위에서 설명했듯이 인터넷경매싸이트에는 등기부등본, 임대차관계, 매각명세서, 각종 대장, 간단한 예상배당표 등이 있어 쉽고 편리하게 정보를 취득할 수 있다.
이에 등기부등본과 각종 대장을 인터넷경매싸이트에서만 열람하고 입찰하는 경우가 많은데 이는 참으로 위험한 경우이다. 인터넷경매싸이트 올려져있는 등기부등본과 각종 대장은 경매개시 당시의 등본 즉 6~8개월 전의 등본으로서 경매진행 중에 권리관계나 현황 등의 변동 생길 수 있음을 명심해야 한다.
경매진행 중에 예고등기나 불법 구조변경 등이 발생하였으나 입찰 전에 최근의 등기부등본, 건축물관리대장, 토지대장을 열람하지 않고 입찰하여 낙찰 후에나 그러한 사실을 발견했다면 소유권을 상실하거나 불법 구조변경에 따른 원상회복의 책임을 낙찰자가 부담해야 하는 경우가 발생하기 때문이다. 따라서 입찰하고자 하는 물건의 등기부등본이나 각종 대장은 최근의 것을 확인해야함은 너무나 당연한 일이다.

2) 분석자료의 신뢰성 문제

매각물건명세서에는 일정한 사항을 기재하도록 하고 있으나, 집행법원의 입장에서는 그 작성에 중대한 하자가 있는 경우에는 매각불허가결정을 하여야 한다는 부담이 있으므로, 조금이라도 미심쩍은 것이 있다면 그러한 사유를 정확히 기재하지 아니할 수도 있다. 예컨대 법정지상권이 성립하는 경우에는 "지상건물을 위하여 이 사건 토지의 대지부분에 법정지상권이 성립한다"는 식으로 기재하여야 하나 대개 "법정지상권이 성립할 여지가 있음" 등으로 그 취지를 기재하는 정도에 그치고, "미등기 대지권 있음"이라고 기재하여야 할 것을 "대지권미등기이며 대지권 유무는 알 수 없음"이라고 기재하는 것이 보통이다.

따라서 이러한 권리분석 자료의 신뢰성이 문제되는데 결국 이러한 자료들은 경매에 참가할 것인가를 결정하기 전에 투자대상 부동산을 검색하는 기초자료에 불과하고, 이러한 자료에 기초하여 투자대상을 결정하여 그 물건에 대한 매수신청을 하고자 할 때에는 이러한 자료의 분석 외에 임장활동 등을 통하여 철저한 권리분석이 이루어져야 할 것이다.

"전투에 실패한 군인은 용서할 수 있어도 보초에 실패한 군인은 용서할 수 없다"라는 말이 있다. 마찬가지로 권리분석에 실패한 투자자는 결코 용서받지 못한다는 사실을 명심하고 또 명심하여야 할 것이다.

4 권리의 소멸 또는 인수

1. 말소기준권리

매수인은 매각대금 완납과 동시에 등기여부와 관계없이 매각 부동산의 소유권을 취득한다. 소유권을 취득하면서 부동산 등기부 등본상의 권리 중 어떤 권리들은 말소촉탁 등기 대상이 되어 소멸하게 되고, 또 어떤 권리들은 매수인에게 인수 되는데 이때 말소와 인수 기준이 되는 권리를 말소기준권리라 한다.

말소기준권리가 될 수 있는 권리는 저당권(근저당 포함), 압류등기(가압류 포함), 담보가등기, 경매개시결정등기가 있는데 이 권리 중 등기 일자가 가장 빠른 권리가 말소기준 권리가 된다.

전세권이 말소기준권리가 되는 경우
전세권은 목적부동산의 사용가치의 지배를 목적으로 하는 용익물권이지만 전세권자에게도 경매청구권과 우선변제권이 인정되므로 전세권은 담보물권으로서의 성질도 아울러 갖는다. 따라서 배당요구를 한 전세권이 소멸하는 권리 중 최선순위이거나 또는 건물 전체를 목적물로 하는 최선순위전세권자가 전세목적물에 대한 경매(임의경매)를 신청하는 경우에는 그 전세권이 말소기준권리로 될 수 있다. 그러나 건물 일부의 전세권자가 집행권원을 얻어 강제경매를 신청하는 경우에는 경매개시결정의 기입등기가 말소기준권리로 될 수 있는 것은 별론으로 하고, 이 경우 전세권은 말소기준권리가 아니다.

2. 말소주의와 인수주의

1) 말소주의 (소멸주의)

말소기준권리 이후에 등기되어 있는 권리들이나 전입신고가 늦게 되어 있는 임차권 등이 낙찰 시 말소의 대상이 되거나 낙찰자에 대항 할 수 없는 권리들이며, 이것을 말소주의(소멸주의)라 한다. 말소주의에 의하여 소멸되는 권리는 낙찰자에게 부담이 되지 않으므로 문제되지 않는다.

1. 모든 (근)저당권, 담보가등기
2. 말소기준권리보다 후순위로 등기된 (가)압류, 가등기, 가처분, 임차권, 환매등기
3. 말소기준권리보다 늦은 날짜로 대항력(점유+전입)을 갖춘 주택(상가)임차인

2) 인수주의

말소기준권리를 중심으로 해서 그보다 먼저 등기되어 있는 권리들은 낙찰로 인하여 소유권이 이전되었다 하더라도 소멸되지 않고 등기부에 계속 남아 있어 낙찰자가 부담하게 된다. 이를 인수주의라 한다. 이와 같은 인수해야할 권리가 있는 경우에는 경매에 참가하는 것은 포기하거나, 인수하고도 수익이 생길 수 있는 경우에만 경매에 참여해야 한다.

1. 유치권 (순위에 관계없이 항상 인수되는 권리)
2. 예고등기 (순위에 관계없이 항상 인수되는 권리)
3. 말소기준권리보다 앞선 일자로 설정된 용익물권 (전세권, 지상권, 지역권)
4. 말소기준권리보다 앞선 일자로 설정되어 있는 가처분, 소유권이전청구권 보전의 가등기, 환매등기
5. 말소기준권리보다 앞선 일자로 대항력(점유+전입)을 갖춘 주택(상가)임차인
6. 법정지상권

3) 말소주의와 인수주의 정리

선순위	인수되는 권리들	인수주의	전세권, 지상권, 지역권, 임차권, 환매등기, 가처분, 소유권이전청구권보전가등기 대항력(점유+전입)을 갖춘 주택(상가)임대차
말소기준권리 : (근)저당, (가)압류, 담보가등기, 강제경매 개시결정 등기			
후순위	소멸되는 권리들	말소주의	전세권, 지상권, 지역권, 임차권, 환매등기, 가처분, 소유권이전청구권보전가등기, 대항력(점유+전입)을 갖춘 주택(상가)임대차
※ 예고등기와 유치권은 말소기준권리와 관계없이 그 권리의 성질상 항상 인수되는 권리이다.			

5 주택(상가) 임대차 권리분석

1. 의의

주택이나 상가를 경락받고자 하는 경우에는 주택(상가)임대차보호법에 대하여 임차인이 어떠한 조치를 취하고 어디에 해당되는지에 따라 그 취급이 달라지게 된다. 그러므로 주택(상가) 임차인에 대한 권리분석이 매우 중요하고, 권리분석을 잘못한 경우에 경락인에게 뜻하지 않은 손해를 끼칠 수 있으므로 주의를 요한다.

2. 임대차에서의 대항력

1) 주택임대차보호법 제3조에 의한 대항력이 생기는 시점인 '익일'의 의미

주택임대차보호법 제3조의 임차인이 주택의 인도와 주민등록을 마친 때에는 그 '익일부터' 제3자에 대하여 효력이 생긴다고 함은 익일 오전 0시부터 대항력이 생긴다는 취지이다(대법원 1999. 5. 25. 99다9981).

2) 대위변제를 통한 대항력 취득

임차권보다 선순위 근저당권이 있고, 낙찰대금지급기일 이전에 선순위 근저당권이 다른 사유로 소멸한 경우에는 임차권의 대항력이 회복된다(소멸되지 않으면 말소기준 권리인 근저당권 다음에 있는 임차권의 대항력을 상실).
이 경우 낙찰자(매수자)는 낙찰 부동산의 부담이 현저히 증가할 수 있으며, 따라서 민사소송법 제639조1항의 유추적용에 의하여 낙찰허가결정의 취소신청을 할 수 있다.

3) 토지만을 낙찰 받은 자에 대한 임차인의 대항력

임대인의 지위를 승계한 것으로 보는 임차주택의 양수인이라 함은 같은 법 제1조 및 제2조의 규정 내용에 비추어 보면 임대차의 목적이 된 주거용 건물의 양수인을 의미하므로 임차주택의 대지만을 경락받은 자는 '임차주택의 양수인'에 해당하지 않는다(대법원 1998. 4. 10. 98다3276).

4) 종전 임차인과의 임대차 계약 시 임차권의 대항력

경매절차에서 낙찰인이 주민등록은 되어 있으나 대항력은 없는 종전 임차인과의 사이에 새로이 임대차계약을 체결하고 낙찰대금을 납부한 경우, 종전 임차인의 주민등록은 낙찰인의 소유권취득 이전부터 낙찰인과 종전 임차인 사이의 임대차관계를 공시하는 기능을 수행하고 있었으므로, 종전 임차인은 당해 부동산에 관하여 낙찰인이 낙찰대금을 납부하여 소유권을 취득하는 즉시 임차권의 대항력을 취득한다(대법원 2002. 11. 8. 2002다38361,38378).

5) 대항력을 갖춘 임차인이 임차주택을 경락받은 경우

대항력을 갖춘 임차인이 당해 주택을 양수한 때에는 임대인의 보증금반환채무는 소멸하고 양수인인 임차인이 임대인의 자신에 대한 보증금반환채무를 인수하게 되어, 결국 임차인의 보증금반환채권은 혼동으로 인하여 소멸하게 된다(대법원 1996. 11. 22. 96다38216).

6) 경매절차 진행 중에 우선변제권을 가진 임차인의 배당요구가 있는 경우

임대차의 목적물인 주택이 경매되는 경우에 대항력을 갖춘 임차인이 임대차기간이 종료되지 아니하였음에도 경매법원에 배당요구를 하는 것은, 스스로 더 이상 임대차관계의 존속을 원하지 아니함을 명백히 표명하는 것이므로 그 배당요구의 통지가 임대인에게 도달하였다면 임대차관계는 이로써 종료되어 임차인에게 우선변제권을 인정하여야 한다(대법원 1996. 7. 12. 94다37646).

3. 경매에서 임차인의 종류

구분	대항력 있는 임차인	우선 변제받을 임차인	최우선 변제받을 임차인
근거	법 제3조	법 제3조의 2	법 제 8조
요건	주민등록 + 인도 (점유. 거주) 선순위 말소기준권리 X 배당요구 X	주민등록 + 인도 + 확정일자 선순위 말소기준권리 X 배당요구 O	주민등록 + 인도 배당요구 O
효력	매수인에 대항력 있음	배당을 받음	소액보증금 배당을 받음
기타	매수인이 인수하는권리로 배당에서 배당받을 권리가 아님, 최선순위 저당설정 이전에 요건을 추어야함	금액에 대한 제한이 없으며, 저당권이 없는 경우 조세채권의 법정기일과 우선순위를 비교 (압류일과 비교하는 것이 아님)	경매기입등기 전에 요건을 갖추고, 보증금이 소액보증금범위에 속하여야하며, 보증금 중 일정액만을 최우선 변제 받음.

6 각종 권리 분석 사례

1. 권리분석의 절차

1) 말소기준권리를 정한다.
2) 임대차보호법 시행령과 임차인 소액보증금 대상자를 찾는다.
3) 말소기준권리보다 우선 설정된 대항력을 갖춘 임차인을 찾는다.
   (전입+점유+확정일자+배당신청 등을 반드시 확인한다)
4) 경매신청자가 받을 잉여가 있는지 살펴본다.
5) 낙찰신청자가 받을 잉여가 있는지 살펴본다.
6) 말소기준권리보다 선순위가 배당을 못 받을 경우 낙찰자가 인수한다.

2. 권리분석 사례

1) 확정일자가 없는 배당요구의 경우 (서울기준 6000/2000 경우)

낙찰금액 : 1억원
A임차인 : 2008. 02. 01 (7000만원) 배당요구
B근저당 : 2008. 10. 11 (5000만원) 경매신청자
C근저당 : 2008. 10. 13 (5000만원)
D가압류 : 2008. 10. 18 (5000만원)

배당순위 : ① B근저당 2008. 10. 11 1순위 5000만원 배당
          ② C근저당 2008. 10. 13 2순위 5000만원 배당

③ D가압류 2008. 10. 18 무배당 소멸
④ A임차인 2008. 02. 01 7000만원 낙찰자 인수

배당이유 : 저당권 상호간에는 먼저 등기된 저당권이 후순위 저당권보다 순위나 효력에 있어서 항상 우선하는 물권이므로 먼저 배당을 받고 잉여가 있으면 후순위 권리자에게 배당한다.
A임차인은 말소기준권리인 B근저당권자 보다 전입이 빨라 대항력은 있으나 확정일자가 없으므로 물권화가 안되고 근저당권자가 2008년 8. 21일 이후 이므로 소액임차인(임차보증금 6000만원)에 해당되지 않아 최우선변제도 되지 않음으로 배당받지 못하는 7000만원 전액에 대해서는 낙찰자가 인수 부담하여야 한다.

2) 배당 요구를 하지 않는 경우

낙찰금액 : 1억원
A임차인 : 2009. 03. 02. 4000만원
확정일자 : 2009. 03. 02.
B근저당 : 2010. 10. 01. 6000만원 경매신청자
C가압류 : 2010. 12. 08. 4000만원

배당순위 : ① B근저당 2010. 10. 01. 6000만원 배당
② C가압류 2010. 12. 08. 4000만원 배당
③ 대항력이 있는 A임차인이 확정일자도 받았지만 배당요구를 하지않아 배당에서 배제되어 임차보증금 4000만원은 낙찰자가 인수 부담하여야 한다.

3) 선순위 세입자의 배당 (서울기준 6000/2000 경우)

낙찰금액 : 1억원
A임차인 : 2010. 02. 02. 7000만원
확정일자 : 2010. 05. 01. 배당요구
B근저당 : 2010. 03. 25. 7000만원 경매신청자
C근저당 : 2011. 02. 05. 3000만원

배당순위 : ① 말소기준권리인 B근저당이 7000만원 배당
② 확정일자 있는 A임차인이 물권화되어 3000만원만 배당
③ C근저당 2011. 02. 05. 무배당으로 소멸

배당이유 : 말소기준권리보다 빠른 대항력있는 A임차인이 보증금 7000만원 중 3000만원만 배당받고 나머지 4000만원은 낙찰자가 인수 부담하여야한다. 왜냐하면 전입은 빠르나 확정일자가 말소기준권리보다 후순위이므로 우선권이 없다.

4) 후순위 임차인의 경우 (서울기준 7500/2500 경우)

낙찰금액 : 1억원
A임차인 : 2011. 03. 03. 5000만원
확정일자 : 2011. 02. 01. 배당요구
B근저당 : 2011. 02. 02. 7000만원 경매신청자
C가압류 : 2011. 06. 18. 5000만원

배당순위 : ① 소액 A임차인 2,500만원 배당
② 말소기준권리 B근저당 7,000만원 배당
③ 소액 A임차인 500만원 배당
④ C가압류 2011. 06. 18. 무배당으로 소멸

배당이유 : A임차인이 말소기준권리인 B근저당보다 확정일자가 빠르나 전입일이 말소
기준권리보다 늦어 대항력이 없으므로 낙찰자가 인수할 금액은 없다.

5) 전입일과 근저당이 같은 날인 경우 (서울기준 7500/2500 경우)

낙찰금액 : 1억원
A임차인 : 2009. 03. 05. 5000만원
확정일자 : 2009. 03. 05. 배당요구
B임차인 : 2010. 08. 06. 5000만원
확정일자 : 2010. 08. 06.
C근저당 : 2010. 08. 06. 7000만원 경매신청자
D가등기 : 2010. 10. 08.
E가압류 : 2011. 08. 10. 1000만원

배당순위 : ① A소액임차인(2009. 03. 05.) 2500만원 배당
② 확정일자 (2009. 03. 05.)있는 A임차인이 나머지 2500만 배당
③ 말소기준권리 C근저당 7000만원 중 5000만 배당
④ 배당신청하지 않은 B임차인(2010. 08. 06.), D가등기, E가압류는 무배당
으로 소멸

배당이유 : 말소기준권리가 C근저당(2010. 08. 06.)이며 동일날짜 전입한 B임차인은 익
일 0시가 대항력 발생시점이므로 대항력은 없으며 소액보증금(2500만원)만
을 배당 받을 수 있으나 이마저도 배당신청을 하지 않아 배당되지 않고 후
순위인 D가등기와 E가압류는 대항력이 없기 때문에 소멸한다.

6) 최선순위가 말소기준권리인 경우 (서울기준 7500/2500 경우)

낙찰금액 : 1억원

A근저당 : 2010. 08. 08. 4000만원 경매신청자

B임차인 : 2010. 10. 08. 7000만원 배당요구

C임차인 : 2010. 10. 10. 7000만원

확정일자 : 2010. 10. 12. 배당요구

D가압류 : 2011. 01. 05. 3000만원

E가처분 : 2011. 02. 08.

배당순위 : ① 소액임차인 B,C는 각각 2500만원씩 5000만원 배당

② 말소기준권리인 A근저당 4000만원 배당

③ 확정일자부 C임차인(2010. 10. 10)은 배당금 잔액 1000만원 배당

④ D가압류, E가처분은 말소기준권리보다 후순위이므로 소멸

배당이유 : 말소기준권리보다 선순위자가 없으므로 인수되는 낙찰자의 부담은 없다.

7) 말소기준권리가 가압류인 경우 (서울기준 4000/1600 경우)

낙찰금액 : 1억원

A가압류 : 2008. 02. 24. 6000만원 경매신청자

B임차인 : 2008. 02. 25. 6000만원

확정일자 : 2008. 02. 25. 배당요구

C근저당 : 2008. 02. 27. 6000만원

D근저당 : 2008. 02. 29. 6000만원

배당순위 :

1) 배당순위는 전체가 채권에 비례하여 안분배당 한다.

① A가압류 1억원 × 6000만 ÷ 2억4000만 = 2500만원

② B임차인 1억원 × 6000만 ÷ 2억4000만 = 2500만원

③ C근저당 1억원 × 6000만 ÷ 2억4000만 = 2500만원

④ D근저당 1억원 × 6000만 ÷ 2억4000만 = 2500만원

2) A가압류권자는 2500만원 배당받고 소멸하며 물권화가 된 확정일자부 B임차인은 자기채권 6000만원을 100% 만족할 때까지 후순위 저당권자의 배당금 각각 3500만원을 모두 흡수한다.

배당이유 : 선순위 가압류가 채권이므로 우선권, 지배권, 배타성이 없고 평등권만 있고 후순위 임차인, 근저당권자들은 물권자로서 우선권이 있으므로 채권에 비례하여 안분비례한다.

그러므로 A가압류권자는 안분배당으로 2500만원 배당 후 소멸되고 후순위 물권자 상호간에는 순위가 빠른 물권자가 자기채권을 만족할 때까지 후순위 물권자의 안분배당금을 흡수배당 한다.

따라서 A가압류권자는 2500만원 배당, B임차인은 6000만원 배당 C근저당권자는 나머지 1500만원 배당, D근저당권자는 배당없이 소멸한다.

8) 유치권과 선순위 임차인이 있는 경우 (서울기준 7500/2500 경우)

낙찰금액 : 1억원

A임차인 : 2010. 03. 02. 7000만원

확정일자 : 2010. 04. 02.

B근저당 : 2010. 10. 05. 4000만원 경매신청권자

C임차인 : 2010. 11. 02. 8000만원

확정일자 :　　2010. 11. 10. 배당신청
D가압류 :　　2011. 05. 06. 3000만원
유치권신고 :　2011. 01. 02. 5000만원 건물공사비

배당순위　　: ① 말소기준권리 B근저당 4000만원 배당
　　　　　　② 후순위 C임차인(2010. 11. 02.)이 확정일자(물권화)가 있고 배당신청을 하여 6000만원 배당
　　　　　　③ 대항력 있는 A임차인(2010. 03. 02.), D가압류, 유치권은 무배당

배당이유 : 말소기준권리보다 빠른 전입(2010. 03. 02.)과 확정일자부(2010. 04. 02.) A임차인의 보증금 7000만원은 배당요구 하지 않아 배당에서 제외되어 낙찰자가 7000만원 인수하여야 한다.
　　　　C임차인은 확정일자와 배당신청을 하였으나 대항력이 없으므로 8000만원 중 잔액 6000만원 배당 후 소멸하고, D가압류권자는 무배당으로 소멸되고, 유치권자의 5000만원은 인수한다.
　　　　따라서 낙찰자는 총1억2000만원을 인수하게 된다.

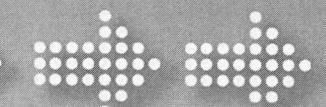

실전! 부동산 경매 완전정복 I

CHAPTER 6

배당 및 실제사례

1 총설

1. 배당의 의의

경매절차는 목적부동산을 법원이 정하는 절차에 의하여 매각하여 그 매각대금으로 채권자에게 변제를 함으로써 채권의 만족을 얻게 하는 절차이다. 따라서 매수인이 경락대금을 납부하면 법원은 매각대금으로 채권자에게 배당을 한다. 매각대금에서 채권자에게 배당을 하고 남은 금액이 있으면 당연히 채무자에게 교부하고, 부족하면 채권의 우선순위에 따라 배당을 하게 된다.

2. 배당요구

1) 배당요구의 의의

집행법원이 경매개시결정을 한 경우에는 첫 매각기일 이전으로 배당요구의 종기를 결정하여 공고하여야 한다. 목적 부동산상의 채권자는 배당요구의 종기까지 배당요구를 해야 배당을 받을 수 있는 것이 원칙이나, 배당요구를 하지 않았다고 배당에서 제외시킬 수 없는 채권자가 있다.

2) 배당요구를 하지 않아도 배당을 받을 수 있는 채권자

① 이중경매신청인
선행사건의 배당요구의 종기까지 이중경매신청을 한 채권자는 별도의 배당요구를 하지 않아도 배당받을 채권자에 속한다.

② 경매개시결정등기 전에 등기된 가압류채권자

경매개시결정등기 전에 등기된 가압류채권자는 배당요구를 하지 않아도 배당받을 채권자에 속한다. 따라서 경매절차 개시 전의 부동산 가압류권자는 배당요구를 하지 않았더라도 당연히 배당요구를 한 것과 동일하게 취급되므로, 그러한 가압류권자가 채권계산서를 제출하지 않았다 하여도 배당에서 제외하여서는 아니된다(대법원 1995. 7. 28. 94다57718).

특히 가압류권자인 경우에는 그 배당금을 공탁하게 되어 있고 후에 그 가압류권자가 본안소송을 제기하여 채무명의를 받아야 그 공탁된 배당금을 교부받을 수 있다.

③ 경매개시결정등기 전에 등기된 우선변제권자

저당권·전세권, 그 밖의 우선변제청구권으로서 첫 경매개시결정등기 전에 등기되었고 매각으로 소멸하는 것을 가진 채권자는 배당요구를 하지 않아도 배당받을 채권자에 속한다(제148조 제4호).

④ 경매개시결정등기 전의 체납처분에 의한 압류권자

강제집행 진행 중의 부동산에 대하여 조세채권의 보전을 위한 압류가 있었으나 경락기일까지 압류사실을 신고하지도 않고 체납 세액을 계산할 수 있는 증빙서류도 제출하지 않은 조세채권자에게도 당해 압류등기촉탁서 등에 의하여 조사 가능한 체납세액은 그 우선 순위에 따라 배당하여야 한다(대법원 1997. 2. 14. 96다51585).

⑤ 경매개시결정등기 전의 등기부상 권리자

경매개시결정등기 전에 등기부상 권리자, 즉 저당권자, 근저당권자, 압류채권자, 가압류채권자, 전세권자 등은 배당요구를 하지 않아도 배당받을 수 있다.

⑥ 임차권등기를 한 임차인

임차주택에 대하여 임차권등기명령제도에 의하여 임차권등기를 한 임차인에 대해서는 임차권등기로 배당요구를 한 것으로 보는 것이 실무이다.

3) 배당요구를 해야만 배당을 받을 수 있는 채권자

집행력 있는 정본을 가진 채권자, 경매개시결정이 등기된 뒤에 가압류를 한 채권자, 민법·상법, 그 밖의 법률에 의하여 우선변제청구권이 있는 채권자는 배당요구를 해야 배당받을 수 있는 채권자에 해당된다(제88조). 배당요구에 따라 매수인이 인수하여야 할 부담이 바뀌는 경우 배당요구를 한 채권자는 배당요구의 종기가 지난 뒤에 이를 철회하지 못한다(제88조).

① 집행력 있는 정본을 가진 채권자

집행력 있는 정본은 판결뿐만 아니라 민사집행법 제56조 각 호의 집행권원이 모두 포함된다. 배당요구의 종기까지 배당요구를 해야 배당받을 수 있는 채권자에 해당된다.

② 민법·상법, 그 밖의 법률에 의하여 우선변제청구권이 있는 채권자

주택임대차보호법이나 상가임대차보호법상의 등기되지 않은 소액임차인의 최우선변제권자, 대항요건과 확정일자를 갖춘 우선변제권자, 임금채권자, 지방세, 국세 등의 교부청구권자 등은 배당요구의 종기까지 배당요구를 해야 배당받을 수 있는 채권자에 해당된다.

③ 경매개시결정등기 후에 등기된 등기부상 권리자

저당권, 전세권, 등기된 임차권 등은 경매개시결정등기 전에 등기된 경우에는 배당요구를 하지 않아도 배당받을 수 있는 채권자에 해당되나, 경매개시결정등기 후에 등기된 경우에는 배당요구를 해야 배당받을 수 있는 채권자에 해당된다.

④ 경매개시결정등기 후에 가압류를 한 채권자

경매개시결정등기 후에 가압류한 채권자는 집행법원에서 가압류사실을 알 수 없으므로 배당요구의 종기까지 배당요구를 해야 배당받을 수 있는 채권자에 해당된다.

3. 배당요구 신청

1) 배당요구 신청기간

집행법원은 경매개시결정에 따른 압류의 효력이 생긴 때(그 경매개시결정 전에 다른 경매개시결정이 있는 경우를 제외한다)에는 절차에 필요한 기간을 감안하여 배당요구를 할 수 있는 종기(終期)를 첫 매각기일 이전으로 정하여 공고한다(제84조). 그러므로 압류의 효력이 생긴 때부터 집행법원에서 배당요구의 종기를 결정하여 공고한 날까지가 배당요구를 할 수 있는 시기이다.

2) 배당요구 신청

① 채무자에 대한 청구채권 종류와 변제기일 등 그 구체적인 내용과 원인채권증서 및 배당요구액 등을 명시하여 채권계산서와 함께 집행법원에 신청한다.

② 신청방식은 일정한 양식이 없으므로 구술 또는 서면으로 할 수 있으나 구술로 할 경우에는 조서를 작성하여야 한다.

③ 배당요구종기까지 채권계산서가 제출되지 않았다면, 집행법원은 경매신청서, 배당요구신청서, 등기부등본 등 기타 집행기록의 서류와 증명에 의해 채권액을 계산한다. 이 경우에는 채권자는 배당요구종기가 지난 후에 법원이 계산근거로 사용한 서류나 증거에 잘못이 있더라도 채권액의 증액 및 보완이 불가능하다.

2 배당절차

1. 의의

매각대금이 지급되면 법원은 배당절차를 밟아야 한다. 매각대금으로 배당에 참가한 모든 채권자를 만족하게 할 수 없는 때에는 법원은 민법·상법, 그 밖의 법률에 의한 우선순위에 따라 배당하여야 한다(제145조). 매수인이 매각대금을 지급하면 법원은 배당에 관한 진술 및 배당을 실시할 기일을 정하고 이해관계인과 배당을 요구한 채권자에게 이를 통지하여야 한다. 다만, 채무자가 외국에 있거나 있는 곳이 분명하지 아니한 때에는 통지하지 아니한다(제146조).

집행법원에서는 배당표를 작성하고 배당표에 이의가 없으면 배당을 한다.

2. 배당할 금액과 배당받을 채권자

1) 배당할 금액

① 매각대금
② 대금지급기한이 지난 뒤부터 대금의 지급·충당까지의 지연이자
③ 채무자나 소유자의 항고가 기각되어 보증으로 제공한 금전이나 유가증권
④ 채무자나 소유자 외의 사람이 한 항고가 기각되어 보증금 가운데 항고인이 돌려 줄 것을 요구하지 못하는 금액
⑤ 매수인이 매각대금을 지급하지 아니하여 돌려주지 않은 매수신청보증금

2) 배당받을 채권자의 범위

① 배당요구의 종기까지 경매신청을 한 압류채권자
② 배당요구의 종기까지 배당요구를 한 채권자
③ 경매개시결정등기 전에 등기된 가압류채권자
④ 저당권·전세권, 그 밖의 우선변제청구권으로서 경매개시결정등기 전에 등기 되었고 매각으로 소멸하는 것을 가진 채권자

3. 배당표의 확정

1) 법원은 채권자와 채무자에게 보여주기 위하여 배당기일의 3일 전에 배당표원안(配當表原案)을 작성하여 법원에 비치하여야 한다.

2) 법원은 출석한 이해관계인과 배당을 요구한 채권자를 심문하여 배당표를 확정하여야 한다(제149조).

3) 배당표에는 매각대금, 채권자의 채권의 원금, 이자, 비용, 배당의 순위와 배당의 비율을 적어야 한다.

4) 출석한 이해관계인과 배당을 요구한 채권자가 합의한 때에는 이에 따라 배당표를 작성하여야 한다(제150조).

4. 배당표에 대한 이의

1) 배당이의 신청

① 기일에 출석한 채권자, 채무자는 법원에 배당표원안이 비치된 이후 배당기일이 끝날 때까지 다른 채권자의 채권 또는 그 채권의 순위에 대하여 서면으로 이의를 할 수 있다.

② 이의에 관계된 채권자는 이에 대하여 진술하여야 한다. 관계인이 이의를 정당하다고 인정하거나 다른 방법으로 합의한 때에는 이에 따라 배당표를 경정(更正)하여 배당을 실시하여야 한다.

③ 이의가 완결되지 아니한 때에는 이의가 없는 부분에 한하여 배당을 실시하여야 한다(제152조).

④ 기일에 출석하지 아니한 채권자, 채무자는 배당표와 같이 배당을 실시하는 데에 동의한 것으로 본다.

2) 배당이의의 소 (청구이의의 소)

① 채권자가 채무자와 다른 채권자에 대하여 배당이의를 신청한 경우 채권자는 '배당이의의 소'를 제기하여야 한다.
채무자가 배당이의를 신청하는 경우에는 '청구 이의의 소'를 제기하여야 한다.

② 이의한 채권자는 배당기일부터 1주 이내에 집행법원에 대하여 이의의 소를 제기한 사실을 증명하는 서류와 그 소에 관한 집행정지재판의 정본을 제출하지 아니한 때에는 이의가 취하된 것으로 본다(제154조).

③ 이의한 채권자가 배당이의의 소제기 기간을 지키지 아니한 경우에도 배당표에 따른 배당을 받은 채권자에 대하여 우선권 및 그밖의 권리를 행사하는데 영향을 미치지 아니한다(155조).

5. 배당의 실시

1) 배당이의 신청이 없거나, 배당이의가 완결된 경우 등은 집행법원은 배당표에 따라 배당을 실시하여야 한다.

2) 채권 전부의 배당을 받을 채권자에게는 배당금지급증을 교부하는 동시에 그가 가진 집행력 있는 정본 또는 채권증서를 받아 채무자에게 교부하여야 한다.

3) 채권 일부의 배당을 받을 채권자에게는 집행력 있는 정본 또는 채권증서를 제출하게 한 뒤 배당액을 적어서 돌려주고 배당금지급증을 교부하는 동시에 영수증을 받아 채무자에게 교부하여야 한다.

3 배당순위

1. 의의

집행법원은 배당할 금액이 확정되면 배당받을 채권자에게 배당을 한다. 배당할 금액으로 배당에 참가한 모든 채권자를 만족하게 할 수 없는 때에는 법원은 민법·상법, 그 밖의 법률에 의한 우선순위에 따라 배당하여야 한다.

2. 배당순위

배당순위는 다음과 같다.

배당순위	배 당 채 권
1순위	집행비용
2순위	저당물의 제3취득자의 필요비와 유익비
3순위	소액임차보증금 중 일정액, 최종 3월 분의 임금채권과 최종 3년 분의 퇴직금채권, 재해보상금
4순위	집행목적물에 부과된 국세와 지방세 및 그 가산금, 즉 당해세
5순위	국세 및 지방세의 법정기일 전에 설정된 저당권, 전세권
6순위	일반 임금채권 및 기타 근로관계로 인한 채권
7순위	법정기일이 저당권, 전세권보다 늦은 국세 및 지방세
8순위	각종 공과금(의료보험료, 산업재해보상 보험료, 국민연금, 고용보험료 등)
9순위	일반채권

3. 배당원칙

1) 물권과 물권간의 우선순위

① 물권 상호간에는 먼저 성립된 물권이 우선한다.

② 채권도 등기를 하면 물권과 같은 효력을 가지며 선후 판단은 공시일을 기준으로 한다.

③ 등기한 부동산에 관하여 권리의 순서는 등기의 선, 후순위에 의하며 등기용지 중 동구에서 한 등기에 대해서는 순위번호에 의하고 별구에서 한 등기에 대해서는 접수번호에 의한다.

④ 가등기를 한 경우에 본등기의 순위는 가등기의 순위에 의한다.

2) 물권과 임대차 채권과의 우선순위

① 원칙적으로 물권이 채권에 우선하므로 이 원칙에 의해 임차인이 전 주인(임대인)에게 가지고 있던 임대차채권으로 새로운 물권자인 매수인에게 대항하지 못했다.

② 예외적으로 주택(상가)임대차보호법에 의한 임차권 즉 등기하지 않아도 대항력과 확정일자가 있는 경우에 저당권처럼 취급하여 우선변제권을 인정한다.

3) 물권과 채권 상호간의 우선순위

① 물권과 채권과는 물권이 우선한다.

② 그러나 가압류가 최선순위인 경우 그 선순위의 가압류와 물권(저당권, 확정일자 임차인, 담보가등기)과 동순위로 취급하여 안분배당을 한다.

4) 채권상호간의 효력

① 채권 상호간에 있어서는 그 성립시기와 관계없이 모든 채권은 항상 동등한 순위를 갖게 된다. (채권의 성립시기를 사실상 판단하기 곤란하기 때문이다)

② 물권 우선의 원칙이나 채권자 평등에 원칙에 따라 배당에 있어서 물권자 상호간이나 물권과 채권자들 상호간에는 흡수배당을 하나, 채권 상호간에는 자기채권액에 비례하여 안분배당을 한다.

5) 저당권과 국세, 지방세

① 국세나 지방세 등의 조세와 저당권 간의 순위관계는 국세의 경우 법정기일과 지방세의

경우에는 과세기준일과 저당권 설정등기일을 비교하여 선후에 의하여 배당을 받는다.

② 조세 중에서 당해 부동산에 부과된 조세(증여세, 상속세, 재산세 등 당해세)에 대하여는 저당권자보다 선순위로 배당받는다.

6) 최우선변제권

① 주택임대차보호법 또는 상가임대차보호법상의 소액임차보증금 중 일정액

② 최종 3월분의 임금채권과 최종 3년분의 퇴직금채권 및 재해보상금이 당해세 보다 우선변제를 받는다.

③ 최우선변제를 받는 소액임차보증금과 일정액의 임금채권은 성립순으로 배당받는 것이 아니라 모두 동순위가 된다.

7) 저당물의 제3취득자의 필요비와 유익비

① 저당물의 제3취득자가 그 부동산의 보존, 개량을 위하여 필요비 또는 유익비를 지출한 때에는 저당물의 경매대가에서 우선상환을 받을 수 있다.

② 그러므로 경매비용을 제외한 나머지 배당할 금액에서 소액임차보증금이나 임금채권보다 우선변제를 받는다.

4 배당실무

1. 배당사례 분석

1) 전입신고 후 확정일자와 근저당권일자가 같은 경우에 따른 대항력 우선변제

8월 1일	8월 2일
A 전입	A 확정 / B 근저당권

① 임차인A는 B근저당권자와 같은 순위에서 채권액에 비례하여 평등배당 한다.

② 임차인A가 배당절차에서 보증금을 전액 회수하지 못했다면 임차인의 대항력(8월 2일)과 B근저당권(8월2일)이 동순위로서 낙찰자로부터 잔여 보증금 회수가 가능하다.

2) 확정일자 후 전입신고와 근저당권이 같은 경우에 따른 대항력 우선변제

8월 1일	8월 2일
A 확정일자	A 전입 / B 근저당권

① 임차인A의 대항력은 8월3일 오전 0시부터 개시하고 확정일자에 의한 우선변제권도 8월3일 오전 0시부터 개시한다.

② B근저당권의 효력은 8월2일에 개시됨에 따라서 임차인A는 낙찰자에게 대항하지 못한다.

3) 다수 임차인 전입, 근저당권에 따른 배당

(서울기준 7500/2500만원 경우)

2010년 8월 1일	2010년 9월 1일	2010년 10월 1일	2010년 11월 1일
A전입/ 확정	B전입/확정	C전입/확정	근저당권
(7,000만원)	(8,000만원)	(6,000만원)	

① 주택임차인들은 말소기준권리인 근저당권 이전에 전입신고하여 낙찰자에게 대항력이 있다.

② 배당절차에서 배당받지 못하면 잔여 보증금은 낙찰자가 전액 부담

③ 예상배당표 (배당금액이 1억원 경우)
  → 1순위 : 임차인A, C 각 2,500만원(최우선 변제)
  → 2순위 : 임차인A   4,500만원(우선변제 1순위)
  → 3순위 : 임차인B   500만원(우선변제 2순위)

④ 임차인B 7,500만원 임차인C 3,500만원 합 10,500만원을 낙찰자가 인수한다.

4) 대항력 있는 임차인이 존재하는 사례

(서울기준 6000/2000만원 경우)

소재지	종별	면적(㎡)	임차인관계	감정평가액 경매결과	등기부상권리관계
노원구 상계동 172 대림동 1506호	아파트	대 28.5/22.251 건59.6 (25평형) 방2 15층-89.9 보존	6,4000이용석 (전입) 07.04.28 (확정) 07.04.30	120,000,000 유찰10.03.08 유찰10.04.05 유찰10.05.05 낙찰10.06.05 (50,010,000)	근저당 08.08.30 수협중앙6,000 임의 09.04.19

① 예상배당표 (배당금 5000만원)
- → 임차인 이용석 말소기준권리보다 전입신고일이 빠르고 확정일자 또한 빠르므로 낙찰대금 5,000만원 모두 배당.
- → 임차인 이용석 임차보증금 잔여금 1,400만원은 대항력이 있으므로 낙찰자가 인수한다.

② 경매신청권자인 근저당권자는 배당받지 못한다. 이를 무잉여라 하며 경매에선 이런 경우 법원은 매각절차를 취소한다(민집 제102조).

5) 확정 임차인이 선순위가 되는 경우

(서울기준 7500/2500만원 경우)

2009년	2010년	2011년
A전입/확정	B전입	C근저당
(7,000만원)	(6,000만원)	(2,000만원)

① 예상배당표 (배당금액 1억원 경우)
- → 1순위 : A임차인 - 2,500만원   B임차인 - 2,500만원 각각 배당
- → 2순위 : A임차인 - 4,500만원   C근저당 - 500만원 배당
- → 인수할 금액 : 임차인B 잔여금 3,500만원 인수

6) 근저당권 또는 담보가등기가 기준이 되는 경우(기준이 2개인 경우)

2007년	2008년	2009년	2010년
A근저당권	B임차인	C근저당권	D임차인
(3,000만원)	(4,000만원)	(2,000만원)	(6,000만원)

→ 가 정 : 주택소재지는 서울, 확정일자 없는 임차인

→ 기 준 : A근저당권 (보증금 4,000만원이하 1,600만원),
　　　　　　C근저당권 (보증금 6,000만원이하 2,000만원)
→ 1순위 : B임차인 1,600만원
→ 2순위 : A근저당권
→ 3순위 : B임차인 400만원, D임차인 2,000만원,
→ 4순위 : C근저당권

7) 근저당권 또는 담보가등기가 기준이 되는 경우(기준이 1개인 경우)

2008년	2009년	2010년	2011년
A임차권	B근저당권	C 임차권	B임의 경매신청
(6,000만원)	(5,000만원)	(5,000만원)	

→ 가 정 : 주택소재지는 서울, 확정일자 없는 임차인
→ 기 준 : B근저당권 (보증금 6,000만원 이하 2,000만원)
→ 최우선변제 : 임차인 A, C는 각각 2,000만원
→ 우선변제　 : B근저당권
→ A임차인은 확정일자가 없고 말소기준권리 보다 앞선 대항력이 있으므로 잔여보증금 4,000만원 낙찰자가 인수해야 한다.

8) 소액임차인 관련 종합분석

2009. 07. 07	2009.09. 21	2010. 02. 02	2011. 03. 05
A근저당권	B전입/거주	C전입/거주	D근저당권
(4,000만원)	(6,000만원)	(7,000만원)	(5,000만원)

→ 가 정 : 주택소재지는 서울, 배당금액 1억원, 확정일자 없는 임차인
→ 기 준 : A근저당권 (최우선변제기준은 보증금 6,000만원이하, 2,000만원)
　　　　　 D근저당권 (최우선변제기준은 보증금 7,500만원이하, 2,500만원)

→ 1순위 : B임차인 2,000만원 배당

→ 2순위 : A근저당권 4,000만원 배당

→ 3순위 : B임차인 500만원(2,500만-2,000만), C임차인 2,500만원 배당

→ 4순위 : D근저당권 1,000만원 배당

9) 최우선 변제권이 있는 임차인 상호간의 배당

(서울기준 7500/2500만원 경우)

01.11.20	10.12.15	11.02.14	11.04.28	11.5.18
A근저당권	B전입신고	C전입신고	D전입신고	E전입신고
(6,000만원)	(2,000 만원)	(5,000만원)	(6,000만원)	(1,000만원)

→ 가 정 : 소재지가 서울, 배당금액이 1억2천만원, 확정일자 없는 임차인

→ 1순위 : 임차인B, C, D, E는 각각 최대 2,500만원을 받을 수 있는 소액보증금
(최우선변제금의 합계액이 주택가격의 1/2을 넘지 못한다)

* 최우선변제금 합계 8,000만원 (B 2,000만, C 2,500만, D 2,500만, E 1,000만)

최우선 변제권 (안분배당)

임차인B: 6,000만원 × 2,000만원/8,000만원 = 1,500만원

임차인C: 6,000만원 × 2,500만원/8,000만원 = 1,875만원

임차인D: 6,000만원 × 2,500만원/8,000만원 = 1,875만원

임차인E: 6,000만원 × 1,000만원/8,000만원 = 750만원

→ 2순위 : A근저당권 6천만원

2. 배당 실제사례

1) 전세권 금액만 배당되는 경우

(단위:만원)

사건번호	소재지	면적(㎡)	임차인관계	감정평가액 경매결과	등기부내역
11-256 아파트	영등포구 여의도동 123 **아파트 중앙난방 일반주거지역	대123/ 4300 건89.90 (방3)	홍길동 8,000 (전입) 10.05.22. (확정) 10.12.09.	1억2,000 11.02.20.유찰 11.03.18.낙찰 (1억원)	전세권09.07.30. 홍길동 6,000 (만료11.07.29.) 근저당11.01.03. 이철수 14,000 근저당11.09.03. 김영희 5,000 임의 11.11.20. 이철수 청구액 1억원

■ 예상배당

→ 1순위 : 전세권 홍길동 6,000만원

→ 2순위 : 근저당 이철수 4,000만원

2) 말소기준권리 이전의 보증 금액만 낙찰자에 대항하는 경우

(단위 : 만원)

사건번호	소재지	면적(㎡)	임차인관계	감정평가액 경매결과	등기부내역
11-2352주택	영등포구 여의도동 10-00 북아현동 사무소 인근북측 6m도로옆	대131 1층62 (방3) 2층60 (방3)	7,500 이철수 (전입)10.05.14. (확정)10.05.14. 2,500증액 (확정)12.05.30. 5,000 홍길동 (전입)10.07.25. (확정)10.07.28. 2,500증액 (확정)12.07.31.	300,000,000 240,000,000 12.03.15. 유찰 12.04.19. 낙찰 (240,000,000)	근저당 10.10.21. 김영희 8,000 임의11.12.28. 김영희 청구액8,000

■ 예상배당

→ 1순위 : (우선변제): 임차인 이철수 7,500만원

→ 2순위 : (우선변제): 임차인 홍길동 5,000만원

→ 3순위 : (우선변제): 근저당 김영희 8,000만원

→ 4순위 : (우선변제): 임차인 이철수 증액분 2,500만원

→ 5순위 : (우선변제): 임차인 홍길동 증액분 중 1,000만원

3) 낙찰자가 인수 금액이 있는 경우

(서울기준 6000/2000만원 경우)

사건번호	소재지	면적(㎡)	임차인관계	감정평가액 경매결과	등기부내역
10-145 다가구	영등포 당산동 12-00	대262 1층100 (방4) 2층100 (방4) 3층100 (방4)	6,500 김영희 (전입)08.11.24.	500,000,000 400,000,000 11.05.05. 유찰 11.06.07. 낙찰 (400,000,000)	근저09.10.28. 국민은행3억원 가압10.05.22. 대한보증1,000 임의10.12.20. 국민은행 청구액3억원
			1억원 이철수 (전입)09.04.25. (확정)09.05.26.		
			4,500 홍길동 (전입)09.10.22. (확정)10.05.23.		
			5,000 임꺽정 (전입)10.09.25. (확정)10.09.25.		

■ 예상배당

→ 1순위 : (최우선변제): 임차인 홍길동, 임꺽정 각각 2,000만원

→ 2순위 : (우선변제): 임차인 이철수 1억원

→ 3순위 : (우선변제): 근저당 국민은행 2억6,000만원

→ 인 수 : 김영희 6,500만원, 홍길동 2,500만원

4) 임차인은 많아도 인수되는 임차인은 없는 경우

(서울기준 6000/2000만원 경우)

사건번호	소재지	면적(m)	임차인관계	감정평가액경매결과	등기부내역
10-51965 주택	영등포구 여의도동 36-1	대185 건1층 86 2층83 지층98	최영자 2,300 (전입)09.08.07. 김정일 2,200 (전입)09.09.01. 안종대 3,000 (전입)10.04.04. 이상철 2,500 (전입)10.09.05. 이내윤 2,500 (전입)10.09.09. 안복남 2,300 (전입)10.10.03. 박기선 2,500 (전입)10.11.04. (확정)10.09.02. 임차인 권리신고 및 배당신청	400,000,000 320,000,000 11.02.24.유찰 11.03.22.낙찰 320,000,000	근저09.07.08. 조흥은행 1억원 근저10.06.09. 국민은행 6,000 근저10.07.09. 신한은행 14,000 임의10.10.02. 조흥은행 청구액 1억원

■ 예상배당

→ 1순위 : (최우선변제) : 최영자, 김정일, 안종대, 이상철, 이내윤, 안복남, 박기선
　　　　　　　각 2,000만원

→ 2순위 : (우선변제) : 근저당 조흥은행 1억원

→ 3순위 : (우선변제): 근저당 국민은행 6,000만원

→ 4순위 : (우선변제): 근저당 신한은행 2,000만원

5) 유치권이 있는 경우 (사실상의 인수효력을 가짐)

(단위 : 만원)

사건번호	소재지	면적(㎡)	임차인관계	감정평가액 경매결과	등기부내역
10-1350	영등포구 여의도동 160신동아 아파트9동 1207호	대 60.4/46.614 건102.8	13,000 김선오 (전입)08.02.09. (확정)08.03.04. 김선오 방수공사 1,000만원 유치권 신고함	250,000,000 200,000,000 10.05.27.낙찰	근저08.02.25. 우리은행1,3000 근저09.11.18. 기술신용11,400 임의10.02.27. 우리은행 청구액1,3000

- 예상배당(배당금액이 2억원 경우)

→ 1순위 : (우선변제) : 우리은행 1억3,000만원

→ 2순위 : (우선변제) : 임차인 김선오 7,000만원

→ 인 수 : 임차인 김선오 6,000만원, 유치권 1,000만원(인수의 효력)

6) 소액 보증금 최우선변제의 기준권리가 변동되는 경우

(서울기준 6000만원/2000만원, 7500만원/2500만원 기준임)

사건번호	소재지	면적(㎡)	임차인관계	감정평가액 경매결과	등기부내역
10-258	영등포구 여의도동 56-12	대131.6 1층 63.85 방3 2층 64.36 방3 지하실 85.26방4	4,000 지영진 (전입)09.10.14. 7,000 이재하 (전입)10.02.23. 7,500 정태금 (전입)10.10.30. (확정)10.10.30. 8,000 김종억 (전입)10.11.03. (확정)10.11.03.	250,165,000 160,105,660 01.02.10.유찰 01.03.12.낙찰 175,000,000	근저당 09.05.21. 국민은행 8,000 근저당 10.09.16. 채신서 2,000 임의 10.11.15. 국민은행 8,000

■ 예상배당

→ 1순위 : (최우선변제) : 임차인 지영진 2,000만원

→ 2순위 : (우선변제) : 근저당 국민은행 8,000만원

→ 3순위 : (2차 최우선변제) : 임차인 이재하, 정태금 각 2,500만원,
　　　　　　　　　　　　　임차인 지영진 500만원

→ 4순위 : (우선변제) : 근저당 채신서 2,000만원

사례분석 (종합)

1) 전소유자가 임차인일 경우

(2010. 09. 17. 소유권이전)

사건번호	소재지	면적(m)	임차인관계	감정평가액 경매결과	등기부상권리관계
11-2580	영등포구 여의도동 156 미도아파트 B동 302호	대 49/863 건 91.5 방3,화장실2 4층 97.12 보존	7,000이철수 (전입)08.04.28. (확정)10.09.17. (배당)11.06.17.	165,000,000 (02.04.01.) @105,600,000 유찰11.10.02. 유찰11.11.03. 낙찰11.12.02. (120,000,000)	근저10.09.17. 국민은행 16,000 김영희 (전소유자 이철수) 임의11.01.01. 국민은행 청구액 13,400

① 전입이 근저당보다 빨라 낙찰자가 인수할 수도 있을 것 같으나
② 전 소유자가 현 임차인일 경우 임차인으로서의 대항력 발생시점은 현재 소유자로 소유권이전등기 다음날부터여서(대판99다59306) 임차인 이철수의 대항력은 10년 9월 18일 되어 말소기준권리인 근저당권보다 1일이 늦다.
③ 배당할 금액이 1억2,000만원이라면 임차인 이철수 2,500만원, 근저당권자 국민은행 9,500만원 순으로 배당받는다.

상가 임대차 보호법

(서울경우 3억원, 5,000만원/1,500만원 기준)

위치		서울시 영등포구 여의도동 ㅇㅇㅇ번지 업무시설		
등기부등본	갑구	1993년 3월 소유권 김영희		
	을구	근저당권 우리은행 2010. 08. 30.		
임차인	이름	인도	사업자등록신청일	보증금 및 차임
	차재석	2010. 10. 04.	2010. 10. 04.	5,000만원~100만원
	주형호	2010. 10. 07.	미등록	월80만원
	심규석	2011 .01. 03.	2011. 01. 10.	4,500만원
	양동준	2011. 03.13.	2011. 03. 30.	1억5,000만원~200만원
비고		등기부등본 일자는 등기접수일자임		

■ 예상배당

① 임차인 차재석은 보증금 5000만원+1억원(환산보증금) = 1억5000만원이므로 서울기준 3억원이하 상가임대차보호 대상이며,

② 임차인 주형호는 환산보증금 8000만원이지만 사업자등록 미등록으로 요건을 깃추지 못해 상가임대차 보호대상이 되지못하고 배당에서 제외되며,

③ 임차인 심규석은 4,500만원으로 소액임차인으로 최우선변제 대상이다.

④ 임차인 양동준은 보증금1억5000만원+2억원(환산보증금) = 3억5000만원으로 서울기준 상가임대차보호대상 3억원을 초과하여 보호대상이 아니므로 배당에서 제외된다.

실전! 부동산 경매 완전정복 Ⅰ

CHAPTER 7

인도, 명도

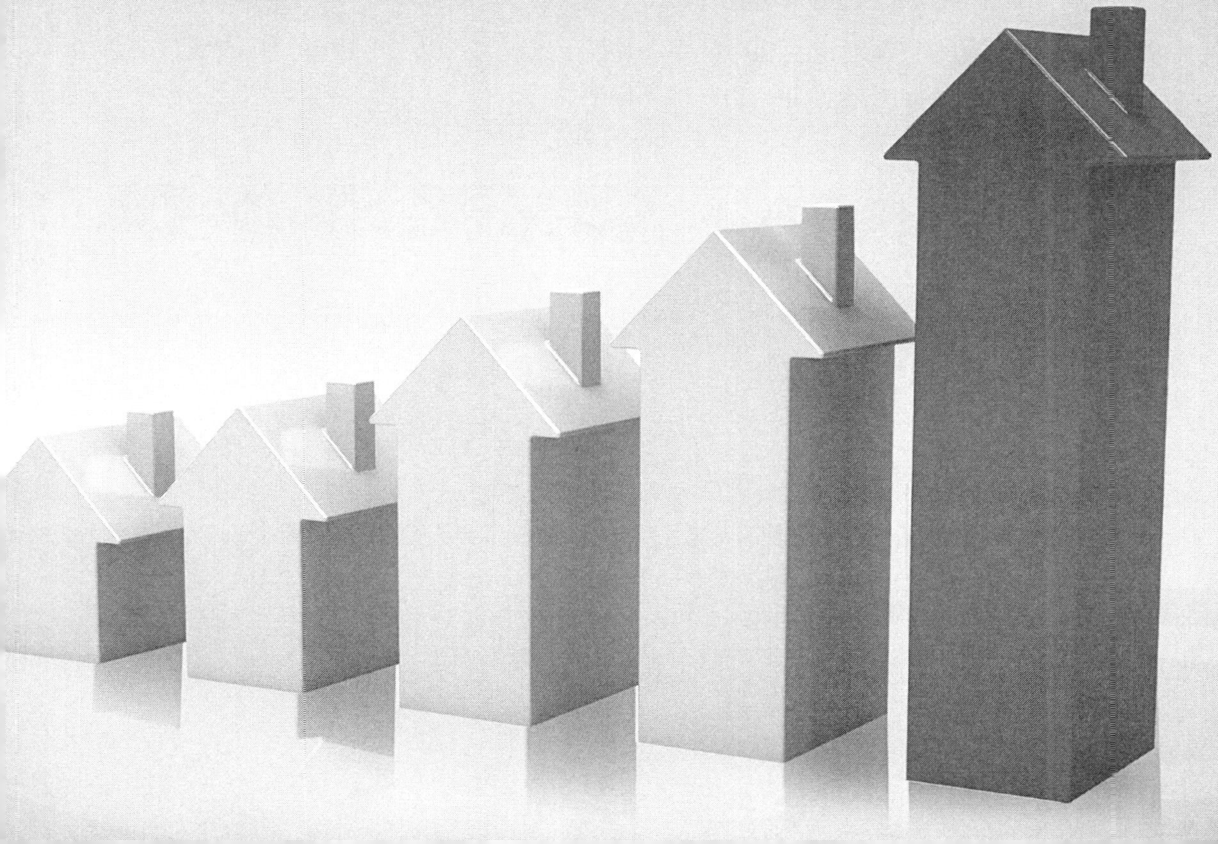

1. 인도명령

1. 인도명령의 의의

1) 매수인이 낙찰대금을 전액 납부한 후에 소유자, 채무자, 부동산점유자 등 점유권원이 없는 상대자에 대하여 낙찰부동산을 인도할 것을 구할 수 있으나 소유자가 임의로 인도하지 않을 경우에 법원에 매수인이 신청하는 것을 말한다.

2) 매수자가 잔금을 납부(법적 소유권 취득)하고도 진정한 소유권을 행사하려면 점유자를 내보내야 하며(실체적 소유권 취득) 경매는 일반매매와 달리 이중의 소유권 취득 절차가 요구된다. 따라서 법원경매 대중화의 가장 커다란 걸림돌 중의 하나가 명도 부분이다.

3) 법원에 대하여 낙찰부동산을 강제로 낙찰자에게 인도하도록 하는 내용의 인도명령을 신청하여 그 명령에 의하여 부동산을 인도받을 수 있으며(민집 제 136조) 사건번호가 '타기'로 부여된다.

> **민사집행법 제 136조 (부동산의 인도명령 등)**
>
> ① 법원은 매수인이 대금을 낸 뒤 6월 이내에 신청하면 채무자·소유자 또는 부동산 점유자에 대하여 부동산을 매수인에게 인도하도록 명할 수 있다. 다만, 점유자가 매수인에게 대항할 수 있는 권원에 의하여 점유하고 있는 것으로 인정되는 경우에는 그러하지 아니하다.
> ② 법원은 매수인 또는 채권자가 신청하면 매각허가가 결정된 뒤 인도할 때까지 관리인에게 부동산을 관리하게 할 것을 명할 수 있다.

③ 제2항의 경우 부동산의 관리를 위하여 필요하면 법원은 매수인 또는 채권자의 신청에 따라 담보를 제공하게 하거나 제공하게 하지 아니하고 제1항의 규정에 준하는 명령을 할 수 있다.
④ 법원이 채무자 및 소유자 외의 점유자에 대하여 제1항 또는 제3항의 규정에 따른 인도명령을 하려면 그 점유자를 심문하여야 한다. 다만, 그 점유자가 매수인에게 대항할 수 있는 권원에 의하여 점유하고 있지 아니함이 명백한 때 또는 이미 그 점유자를 심문한 때에는 그러하지 아니하다.
⑤ 제1항 내지 제3항의 신청에 관한 결정에 대하여는 즉시항고를 할 수 있다.
⑥ 채무자·소유자 또는 점유자가 제1항과 제3항의 인도명령에 따르지 아니할 때에는 매수인 또는 채권자는 집행관에게 그 집행을 위임할 수 있다.

2. 인도명령의 당사자

잔금을 납부한 매수인이 6개월 이내에 소유자, 채무자, 부동산점유자에 대하여 인도명령을 신청, 매각대금 완납 시부터 인도명령신청이 가능하며 매수인 명의로 소유권이전등기는 요건이 아니다.

① 공동매수인은 전원이 또는 각자가 단독으로 인도명령을 신청 할 수 있다.

② 구법에서는 경매기입 등기일 이후의 점유자에 한정했으나, 신법은 대항력없는 모든 점유자로 확대하여 인도명령신청이 많으며, 명도소송은 주로 유치권자에 대한 건물명도 외에는 거의 사라진 상태다.
신법에서는 명도대상자 중 약 90%가 인도명령대상자이고 명도소송 대상자는 10% 남짓도 되지 않기 때문에 경매절차가 간소화 되어 일반인도 입찰에 쉽게 참여 할 수 있는 여건이 조성되었다.

③ 단, 낙찰자에 대항할 수 있는 권원에 의하여 점유하고 있는 경우(대항력 있는 선순위 임차인)에는 인도명령의 대상이 아니다.

④ 인도명령의 주문은 "상대방은 신청인에게 별지 기재 부동산을 인도하라"라고 적고 별지에 부동산 표시를 기재한다.
이 경우 정확한 실측 도면을 요하는 것이 아니므로 감정평가서나 현황조사보고서에 첨부된 도면 이용이 가능하다.

⑤ 신청서는 경매사건이 있었던 그 법원에 제출한다.

1) 인도명령 신청자

잔금을 납부한 매수인 및 매수인의 일반승계인(상속인)이 신청할 수 있으며, 특별승계인(매수인)은 신청할 수 없다(대법원 1966.9.10. 자 66마713).

대법원 1966.9.10. 자 66마713 결정 【승계에 의한 부동산인도명령】

【판시사항】
경락인으로부터 경락부동산을 매수한자가 경락인을 대위하여, 경락 부동산의 인도를 청구할 수 있는지의 여부

【결정요지】
본조에 규정된 경매부동산의 인도청구는 경락인에게 허용된 경매절차상의 권리에 속하는 것이므로 제3자가 경락인으로부터 경락부동산의 소유권을 취득하였다 하더라도 그 제3자가 승계를 이유로 위 법조에 규정된 인도청구를 할 수 없다.

2) 인도명령의 상대방

① 채무자

경매개시결정에 표시된 채무자를 말하고 그 일반승계인(상속인)도 포함한다.

> **대법원 결정 2000. 01. 05. 99마4307**
>
> 채무자가 동생소유의 아파트에 근저당을 설정하고 대출 받으면서 채권자에게 아파트에 거주하고 있으나 임대차계약을 체결한 사실이 없고 앞으로도 체결의사가 없으며 아파트에 대한 일체의 권리 주장의 포기 확인서를 작성해준 후 대항력 있는 임차인임을 내세워 매수인에게 인도명령을 다투는 것은 금반언 및 신의칙에 위배되어 허용되지 않는다.

금반언 및 신의칙 위반의 판단기준
① 위반
　임차인의 전후 모순되는 적극적인 행위 외에 매수자가 경매절차 종결시까지 임대차의 사실을 알지 못하였을 때
② 위반되지 않는 경우
　임차인이 소극적으로 숨겼더라도 경매절차에서 임대차의 존재 사실이 알려졌을 때
③ 판단기준
　임차인이 어느 정도 적극적으로 숨겼는지 및 경매절차에서 임대차 관계가 판명되었는지 여부가 중요하다. 즉 경매절차와 직접 관계가 없는 임대차 유무 확인조사 당시에 일시 임대차 사실을 숨긴 것만으로 부족하고 경매절차에서도 그 임대차 사실이 판명되지 아니하여 매수자가 경매절차가 종결될 때까지 이를 모르고 있었을 것을 요한다.

② 소유자

경매개시결정 당시의 소유자를 말한다.

③ 부동산 점유자
   - 압류효력 발생 전, 후의 점유를 따지지 않고, 매수인에게 대항할 수 있는 권원(유치권, 법정지상권, 용익권 등)을 가지지 못한 점유자
   - 부동산 점유자는 직접점유자만이 상대방이 된다.
   - 채무자의 동거가족, 근친관계, 피고용인, 법인일 경우 같은 법인의 점유보조자
   - 채무자와 공모하여 집행을 방해할 목적으로 점유한 자

④ 소유자나 채무자의 일반승계인(호적등본 또는 법인등기부등본 첨부)도 인도명령의 대상

⑤ 매각물건명세서에 기록이 없는 점유자를 상대방으로 하는 경우에는 관리소장, 통장의 확인있는 거주사실확인서 또는 집행관이 작성한 집행불능조서를 첨부하여 인도명령을 신청한다.

⑥ 채무자와 소유자를 제외한 나머지 점유자를 대상으로 하는 경우, 심문하게 되는데(민집 제 136조 4항), 만일 이미 심문하였거나, 낙찰자에게 대항할 권원이 없음이 명백하거나, 심문에 불응할 경우 심문 없이 인도를 명함. (동 5항)

인도명령이 허용되지 않는 경우

① 매수인이 인도명령의 대상이 되는 소유자, 채무자에게 소유권을 양도한 경우(특별승계인)
② 재침입한 임차인
   매수인이 부동산의 점유를 인도받은 후에는 제3자가 불법으로 점유하여도 인도명령신청 불가.
   단 강제집행으로 퇴거한 자가 재침입하였을 경우에는 형법 제140조의2호(부동산강제집행효용침해)에 의해 5년 이하의 징역 또는 700만원 이하의 벌금에 처하게

된다. 그밖에 주거침입, 퇴거불응죄 등이 추가로 적용될 수 있다.
③ 대항력과 우선변제권을 겸용한 임차인이 배당요구를 하여 전액 배당을 받을 경우에는 그 배당금을 실제로 지급 받을 수 있을 때(배당표의 확정시)까지는 매수인에게 명도를 거절할 수 있다.

상대방의 예외

① 압류의 효력 발생 전후에 관계없이 유치권자는 인도명령 대상자가 아니다
② 법정지상권이 성립되는 건물의 임차인
③ 낙찰자로부터 새로 임차한 자
④ 낙찰자로부터 부동산을 매수한자
⑤ 채무자이며 대항력 있는 임차인

3. 인도의 범위

인도하여야 할 부동산의 범위는 매각으로 취득한 부동산의 범위로, 매각부동산의 구성부분인 부합물, 종물도 인도 대상물이다.
(저당권의 효력이 미치는 범위까지 매수자가 소유권을 취득한다.)

1) 부합물

부합물은 손괴하거나 과다한 비용을 지출하지 않고서는 분리할 수 없는 것을 말한다. 매각부동산의 부합물은 독립성을 갖추고 타인의 권원에 의하여 부속된 경우에는 매각대상이 아니나 그 밖의 경우에는 매각부동산과 일체로 보아야 한다.
따라서 감정평가에 포함됐는지 여부에 관계없이 매수인은 부합물의 소유권을 취득한다.

① 토지의 부합물

정원수, 정원석, 석등 등이 있는데 대표적인 부합물로는 수목을 들 수 있다.

등기된 입목과 명인방법을 갖춘 수목을 제외하고는 부합물로 취급하고, 농작물은 토지에 부합하지 않고 경작자 소유이며, 과수원은 수목처럼 취급한다.

공사가 중단되어 독립된 건물로서의 구조와 형태를 갖추지 못한 지하구조물은 토지에 부합한다. (판례)

② 건물의 부합물 (증, 개축부분)

2) 종물

종물도 제3자의 소유가 아닌 한 매각대상에 포함된다.

어느 건물이 주된 건물의 종물이기 위하여는 주물의 상용에 이바지하는 관계에 있어야 하고, 주물 그 자체의 경제적 효용을 다하게 하는 것을 말한다.

주물의 소유자나 이용자의 사용에 공여되고 있더라도 주물 그 자체의 효용과 직접 관계가 없는 물건은 종물이 아니다(대판 2000. 11. 02. 2000마3530).

① 부동산의 종물

화장실, 목욕탕, 창고, 횟감용 생선을 보관하기 위한 수족관 등

② 동산의 종물

주유소의 주유기, 보일러시설, 지하수 펌프, 농지에 부속한 양수시설 등

③ 종물이 아닌 것 (동산)

호텔방에 설치된 텔레비전, 전화기, 세탁실에 설치된 세탁기, 탈수기 등

4. 인도명령의 결정 및 송달

인도명령 신청 후 약 5일 전후에 인도명령이 결정되며 인도명령 신청의 적부는 서면심리로 그치는 것이 일반적이며, 인도명령 정본은 신청인 및 상대방에게 필히 송달되어야 한다.

송달
소송에 관한 서류의 내용을 알리기 위해 일정한 형식을 밟아서 당사자 기타의 소송관계인에게 서류를 교부하는 행위를 말한다.
인도명령의 실행 요건으로 인도명령결정이 상대방에게 송달되어야만 송달증명을 받을 수 있고 인도집행 때에는 송달증명서가 첨부되어야만 집행할 수 있기 때문이다. 따라서 송달불능이 되면 집행할 수 없다.
1. 일반송달
2. 특별송달 : 집행관이 직접 소송서류를 당사자에게 송달하는 것을 말하며, 주간송달, 야간송달, 공휴일송달이 있다
3. 공시송달
   ① 송달을 받을 자의 소재가 불분명하여 통상의 방법으로는 송달을 할 수 없는 경우, 기관 또는 서기가 송달서류를 보관하고 어느 때라도 송달 받을 자가 출석하면 이를 교부한다는 취지를 법원 게시판에 게시하여 행하는 송달방법이다.
   ② 공시송달은 피고인의 주소, 사무소, 현재 거주지를 알 수 없을 때, 다른 방법으로 송달 할 수 없을 때 등에 한하여 할 수 있으며, 게시한 날로부터 2주일이 경과 함으로써 그 효력이 생긴다.
   ③ 공시송달을 신청하기 위해서는 공시송달신청서와 상대방이 어디에 거주하는지 알 수 없다는 소명자료를 제출하여야 한다.
      - 주민등록이 말소된 경우 : 말소된 주민등록등본
      - 말소되지 않은 경우 : 현재 주민등록지에 거주하지 않다는 통, 반장 또는 이웃 주민의 불거주지확인서 또는 상대방의 근친자가 작성한 확인서 1통을 첨부하면 된다.

5. 인도집행

법원의 인도명령에 대해서 점유자가 불응할 경우, 신청인은 집행관에게 인도집행을 위임할 수 있으며, 인도명령 송달증명서와 인도명령정본, 비용을 집행관사무실에 제출하면, 3~4일 이내에 집행기일이 정해지며, 집행날짜는 보름에서 한달 정도 걸릴 수 있다.
이때 '집행사전예고제'를 적절히 이용하면 명도의 효용을 극대화 할 수 있다.

1) 인도집행 시 부재중이거나 문을 열어주지 않는 경우

① 이 경우, 2회 집행으로 집행이 불능인 경우에는 공무원 또는 경찰관 1인이나 성인 2인의 입회 하에 강제로 문을 열고 물건을 들어 낼 수 있다.

② 사람도 없고 물건도 없으면 관리실이나 이웃이 입회한 가운데 문을 열고 입주한다. 그러나 세간이 남아 있다면 출입문을 원상태로 복구하고 정상적인 법절차를 밟아야 한다.

③ 가능한 법적절차(인도명령신청)를 준수해야 혹시라도 사후에 발생할지도 모를 법적 분쟁을 미리 예방할 수 있다.

2) 인도집행 시 물건을 들어내는 경우에 물건 목록 작성

① 물건을 들어내는 경우, 점유자가 있으면 집 밖 아무 곳에나 들어낸다.

② 점유자가 없으면, 입회자 입회하에 물건의 목록을 작성하여 낙찰자가 먼저 부담하는 유료창고에 맡긴다.

③ 점유자가 창고료를 지불하지 않는 경우에는 채무명의를 얻어 유체동산에 대한 강제집행을 하고, 통상 낙찰자가 매수하여 처분한다.

3) 인도집행 시 경매 부동산 내 압류 또는 가처분 된 물건이 있을 경우

① 권리 당사자들 간의 협의에 의해 풀거나, 압류된 물건을 인도명령 전에 동산경매를 신청하여 낙찰된 건물 내에서 경매를 진행하여 처분한다.

② 권리 당사자 간의 협의가 되지 않거나 행방불명인 경우, 집행관이 정하는 제3의 장소에 물건을 보관하고 동산 권리자에게 손해 배상 취지의 내용증명을 발송한다.

③ 압류동산의 경우, 3개월 내에 압류권자가 동산을 처분하지 않을 경우 법원은 압류권자에게 2회까지 처분을 촉구, 그래도 처분되지 않을 경우 법원은 직권으로 압류를 취하한다.

④ 낙찰자는 보관 임대료를 채권으로 동산을 다시 압류/경매절차를 거쳐야 한다.

⑤ 가처분 된 동산은 가처분 권리자와의 협의가 않 되면 소송을 통해 해결해야 한다.

2 명도 소송

1. 명도소송의 의의

인도명령의 대상이 아닌 경우와 인도명령 대상자에 해당되나 매각대금 납부 후 6개월을 넘긴 경우의 점유자가 자진하여 건물을 인도해 주지 않는 경우에 법원의 판결을 통해 강제적으로 부동산의 점유를 넘겨주도록 하는 재판 절차

2. 명도소송의 대상

인도명령 대상자에 대하여 대금납부 후 6개월 내 인도명령 신청을 하지 못한 경우, 배당을 통하여 온전한 변제를 받지 못한 선순위 임차인, 유치권신고자 등, 즉 경매부동산의 매각으로 매수인에게 대항할 수 있는 정당한 점유권원이 있는 자이다.

3. 명도소송의 절차

1) 명도소장의 접수 : 명도소송 소장, 낙찰허가 결정정본, 부동산 등기부등본, 건물 도면, 권리신고 및 부동산 현황 조사서, 피고 주민등록등본, 낙찰 대금 납부서 등을 첨부하여 법원 민사신청과에 접수

2) 사건번호와 담당판사 배정

3) 변론기일 소환 : 명도소송은 대부분 1~2회의 변론기일 소환 후에 우선적으로 조정을 유도하고 조정이 실패할 경우 판결 선고.

4) 판결

5) 판결문의 송달 : 신청인과 피신청인에게 송달

6) 확정 및 불복 : 송달받은 날로부터 2주 이내에 항소장을 제출하면 판결이 확정되지 않고 항소심에서 다시 재판을 받음. 항소심은 지방법원 합의부나 고등법원에서 취급. 항소심 판결에도 다시 불복하는 경우 송달 2주내에 상고장을 대법원에 제출.

7) 강제집행의 준비 : 소송이 확정되었을 경우 판결문의 정본, 송달증명원, 집행문 등을 가지고 집행관 사무소에 가서 강제집행의 위임신청을 함.

4. 명도 집행

1) 점유이전금지가처분

① 점유자의 점유변경을 금지하는 효력을 가지는 가옥 명도집행을 위한 보전처분으로서 점유이전금지가처분결정 이후에 다른 사람이 점유하여 살더라도 그 사람에게

효력이 미치기 때문에 강제집행을 할 수 있다.

② 명도소송 중 점유자가 점유를 변경하면 승소 후에 집행을 하더라도 집행이 불능이 되므로 소송제기 전에나, 소송 중에 점유이전금지가처분을 하는 것이 효율적이다.

③ 가처분결정은 서면심리로 결정. 점유부분이 전부가 아닐 경우 점유부분을 특정한 도면으로 첨부해야 한다.

④ 가처분결정이 나면 14일 이내에 가처분집행을 해야 하며, 14일이 지나면 다시 절차를 밟아야 한다.

⑤ 인도명령 대상자 중 점유이전이 용이한 사무실, 상가는 전유이전금지가처분의 필요성이 있다. 특히 권리금이 있는 상가 등은 강제집행을 당하지 않기 위해 강력한 저항이 있을 수 있기 때문이다.

점유이전금지가처분의 효과
"제삼자에게 개입에 의한 집행상태의 침해를 방지하고, 이 공시를 손괴하면 형법의 처벌이 적용된다"라는 점유이전금지가처분의 집행문이 거실 한쪽에 붙게 된다면 점유자는 상당한 심리적 부담을 받게 되고 협상이 유리하게 작용할 것이다.

2) 명도집행 절차

① 신청

부동산을 관할하는 법원의 집행관사무소에 집행신청, 판결정본, 송달증명원, 신분증, 도장 예납금 등을 갖추어 신청한다. 대리인이 신청하는 경우 인감증명서, 위임장 등이 필요하다.

② 담당 및 기일지정

담당 집행관이 배정되며 향후의 일정을 담당 집행관과 합의하여 집행기일 등을 정한다.

③ 집행

인도명령에서 상술한 바와 같음
* 집행관과 협의
* 명도 집행 시 부재중이거나 문을 열어주지 않는 경우
* 명도 집행 시 물건을 들어내는 경우의 물건목록 작성
* 명도 집행 시 경매부동산내 압류 또는 가처분 된 물건이 있을 경우

5. 명도 실무

1) 명도 협상

① 점유자를 방문하여 상황을 알아보거나 협상을 시작하는 시점
  소유자인 경우 : 낙찰허가결정이 난 후
  임차인인 경우 : 잔금 지급 전이라도 임차인의 의사를 타진하고, 협상의 가능성이 없을 경우에는 처음부터 법적 절차에 의해 진행한다.

② 이사비 협상
부동산을 점유하고 있는 대부분은 이사비를 요구(관행적)한다. 물론 이사비를 요구할 권한이 없음에도, 매수인(낙찰자)이 인도/명도소송에 의하면 시간과 비용이 소요되므로, 법적 절차에 의하지 않는 대가로 이사비를 요구하는 것이다.

정도의 차이는 있으나 30만원에서 200만원 사이에서 협상된다(아파트 명도 집행비가 평당 7~8만원 이므로 30평 내외의 경우 약 250만원 내외).

점유자가 임차인일 경우, 배당금 수령을 위하여 매수인(낙찰자)에게 '명도확인서'를 해달라는 요구가 있을 수 있으나, 명도되기 전 명도확인서 발부는 삼가는 것이 바람직하다.

사전 발부를 하는 경우에는 점유자가 이사를 간다는 확실한 증거자료(계약서 등)를 확인한 후에나 발부한다.

2) 체납관리비 (법리해석)

① 집합건물의 승계인은 공용부분 관리비에 관한 부분은 승계하고, 전유부분 관리비에 관한 부분은 승계하지 않는다(대법원 2006.6.29 선고 2004다3598).
   승계하더라도 전 구분소유자의 연체료까지 승계하는 것은 아니다.
   공용부분관리비에는 일반관리비, 장부기장료, 위탁수수료, 화재보험료, 공동전기료, 특별수선충당금, 수선유지비, 승강기유지비, 청소비, 소독비, 오물수거비 등이 포함된다.

② 집합건물관리주체가 전 구분소유자의 특별승계인에게 체납관리비의 징수를 위해 단수, 단전 등의 조치를 하는 것(사용방해행위)은 불법행위이다.

③ 구수용가의 전기요금채무는 신수용가가 승계할 의무가 없다(대법원1983.12.2783 다카893).

④ 전유부분 중 가스비, 전기세, 수도세는 낙찰자에게 소유권이전등기가 된 시점부터 낙찰자가 부담하는 것으로 이해하는 사람이 있으나 이런 비용은 어디까지나 실지로 사용가능한 상황을 전제로 하는 것이므로 입주 후부터 부담하는 것이 맞다.
   따라서 소관부처에 입주일을 증명하는 서류를 제시하고 부담을 떠안지 말라.

3) 명도가 용이한 부동산

① 채무자나 소유자가 점유하는 물건
② 배당 요구한 임차인의 배당금이 상당한 물건
③ 임차인이 많지 않은 물건

4) 명도가 어려운 부동산

① 임차인이나 기타 점유자가 점유하는 물건
② 임차인 또는 점유자가 많은 물건 (대규모 쇼핑몰 등)
③ 이해관계가 첨예한 물건 (호텔, 교회 등)

5) 명도의 지름길

① 대화하라.
   명도는 대립하는 존재들 사이에서 대화법을 발견해가는 과정이다.

② 입찰 전에 명도의 난이도를 판단, 분석하라.
   권리분석과 임장활동을 통해 점유자를 접촉하라.

③ 매각허가결정 이후 대금납부 전에 점유자를 반드시 방문하라.
   중요한 변수(낙찰 취소신청사유, 보증금 포기사유, 시설물 확인 등)를 확인하고 협상시간을 절약할 수 있다.

④ 인도명령신청은 대금납부와 동시에 신청하라.
   협상 중에 시간을 낭비할 수도 있고 결정문 송달과정에서 많은 시일이 걸릴 수도 있으니 시간 절약과 협상에서 유리한 고지를 점하라.

⑤ 명도비를 예상하라.
   시간과 돈을 교환하라.

⑥ 강, 온 전략을 구사하라.
   강제집행과 이사비용을 활용하라.

⑦ 강제집행은 최후의 수단이다.

6. 기타 주의사항

경매 받은 물건을 소유자나 임차인에게 팔거나 새로 임대하는 경우에는 특별히 조심 하여야 한다.

1) 경매 받은 물건을 소유자나 임차인에게 팔거나 새로 임대하는 경우가 더러 있다. 적절한 선에서 그렇게 되면 그것도 훌륭한 투자이다.

    그런데 그들이 그 약정을 지키지 않아 골치 아픈 경우가 생길 수 있다.

    새로운 약정 시에 그들에게 양보할 것은 양보하더라도 분명히 할 것은 반드시 계약 시(매매, 임대계약서)에 특약사항으로 기재하여야한다.

    그들은 충분한 돈을 확보할 객관적 여건도 없이 약정을 했다가 약속을 못 지키거나, 이사 갈 곳이 없어 진정한 의사 없이 임기응변으로 일단 약정을 하여 시간을 벌려고 하는 경우가 있다.

    그들이 오랜 시간 경매로 시달리면서 낙찰자를 다루는 기술을 익힐 수도 있지만, 누구나 그들의 입장이 되면 파기될 가능성이 있는 약정의 유혹을 가질 것이다.

2) 낙찰자의 대책은 우선 그들의 객관적 사정과 진정성을 최대한 확인하여야 한다. 그리고 계약금은 가능한 많이 받고 위약 시에는 계약금이 몰수됨을 계약서에 반드시 특약으로 명시 하여야한다.

    예) "만약 위 사항을 이행치 아니하는 경우 별도의 최고나 해제의 의사표시 없이 중도금 날짜에 계약은 자동 해제되어 손해배상으로 계약금은 매도인의 소유로 하고 매수인은 계약금 상환을 요구치 아니 한다." (위약금으로 계약금의 2배로 한다)

    일반인들이 오해하는 대표적인 것이 상대가 위약하면 무조건 계약금을 몰수할 수 있는 것으로 아는 것이다. 하지만 그렇지 않다.

    민법에서 매매(임대차 등 유상계약에 준용된다)의 당사자 일방이 이행에 착수할 때까지 계약금 교부자는 계약금을 포기하고, 수령자는 그 배액을 상환하여 매매계약을 해제할 수 있다고 하는 것은 계약금만큼 손실을 감수하고 스스로 계약을 해제하고자 할 때 특약 없이도 당연히 적용되는 것이다.

따라서 상대가 위약하여 이쪽에서 계약을 해제할 때는 그에 관한 별도의 특약이 없는 한 함부로 계약금을 몰수할 수 없는 것이다.

물론 이 경우에도 별도로 상대의 약속위반으로 인한 실질적으로 발생된 손해배상을 청구할 수 있으나, 이것은 재판을 통해야 하므로 피곤한 일이다.

3) 그러면, 계약금을 가능한 많이 받고 중도금 기일을 짧게 잡고(그들의 진정성을 확인하기위한 유력한 수단) 계약금 몰수의 특약을 한 후, 만일 그들이 중도금을 제때에 주지 않고 그럴 가능성이 없음이 확인되면, 즉시 계약을 해제하고 특약에 의해 계약금을 몰수한다.

최고나 해제의사 표시를 특약하지 않은 경우는 바로 해약을 하면 안 되고 일단 내용증명을 우편으로 발송, 이행을 최고하면서 며칠(통상2주정도 이상) 내에 이행되지 않으면 계약이 해제된 것으로 볼 것이며, 계약금은 몰수 한다는 취지의 해제조건부 최고서를 보내야 한다.

위 절차는 머뭇거리면 안 된다. 대금납부 후 6개월이 지나면 인도명령이 아닌 부담이 큰 명도소송을 해야 하기 때문이다.

그 다음에는 즉시 법원에 인도명령을 신청하여 내가 칼자루를 쥐고서 인도집행을 나갈 태세로 임하여 그들이 스스로 나가도록 공격적 협상에 돌입하는 것이다.

4) 그들이 통상의 경우보다 많은 월세 또는 보증금이 없이 몇 개월 내지 1년 정도 더 살자고 간청하는 경우가 있다. 이는 조심해야 할 일이다.

좀 더 많은 월세, 그리고 인정에 매몰되어 몰수할 보증금이 없고 명도소송을 해야 할 사태가 발생할 수 있다. 잘못되면 몇 개월 봐주려던 것이 2년(주택임대차보호법에 의해 보장되는 기간) 이상을 꼼짝 못하고 당하는 수가 있다.

2년 후에는 또 명도소송. 정말 골치 아픈 일이다.

정 봐주려면 임대차(월세)계약서 같은 것은 작성치 말고, 명도를 3개월 이내로 유예해주는 정도로 해야 한다.

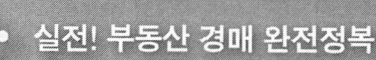 실전! 부동산 경매 완전정복

CHAPTER 8

부동산 등기법

부동산 등기제도의 의의

1) 물권(物權)의 공시제도

(1) 부동산 등기제도는 부동산에 관한 물권(토지,건물)의 공시방법이다.

물권은 단순히 상대방에 대하여 일정한 행위를 요구하는 채권과는 달리 특정의 물건을 직접적으로 지배하는 배타적 지배권이므로 물권거래의 안전과 원활을 위하여 물권의 존재와 내용을 일정한 공적장부(등기부등본)에 기록하여 공시하게 되는데, 이것이 바로 부동산의 공시제도인 등기이다.

(2) 현행법상 공시(公示)의 대상이 되는 물건은 부동산과 동산이다.

부동산은 토지와 그 정착물(건물)을 의미하고 부동산에 속하지 않는 물건을 동산이라 한다. 이러한 물건에 대하여 성립하는 권리인 물권은 배타적 효력을 가지므로 제3자가 그 물권의 존재를 쉽게 알 수 있도록 일정한 표상(등기부등본), 즉 공시방법을 갖을 필요가 있다.

2) 부동산등기제도의 기능

(1) 부동산물권변동의 효력발생요건으로서의 등기

법률행위(매매, 증여 등)로 인한 부동산물권의 득실변경(변동)은 당사자의 의사표시만으로는 효력이 생기지 아니하고 '등기'라는 공시방법을 갖추어야만 당사자와 제3자에 대한 관계에서도 효력이 발생한다.

따라서 이 경우의 등기는물권변동의 효력발생요건으로서의 등기이다.

(2) 처분제한요건으로서의 등기

상속, 공용징수, 판결, 경매 기타 법률의 규정에 의한 물권의 취득은 등기를 요하지 아니한다. 그러나 등기를 하지 않으면 이를 처분하지 못한다.

따라서 처분을 하기위해서는 반드시 등기를 하여야 한다고 규정하고 있으므로 이 경우의 등기는 처분요건으로서의 등기이다.

(3) 대항요건으로서의 등기

부동산에 대한 환매권. 임차권 등은 물권이 아닌 채권으로서 등기를 하지 않아도 이러한 권리의 효력은 발생하나 등기함으로써 이러한 권리의 내용을 제3자에 대하여 주장(대항)할 수 있다.

이러한 경우의 등기는 제3자에 대한 대항요건으로서의 등기이다.

3) 부동산등기제도의 목적

부동산등기제도는 물권의 현상(귀속과 내용)을 외부에서 널리 인식할 수 있도록 하기 위한 제도로서 부동산에 관한 거래의 안전과 신속을 도모함을 목적으로 한다.

4) 부동산등기의 개념

현행 부동산등기법상 등기란 등기관이 등기소에서 등기부에 부동산표시(사실관계=표제부)와 권리관계(갑구, 을구)를 기록하는 것 또는 기록된 등기기록을 말한다.

(1) 등기관

지방법원장 또는 지원장의 지정을 받아 등기사무를 처리하는 자(사무관, 계장)를 말한다.

(2) 등기소

등기사무를 처리하는 장소로서 구체적으로 지방법원, 동 지원, 등기소를 말한다.

(3) 등기부

전산정보처리에 의하여 입력. 처리된 등기정보자료를 편성한 것인데, 토지등기부와 건물등기부로 구분된다.

(4) **부동산표시와 권리관계**

부동산표시(=사실관계)란 토지의 소재, 지번, 지목, 면적과 건물의 소재, 대지지번, 건물내역(건물의 종류. 구조, 면적)을 말하고, 권리관계는 소유권과 소유권으로부터 파생되는 소유권 이외의 권리를 말한다.

(5) 등기기록

1필지의 토지 또는 1개의 건물에 관한 등기정보자료를 말한다.

2 등기제도

1) 등기부의 편성방법

현행 부동산 등기법은 물건마다 등기부를 편성하는 물적편성주의를 채택한다.

일물일권(逸物一權)주의를 채택하고 있는 현행 법제상 하나의 부동산에 대하여 양립(병존)할 수 없는 권리는 하나밖에 성립하지 못한다. 이러한 권리를 공시하기 위한 등기제도 역시 하나의 물건(부동산)에 대하여 하나의 등기부만 작성한다.

이를 '1부동산 1등기부주의'라고 하며 이는 물적편성주의의 구체적인 표현이다.

2) 서면신청주의

당사자가 등기를 신청할 때에는 일정한 형식을 갖춘 등기신청정보(부동산의 표시)와 첨부정보(첨부서류)가 기록된 서면을 제출하여야 한다.

이는 등기신청의 진정성을 확보하고 등기관의 신속, 정확한 등기절차 진행을 위하여 인정된다. 인터넷에 의한 등기신청(전자신청)의 경우에도 동일하다.

3) 등기신청의 당사자

현행 등기법은 공동신청주의를 원칙으로 하면서 단독신청주의(예 : 판결, 상속 등)를 예외적으로 인정하고 있다.

4) 등기관의 심사권

등기신청이 있을 시 등기관에게 등기의 수리여부를 결정할 판단대상으로 등기신청 시 제출한 서면의 구비여부만을 대상으로 할 것인가 아니면 당사자가 형성한 실체관계 즉 서면의 내용심사까지로 할 것인가에 관한 것으로 형식적 심사주의와 실질적 심사주의로 구분되나 현행 등기법은 등기관의 심사권에 관하여 형식적 심사주의를 채택하고 있다.

3 등기절차

1) 경매 취득 시 소유권이전등기 절차

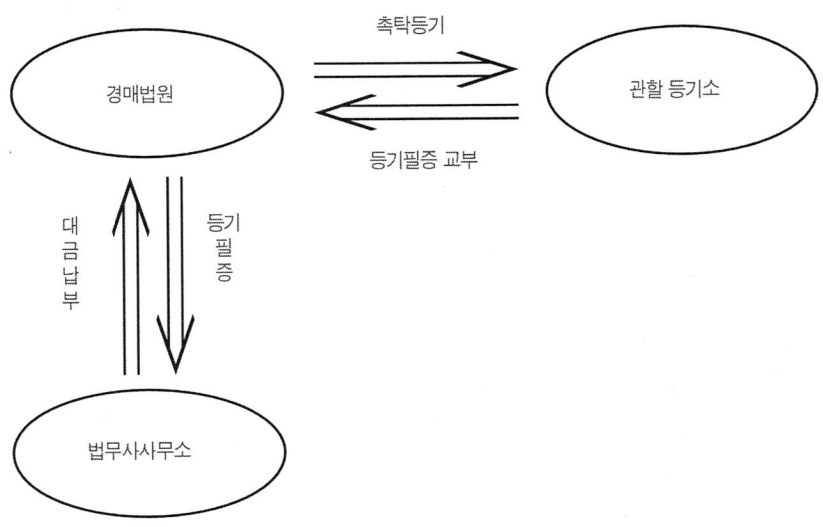

2) 일반 매매 시 소유권이전등기 절차

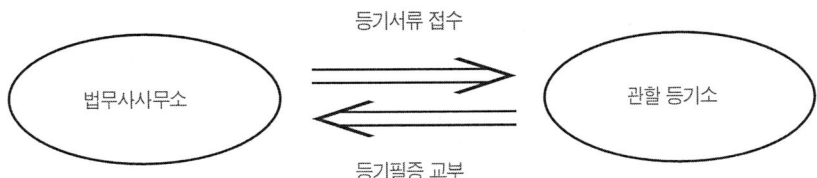

4 등기의 종류

1) 등기대상에 따른 분류

(1) 부동산표시에 관한 등기(표제부의 등기= 사실의 등기)

부동산의 물리적 현황을 등기부 표제부에 기록하는 등기로서 권리의 대상인 부동산을 구체적으로 특정하는 것을 목적으로 하는 등기로 토지의 소재, 지번, 지목, 면적, 건물의 소재, 대지의 지번, 건물내역(건물의 종류 및 구조, 면적), 건물번호, 부속건물의 내역(부속건물의 종류 및 구조, 면적) 등을 내용으로 한다.

(2) 권리에 관한 등기(갑구, 을구의 등기)

이는 부동산의 권리에 관한 사항을 등기부 중 갑구와 을구의 사항란에 기록하여 공시하는 등기로서 이에는 보존등기와 권리변동의 등기가 있다.

① 보존등기

미등기부동산에 관하여 등기부를 개설하고자 행하는 것으로서 이미 발생한 소유권을 등기부상에 확인하는 등기이다.

② 권리변동의 등기

법률행위(매매, 증여 등)등으로 인하여 발생한 부동산 물권변동(발생, 변경, 소멸)을 위한 등기로서 이미 등기된 부동산에 관한 소유권 이전, 제한물권의 설정, 변경, 말소 등의 등기가 있다.

2) 등기내용에 따른 분류

(1) 변경등기
등기완료 후 일부에 관하여 등기와 실체관계(부동산에 존재하는 사실관계, 권리관계의 내용)가 불일치가 발생한 경우, 불일치를 제거하여 일치시키는 등기를 말한다.

(2) 경정등기
등기절차상의 착오 또는 유류로 인하여 등기와 실체관계의 일부가 불일치하는 경우, 불일치를 제거하여 일치시키는 등기를 말한다.

(3) 말소등기
등기에 대응하는 실체관계의 전부가 없어졌을 때 등기기록의 전부를 소멸시키는 등기이다.

(4) 멸실등기
기존의 등기된 부동산 자체가 물리적으로 전부 없어졌을 때 등기부를 패쇄 시키는 등기이다.
부동산등기는 존재하는 부동산의 사실, 권리관계를 공시하고자 행하는 것이므로 공시 할 부동산이 없어졌을 때는 공시할 사실, 권리관계가 없는 것이므로 등기부도 당연히 패쇄하여야 한다.

멸실등기의 특징
① 멸실등기 시에는 반드시 대장정리(멸실신청)가 선행되어야 한다.
② 단독으로 등기신청 한다.
③ '무효등기 유용'의 적용이 없다.
④ 멸실등기 시 이해관계인이 존재하더라도 그의 승낙서를 첨부할 필요가 없다.

(5) 말소회복등기

등기에 대응하는 실체관계가 존재함에도 등기의 전부 또는 일부가 법률적으로 부적법하게 말소된 경우, 말소 전의 상태로 회복하고자 행하는 등기로서 말소회복등기를 하게 되면 말소되기 전의 등기 효력을 회복(순위도 회복)하게 된다.

3) 등기형식에 따른 분류

(1) 의의

등기는 형식에 따라 주(主)등기와 부기(附記)등기로 구분한다.

① 주등기(독립등기)

주등기란 기존의 번호에 이어지는 독립한 번호(표시, 순위번호)를 갖는 등기를 말한다.

② 부기등기

등기 그 자체로는 독립한 표시, 순위번호를 갖지 않고 기존의 어떤 주등기의 순위번호를 그대로 사용하여 부기 제 ㅇ - ㅇ 호(전산등기부의 경우 1-1,1-2, 2-1등으로 표시)라는 형식으로 행하는 등기를 말한다.

부기등기란 부가하여 기록하는 등기로 주등기의 존재를 전제로 하는 등기이다. 따라서 주등기가 말소되면 부기등기는 등기관이 직권으로 말소한다.

부기등기의 순위는 주등기의 순위에 의하고, 부기등기 상호간의 순위는 등기의 순위에 의한다.

4) 등기효력에 따른 분류

(1) 종국등기

등기는 권리변동관계를 공시하는 것을 주된 목적으로 한다. 따라서 일반적인 등기라 함은 권리변동의 효력이 발생하는 등기를 말한다. 이러한 권리변동의 효력이 발생하는 등기를 종국등기 또는 본등기라 한다.

(2) 예비등기

예비등기는 등기 그 자체로는 권리변동의 효력이 발생하지 않고 후일에 일정한 요건을 갖춘 경우에 발생할 권리변동을 미리 준비하는 등기로서 가등기와 가처분등기가 있다.

① 가등기

부동산 물권 또는 임차권 등 장래에 본등기 할 권리에 관한 청구권을 보전하고자 행하는 등기이다.

② 가처분등기

가처분등기는 소송이 목적이 되는 부동산의 현상이 바뀌면 당사자가 권리를 실행하지 못하거나 실행하는 것이 매우 곤란할 염려가 있는 경우에 소송의 결과에 따른 집행(소유권이전 등의 권리변동)을 보전하기 위하여 행하는 등기이다. 가처분등기 자체로는 권리변동의 효력이 발생하지 않는다.

5) 등기(종국등기)효력

(1) 권리변동적 효력

물권변동에 있어 성립요건주의를 취하는 현행법상 법률행위로 인한 물권변동은 당사자 간 의사표시의 합치만으로 그 효력이 발생하지 않고 등기라는 형식을 갖추어야 물권변동의 효력이 발생된다.

등기는 등기신청정보가 전산정보처리조직에 저장된 때 접수된 것으로 보고, 등기관이 등기를 마친 경우 그 등기는 접수한 때부터 효력을 발생한다.

등기는 물권변동의 효력을 발생시키기 위한 요건이지 효력의 존속을 위한 요건은 아니므로 실행된 등기가 적법하지 않게 말소되었다고 하더라도 회복등기를 하게 되면 종전의 효력이 그대로 회복되기 때문에 이미 발생한 물권변동의 효력이 소멸되는 것은 아니다.

(2) 대항요건으로서의 효력

등기의 대항력이라 함은 그 등기된 내용으로써 당사자 이외의 제3자에게도 대항 또는 주장할 수 있는 효력을 말하며, 대항요건으로서의 등기기록은 등기하지 않아도 당사자 간에는 채권적 효력이 발생하나 등기함으로써 당사자 이외의 제3자에게도 주장할 수 있는 사항을 말한다.

이러한 사항으로는 임차권, 환매권, 그리고 각종 권리의 등기 시 당사자 간의 특약으로 정할 수 있는 사항(지상권. 전세권 등의 존속기간, 저당권의 변제기, 이자에 관한 사항 등)을 말하는데 법령의 근거가 있어야 한다.

(3) 순위 확정적 효력

등기의 순위는 등기부에 기록된 때(등기신청접수일) 확정되는데 이를 순위 확정의 효력이라고 한다.

같은 부동산에 관하여 등기한 권리의 순위는 법률에 다른 규정이 없으면 등기의 순서에 의하여 결정된다.

5 등기부

1) 등기부

등기부란 부동산에 관한 사실관계(부동산 표시)와 권리관계라는 등기정보 자료를 전산정보처리조직에 의하여 입력, 처리하여 표제부, 갑구, 을구라는 양식으로 편성한 것을 말한다.

(1) 일반적인(구분건물을 제외한 부동산) 등기부의 구성, 내용

하나의 등기부는 표제부, 갑구, 을구로 구성된다. 표제부에는 표시란과 표시번호란을 두고 각 구에는 사항란과 순위번호란을 둔다.

① 표제부

표시번호란에는 자동으로 부여되는 부동산에 관한 등기의 순서가 기록된다.

토지의 경우 - 토지의 소재, 지번, 지목, 면적을 기록
건물의 경우 - 건물의 소재, 대지지번, 건물내역(건물의 종류 및 구조, 면적)과 부속건물이 있는 때도 동일하나 부속건물의 경우 소재대지지번은 기록하지 않는다.
1필지 또는 수필지상에 수동의 건물이 있을 때 그 건물번호를 기록한다.

② 갑구

순위번호란에는 자동으로 부여되는 소유권에 관한 등기의 순서가 기록된다.
소유권에 관한 사항을 기록한다.

③ 을구

순위번호란에는 자동으로 부여되는 소유권 이외에 관한 등기의 순서가 기록된다.
소유권 이외의 권리와 소유권 이외의 권리에 관한 사항을 기록한다.

2) 구분건물 등기부의 구성과 내용

(1) 구분건물 등기부의 구성

1동 건물을 구분한 각 건물(전유부분)은 1동 전체의 건물 중 구성부분이라는 성질을 가진다. 이러한 성질 때문에 등기부의 편성에 관하여 1동의 건물 전체에 대하여 1등기 기록으로 하고, 각 구분건물(전유부분)은 1등기 등록의 일부로서 각 구분건물에 관하여만 기록한다.

구분건물 등기부는 1동 전체의 건물에 관한 사항을 기록하는 1동 건물의 표제부와 각 구분건물에 관한 사항을 기록하는 전유부분표제부와 갑구, 을구로 구성된다.

1등기부를 구성하는 1동 건물의 표제부는 1동의 건물 전체의 물리적 현상, 구조 등을 표시하고, 각 전유부분 표제부, 갑구, 을구는 각 전유부분에 대하여 성립하는 권리의 대상을 특정하고 권리의 내용을 공시한다.

(2) 구분건물 등기부의 내용

① 1동 건물의 표제부

상단부 - 1동 건물의 표시에 관한 사항으로 건물의 소재와 대지지번, 건물의 명칭 및 번호와 건물내역(건물의 종류, 구조, 면적)을 기록한다.

하단부 - 대지권의 목적인 토지의 표시에 관한 사항으로 대지권의 목적인 토지의 일련번호, 토지의 소재, 지번, 지목, 면적과 등기연월일을 기록한다.

② 전유부분의 표제부

상단부 - 전유부분의 건물의 표시에 관한 사항으로는 건물번호, 건물내역(건물의 종류, 구조, 면적)을 기록한다.

하단부 - 대지권의 표시란에는 대지권의 목적인 토지의표시(대지권의 목적인 토지의 일련번호를 기록함으로써 토지의 표시에 갈음한다), 대지권의 종류와 비율, 등기연월일을 기록한다.

③ 전유부분의 갑구. 을구
   일반적인 등기부의 갑구, 을구와 동일하다.

6 소유권이전 등기의 절차 및 작성요령

부동산의 매매란 당사자 일방인 매도인이 부동산의 소유권을 상대방인 매수인에게 이전할 것을 약정하고 매수인이 그 대금을 지급할 것을 약정함으로써 성립하는 유상의 쌍무계약을 말한다.

1) 소유권이전 등기 절차

부동산에 대하여 공인중개사무소 및 쌍방간에 매매계약을 체결하고 부동산 매매계약을 체결한다.

(1) 부동산매매계약서 체결 및 작성
  부동산의 표시 : 토지의 소재, 지번, 지목, 면적, 건물의 종류, 구조, 면적, 용도 기재
  계약내용 : 매매대금 - 계약금 - 중도금 및 융자금, 잔금
  특약사항 : 쌍방합의의 내용
  당사자표시 : 등기의무자(매도인), 등기권리자(매수인)

(2) 부동산거래계약신고 후 신고필증 교부
  부동산 매매계약체결일(계약일)로부터 60일 이내 각 관할 구청에 부동산거래계약신고를 하여야함.
  공인중개사에 의한 매매계약은 공인중개 사무소에서 처리함.

(3) 취.등록세 신고 및 자진납부신고

부동산 매매계약서 사본과 거래계약신고필증 사본을 첨부하여 취, 등록세 고지서를 발급받는다.

(3) 소유권이전 신청서 작성 첨부서류 (신청서 작성은 '별첨 참조')

① 집합건물

매도인 인감증명(매수인의 인적사항이 기재된)

매도인 인감도장

매수인 인감도장

쌍방 주민등록등, 초본(매도인은 주소 이력이 포함된 주민등록초본)

토지대장(대지권등록부)

집합건축물관리대장

부동산매매계약서

부동산거래계약신고필증

매도인의 등기권리증(등기필증, 등기필 일련번호)

② 단독건물

일반토지대장

일반건축물관리대장

토지이용계획확인원

나머지는 집합건물과 동일함.

③ 소유권이전 등기시 취, 등록세

비주거용(상가, 오피스텔)부동산 : 매매대금 4.4%

무주택 및 일시적 1가구 2주택 감면 시 : 매매대금 2.2%

비감면 시 : 매매대금 4.2%

전용면적 85평방미터 이상 감면 시 : 매매대금 2.7%

전용면적 85평방미터 이상 비감면 시 : 매매대금 4.4%

부동산매매계약서

매도인과 매수인 쌍방은 아래 표시 부동산에 관하여 다음 내용과 같이 매매계약을 체결한다.

1. 부동산의 표시 (표시부동산: 빌라)

소재지	인천광역시 계양구 효성동 622-49 신다우빌라 402호				
토 지	지목	대지	면적	278㎡	대지지분 19.63㎡
건 물	구조	철근콘크리트	용도	주거용	면적 41.61㎡

2. 계약내용

제1조 위 부동산의 매매에 있어 매수인은 매매대금을 아래와 같이 지불하기로 한다.

매매대금	一金 칠천칠백만	원정	(₩77,000,000)
융자금	一金 삼천이백오십만	원정은 현상태에서 말소한다.	(₩32,500,000)
계약금	一金 칠백칠십만	원정은 계약시에 지불하고 영수함. (영수자성명: 김영진 印)	
중도금	一金	원정은 년 월 일에 지불하며	
	一金	원정은 년 월 일에 지불하며	
잔 금	一金 육천구백삼십만	원정은 2012년 01월 11일에 지불한다.	(₩69,300,000)

제2조 매도인은 매수인으로부터 매매대금의 잔금을 수령함과 동시에 매수인에게 소유권 이전등기에 필요한 모든 서류를 교부하고 이전등기에 협력하며, 위 부동산을 2012년 01월 11일에 인도한다.

제3조 매도인은 위 부동산에 설정된 저당권, 지상권, 임차권등 소유권의 행사를 제한하는 사유가 있거나, 제세공과 기타 부담금의 미납금등이 있을 때에는 잔금 지급일까지 그 권리의 하자 및 부담등을 제거하여 완전한 소유권을 매수인에게 이전한다. 다만, 승계하기로 합의하는 권리 및 금액은 그러하지 아니한다.

제4조 위 부동산에 관하여 발생한 수익과 제세공과금등의 부담금은 위 부동산의 인도일을 기준으로 하여 그 전일까지의 것은 매도인에게, 그 이후의 것은 매수인에게 각각 귀속한다. 다만, 지방세의 납부책임은 지방세법의 납세의무자로 한다.

제5조 매수인이 매도인에게 중도금(중도금이 없을 때에는 잔금)을 지불하기 전까지는 매도인은 계약금의 배액을 배상하고, 매수인은 계약금을 포기하고 이 계약을 해제할 수 있다.

제6조 중개수수료는 본 계약의 체결과 동시에 당사자 쌍방이 각각 지불하며, 중개업자의 고의나 과실없이 거래 당사자의 사정으로 본 계약이 무효 또는 취소, 해약되어도 중개수수료는 지급한다.

제7조 중개업자는 중개대상물 확인설명서를 작성하여 2011년 11월 11일에 중개의뢰인에게 교부한다.

[특약사항]
1. 현 시설 상태의 매매계약, 잔금은 협의 하 당길 수 있고, 소유권이전은 2011년12월30일전에 받을수있도록 매도인은 협조하기로 한다.
2. 대금지급 시기및 약정은 쌍방협의 계약.
3. 확인설명서, 등기부등본, 공제증서 (각1부씩 교부)
4. 국민은행(₩32,500,000원)채권최고금액 설정상태, 잔금시 상환말소 조건계약
5. 계약금중 칠백이십만원은 2011년11월14일 까지 지급하기로 한다.

―――이상(매도인,매수인) 확인함―――

본 계약을 증명하기 위하여 계약 당사자가 이의없음을 확인하고 각자 서명 및 날인한다.

2011년 11월 11일

매도인	주 소	인천 계양구 효성동 622-49 신다우빌라 402호			
	주민등록번호	740803-	전 화	010-9022-4066	성 명 김영진
	공동 매도인				

매수인	주 소	인천 서구 신현동 179 정동빌라 가동 201호			
	주민등록번호	500416-	전 화	010-4704-0436	성 명 오점이
	공동 매수인				

중개업자	사무소소재지	인천시 계양구 효성동 622-51호		
	등록번호	가3370-1695	사무소명칭	서해공인중개사 사무소
	전화번호	032-515-6700	대표자성명	

서해공인중개사 사무소를 이용해 주셔서 감사합니다.

02/09/2012 목 4:42 FAX 0325691413 kimdaehh 002/002

부동산거래계약신고필증

접수일	2011년 11월 28일	접수번호	0010888	일련번호	28245-2011-4-0007037

매수인	성명(법인명)	오정어	주민(법인)등록번호	500416-	
	주소	인천광역시 서구 신현동 179-1 정동빌라 가동 201호		국적	대한민국
	전화번호	(이동전화 : 010-4704-0436)			

매도인	성명(법인명)	김영진	주민(법인)등록번호	740803-	
	주소	인천광역시 계양구 효성동 622-49 신다우빌라 402호		국적	대한민국
	전화번호	(이동전화 : 010-9022-4066)			

신고사항	계약일	2011년 11월 11일	잔금지급일	2012년 01월 11일
	종류	토지 및 건축물 (공동주택-다세대주택)		
		종류 : 기존주택		
	소재지/지목/면적	인천광역시 계양구 효성동 622-49 신다우빌라 402호 (지목: 대) 대지권(또는 공유지분)비율: 278분의 19.63		
	계약대상면적	토지 ... 제곱미터		
	물건거래금액			
	실제 거래	77,000,000 원	중도금 지급일	
		중도금 ...0,000 원		

중개업자	성명	강호응	상호	서해공인중개사사무소	주민(법인)등록번호	611219-XXXXXXX
	사무소소재지	인천광역시 계양구 효성동 622-51 [효서로 41] (전화 : 032-515-6700)				
	참고사항	특이사항 없음				

「공인중개사의 업무 및 부동산 거래신고에 관한 법률」 제27조제3항에 따라 부동산거래계약신고필증을 교부합니다.

2011년 11월 28일

인천광역시 계양구청장

| 유의사항 | 입주권 거래신고의 경우에는 입주권 거래가격이 표시된 신고필증과 종전토지 거래가격이 표시된 신고필증 등 2부가 발급됩니다. 소유권을 이전하고자 하는 부동산의 종류에 맞는 신고필증을 부동산등기 신청서에 첨부하시기 바랍니다. |

담당공무원 : 천신숙 (032-450-5829)   1 / 1

등기사항전부증명서 (말소사항 포함) - 집합건물

[집합건물] 인천광역시 계양구 효성동 622-49 신다우빌라 제4층 제402호
고유번호 1248-1996-035056

【 표 제 부 】 (1동의 건물의 표시)

표시번호	접 수	소재지번,건물명칭 및 번호	건물내역	등기원인 및 기타사항
1 (전 1)	1996년10월8일	인천광역시 계양구 효성동 622-49 신다우빌라	철근콘크리트조 슬래브지붕4층 다세대주택 1층 140.98㎡ 2층 140.98㎡ 3층 140.98㎡ 4층 140.98㎡ 지층 94.56㎡	도면편철장 제5책 18면 부동산등기법 제177조의 6 제1항의 규정에 의하여 2000년 03월 17일 전산이기

(대지권의 목적인 토지의 표시)

표시번호	소 재 지 번	지 목	면 적	등기원인 및 기타사항
1 (전 1)	1. 인천광역시 계양구 효성동 622-49	대	278㎡	1996년10월8일 부동산등기법 제177조의 6 제1항의 규정에 의하여 2000년 03월 17일 전산이기

열람일시 : 2012년02월09일 18시12분39초 1/5

[집합건물] 인천광역시 계양구 효성동 622-49 신다우빌라 제4층 제402호
고유번호 1248-1996-035056

【 표 제 부 】 (전유부분의 건물의 표시)

표시번호	접 수	건물번호	건물내역	등기원인 및 기타사항
1 (전 1)	1996년10월8일	제4층 제402호	철근콘크리트조 41.61㎡	도면편철장 제5책 18면 부동산등기법 제177조의 6 제1항의 규정에 의하여 2000년 03월 17일 전산이기

(대지권의 표시)

표시번호	대지권종류	대지권비율	등기원인 및 기타사항
1 (전 1)	1 소유권대지권	278분의 19.63	1996년10월4일 대지권 1996년10월8일 부동산등기법 제177조의 6 제1항의 규정에 의하여 2000년 03월 17일 전산이기

【 갑   구 】 (소유권에 관한 사항)

순위번호	등기목적	접 수	등기원인	권리자 및 기타사항
1 (전 2)	소유권이전	1996년12월13일 제190055호	1996년11월6일 매매	소유자 이갈영 620217-1****** 인천 계양구 효성동 622-49 신다우빌라 102동 402호 부동산등기법 제177조의 6 제1항의 규정에 의하여 2000년

열람일시 : 2012년02월09일 18시12분39초 2/5

[집합건물] 인천광역시 계양구 효성동 622-49 신다우빌라 제4층 제402호   고유번호 1248-1996-035056

순위번호	등기목적	접수	등기원인	권리자 및 기타사항
				03월 17일 전산이기
2	소유권이전	2001년5월26일 제36257호	2001년5월10일 매매	소유자 이주영 781207-1****** 인천 서구 공촌동 311-4 궁전빌라 101호
2-1	2번등기명의인표시변경		2001년7월10일 전거	이주영의 주소 인천 서구 공촌동 313-1 신동아홈아파트 101동 302호 2001년7월26일 부기
3	소유권이전	2001년7월26일 제53129호	2001년6월30일 매매	소유자 이광영 590405-1****** 화성시 봉담읍 상리 21-2 한신아파트 103동 1804호
4	소유권이전	2002년9월9일 제79322호	2002년8월7일 매매	소유자 김영진 740803-1****** 인천 계양구 효성동 321-30 청송빌라 마동 301호
5	소유권이전	2011년12월5일 제59177호	2011년11월11일 매매	소유자 오경이 500416-2****** 인천광역시 서구 새오개길85번길 3, 가동 201호(신현동, 정동빌라) 거래가액 금77,000,000원

【 을   구 】   (소유권 이외의 권리에 관한 사항)

순위번호	등기목적	접수	등기원인	권리자 및 기타사항
1 (전 3)	근저당권설정	1996년12월13일 제100056호	1996년12월13일 설정계약	채권최고액 금36,400,000원 채무자 이길용 인천 계양구 효성동 622-49 신다우빌라 102동 402호 근저당권자 국민주택할부금융주식회사 110111-1220609

열람일시 : 2012년02월09일 18시12분39초

[집합건물] 인천광역시 계양구 효성동 622-49 신다우빌라 제4층 제402호   고유번호 1248-1996-035056

순위번호	등기목적	접수	등기원인	권리자 및 기타사항
				서울 종로구 서린동 70 광주은행빌딩 부동산등기법 제177조의 6 제1항의 규정에 의하여 2000년 03월 17일 전산이기
2	근저당권설정	2001년5월26일 제36258호	2001년5월26일 설정계약	채권최고액 금26,000,000원 채무자 이주영 인천 서구 공촌동 311-4 궁전빌라 101호 근저당권자 주식회사한국주택은행 110111-1480469 서울 영등포구 여의도동 36-3 (부평지원센터)
2-1	2번근저당권이전	2002년10월17일 제91499호	2001년11월1일 회사합병	근저당권자 주식회사국민은행 110111-2365321 서울 중구 남대문로2가 9-1 (인천영업부원센터)
3	1번근저당권설정등기말소	2001년5월31일 제37605호	2001년5월31일 해지	
4	근저당권설정	2002년9월17일 제82152호	2002년9월17일 설정계약	채권최고액 금32,500,000원 채무자 김영관 인천 계양구 효성동 321-30 청송빌라 마동 301호 근저당권자 주식회사국민은행 110111-2365321 서울 중구 남대문로2가 9-1 (주택원동지점)
5	2번근저당권설정등기말소	2002년10월17일 제91500호	2002년10월16일 해지	

열람일시 : 2012년02월09일 18시12분39초

[집합건물] 인천광역시 계양구 효성동 622-49 신다우빌라 제4층 제402호   고유번호 1248-1996-035056

순위번호	등 기 목 적	접 수	등 기 원 인	권 리 자 및 기 타 사 항
6	4번근저당권설정등기말소	2011년12월2일 제58897호	2011년12월2일 해지	
7	근저당권설정	2011년12월5일 제59178호	2011년12월5일 설정계약	채권최고액 금24,000,000원 채무자 오정이 　　세오개로85번길 3, 가동201호 (신현동,정동빌라) 근저당권자 주식회사국민은행 110111-2365321 　　서울특별시 중구 남대문로2가 9-1 　　(용중동지점)

— 이 하 여 백 —

관할등기소 인천지방법원 계양등기소

* 본 등기사항증명서는 열람용이므로 출력하신 등기사항증명서는 법적인 효력이 없습니다.
*선선으로 그어진 부분은 말소사항을 표시함. *등기기록에 기록된 사항이 없는 갑구 또는 을구는 생략함. *증명서는 컬러 또는 흑백으로 출력 가능함.
열람일시 : 2012년02월09일 18시12분39초

부동산거래계약신고서

처리기간
즉시

접수일		일련번호			
매수인	성명(법인명)		주민(법인)등록번호		
	주 소	(거래지분: 분의)		국적	대한민국
	전화번호		(이동전화:)		
매도인	성명(법인명)		주민(법인)등록번호		
	주 소	(거래지분: 분의)		국적	대한민국
	전화번호		(이동전화:)		
신고사항	계약일	년 월 일	잔금 지급일	년 월 일	
	부동산의 종류	□토지 □건축물( ) □토지 및 건축물( )			
	소재지·지번·지목/면적	(지목:)(면적: ㎡) (대지권비율: 분의)			
	계약대상 면적	토지 ㎡, 건물 ㎡			
	실제.거래가격	계약금 원 / 중도금 원 / 잔금 원	중도금 지급일: 년 월 일		
	계약의 조건 또는 기한				
중개업자	성명	상호	주민(법인)등록번호	-	
	사무소소재지		(전화:)		
참고사항	용도지역				
	기 타				

「공인중개사의 업무 및 부동산 거래신고에 관한 법률」 제27조제3항의 규정에 따라 부동산거래계약신고필증을 교부합니다.

20 년 월 일
신고인 매수인 (서명 또는 인)

매도인 (서명 또는 인)

시장·군수·구청장 ㊞

210㎜×297㎜(일반용지 60g/㎡(재활용품))

■취득세 ■등록세 신고 및 자진납부세액 계산서
■기한내 신고 ■기한후 신고 <해당 항목에 ✔표기>

결재	담당	당장	과장

납세의무자	구 분	성 명(법인명)	주민(법인)번호	전화번호	주 소
	취득자				
	소유자				

취득물건							

취득(등기.등록)물건내역

취득물건(등기.등록)	취득일자	면적(㎡)	종류(용도)	지목	취득원인	①취득가액(과세표준액)
토지						원
건물						원
계						원

※취득.등기 물건이 다수인 경우와 동일 물건에 2이상의 세율이 동시 적용되는 경우에는 해당자료 별첨

산 출 세 액

세 목	과세표준액①	세율②	산출세액③=①×②	감면세액④	기납부세액⑤	가산세⑥	자진납부할세액⑦=③-④-⑤+⑥	
취득세	원	%	원	원	원	원	ⓐ	원
농어촌특별세	원	%	원	원	원	원	ⓑ	원
등록세	원	%	원	원	원	원	ⓒ	원
지방교육세	원	%	원	원	원	원	ⓓ	원
자진납부할세액	취득세액계(ⓐ+ⓑ)			원	등록세액계(ⓒ+ⓓ)			원

※신고시 첨부 자료: 매매계약서, 법인장부 등 과세표준(취득가액)을 증빙할 수 있는 서류 사본 각 1부
감면 신청서 1부   기 납부세액 영수증 사본 1부

지방세법 제120조, 제150조의2, 제260조의4 및 농어촌특별세법 제7조의 규정에 의하여 위와 같이 신고합니다.

　　　　　　　　　　　　　20 년   월   일
　　　　　　신고인　　　　　　　　　　(서명 또는 인)

인천광역시　　　구청장 귀하

※취득세는 신고기한 만료일까지, 등록세는 등기.등록하기 전까지 이 신고서를 관할 구청장에게 제출하여야 합니다.
※일반과세후 중과되는 경우와 비과세, 감면후 부족 또는 추징세액이 발생하는 경우에는 그 사유 발생일로부터 30일 이내 신고하고 납부하지 않으면 그 부족 또는 추징세액에 대하서는 신고 및 납부 불성실 가산세가 추가로 발생하게 됩니다.

위 임 장
[취득(등록.지방교육)세 신고 및 자진납부세액 계산 신고]

신고내용	■취득세 ■등록세 ■지방교육세 신고 및 자진납부세액 계산 신고 <해당 세목에 ✔표기>		
위임받는 사람(대리자)	성 명	주민등록번호 670717-	전화번호
	주 소		납세자와의관계

위와 같이 취득(등록.지방교육)세 신고 및 자진 납부세액 계산 신고를 위임합니다.
　　　　　　　　　　20 년   월   일
　　　　위임하는 사람(납세자)　　　　　　(인)

| 확인자 | (직급) | (성명) | <서명> | 접수일자 | |

위 임 장	
부동산의 표시	

등기원인과 그 년월일	서기 년 월 일
등 기 의 목 적	

	위 사람을 대리인으로 정하고 위 부동산 등기 신청 및 취하에 관한 모든 행위를 위임한다. 또한 복대리인 선임권을 허락한다. 년 월 일

토지 대장 (1/3)

문서확인번호	1328-8631-7616-2991			도면번호	22	발급번호	20120210-0100-0001
고유번호	2824510100 - 10622 - 0049			장번호	2-1	처리시각	17시 38분 53초
토지소재	인천광역시 계양구 효성동			비 고		작성자	인터넷민원
지 번	622-49	축 척	1:1200				

토지표시 / 소유자

지목	면적(㎡)	사유	변동일자 / 변동원인	주소 / 성명 또는 명칭	등록번호
(01) 전	*2321*	(21)1977년01월21일 622-38번에서 분할	1977년 01월 21일 (03)소유권이전	622-38 권옥순	290220-2*****
(01) 전	*1616*	(20)1987년07월06일 분할되어 본번에 -50, -51을 부함	1990년 07월 20일 (03)소유권이전	인천직할시 외 1인	423-*****
(01) 서	*1616*	(50)1995년01월01일 인천직할시에서 행정구역명칭변경	1996년 03월 06일 (03)소유권이전	서울 동작구 대방동 392-5 권옥순	290220-2*****
(01) 전	*1616*	(51)1995년03월01일 북구에서 행정관할구역변경	1996년 06월 15일 (03)소유권이전	계산동 964-73 주식회사신동건설	120111-0*****

등급수정 년 월 일	1982.08.02. 수정	1984.07.01. 수정	1985.07.01. 수정	1987.04.30. 수정	1988.04.30. 수정	1989.01.01. 수정	1990.01.01. 수정	1991.01.01. 수정
토지등급 (기준수확량등급)	57	142	147	149	152	165	176	185
개별공시지가기준일	2008년 01월 01일	2009년 01월 01일	2010년 01월 01일	2011년 01월 01일			용도지역 등	
개별공시지가(원/㎡)	768000	768000	816000	844000				

토지임야대장에 의하여 작성한 등본입니다.
2012년 02월 10일
인천광역시 계양구

토지 대장 (2/3)

문서확인번호	1328-8631-7616-2991			도면번호	22	발급번호	20120210-0100-0001
고유번호	2824510100 - 10622 - 0049			장번호	2-2	처리시각	17시 38분 53초
토지소재	인천광역시 계양구 효성동			비 고		작성자	인터넷민원
지 번	622-49	축 척	1:1200				

지목	면적(㎡)	사유	변동일자 / 변동원인	주소 / 성명 또는 명칭	등록번호
(01) 전	*574*	(20)1995년06월14일 분할되어 본번에 -55 내지 -57을 부함	1996년 10월 08일 (21)대지권설정		
(01) 전	*278*	(20)1996년06월03일 분할되어 본번에 -59를 부함	--- 이하 여백 ---		
(08) 대	*278*	(40)1996년10월08일 지목변경			
		--- 이하 여백 ---			

등급수정 년 월 일	1992.01.01. 수정	1993.01.01. 수정	1994.01.01. 수정	1995.01.01. 수정				
토지등급 (기준수확량등급)	193	199	205	211				
개별공시지가기준일							용도지역 등	
개별공시지가(원/㎡)								

토지임야대장에 의하여 작성한 등본입니다.
2012년 02월 10일
인천광역시 계양구

대지권 등록부

문서확인번호: 1328-8631-7616-2991
고유번호: 2824510100-10622-0049
토지소재: 인천광역시 계양구 효성동
지번: 622-49
대지권비율: 19.63/278
전유부분 건물표시: 4층 402호
건물명칭: 신다우빌라
장번호: 1

변동일자 / 변동원인	소유권 지분	소유자 주소	등록번호 / 성명 또는 명칭
1996년 10월 08일 (02)소유권보존		계산동 964-73	120111-0****** 주식회사신풍건설
1996년 12월 13일 (03)소유권이전		622-49 신다우빌라 102동 402호	620217-1****** 이길영
2001년 05월 06일 (03)소유권이전		서구 공촌동 311-4 궁전빌라 101호	781207-1****** 이주영
2001년 07월 26일 (03)소유권이전		화성시 봉담읍 상리 21-2 한신아파트 103동 1804호	590405-1****** 이광영
2002년 09월 09일 (03)소유권이전		321-30 청송빌라 마동 301호	740803-1****** 김영진
2011년 12월 05일 (03)소유권이전		인천광역시 서구 새오개로85번길 3, 가동 201호(신현동, 청봉빌라)	500416-2****** 오정이
--- 이하 여백 ---			

집합건축물대장(전유부, 갑)

문서확인번호: 1328-8631-4570-5323
고유번호: 2B24510100-3-06220049
민원24 접수번호: 20120209-65401013
명칭: 신다우빌라
호명칭: 402
장번호: 1-1

대지위치: 인천광역시 계양구 효성동
지번: 622-49
도로명주소: 인천광역시 계양구 효서로 35

전유부분

구분	층별	※구조	용도	면적(㎡)
주	4층	철근콘크리트조	다세대주택	41.61
		- 이하여백 -		

소유자 현황

성명(명칭) / 주민등록번호(부동산등기용등록번호)	주소	소유권 지분	변동일자 / 변동원인
오정이 500416-2******	인천광역시 서구 새오개로85번길 3, 가동 201호(신현동, 청봉빌라)	1/1	2011.12.05 소유권이전
- 이하여백 - ※ 이 건축물대장은 현소유자만 표시한 것입니다.			

공용부분

구분	층별	구조	용도	면적(㎡)
주		철근콘크리트조	계단실	4.89
		- 이하여백 -		

공동주택(아파트) 가격(단위: 원)

기준일	공동주택(아파트)가격

※ 「부동산 가격공시 및 감정평가에 관한 법률」 제17조에 따른 공동주택가격만 표시됩니다.

이 등(초)본은 건축물대장의 원본내용과 틀림없음을 증명합니다.

발급일자: 2012년 02월 10일

담당자: 건축과
전화: 032-450-5348

인천광역시 계양구청장

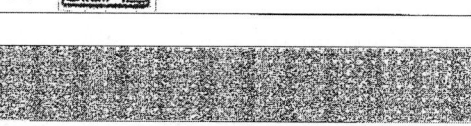

※ 경계벽이 없는 구분점포의 경우에는 전유부분 구조란에 경계벽이 없음을 기재합니다.
※ 이 장은 전체 2페이지 중에 1페이지 입니다.

집합건축물대장(전유부, 갑)

고유번호	2824510100-3-06220049	민원24 접수번호	20120209 - 65401013	명칭	신다우빌라	호명칭	402
대지위치	인천광역시 계양구 효성동		지번	622-49	도로명주소	인천광역시 계양구 효서로 35	

전유부분

구분	층별	※구조	용도	면적(㎡)
주	4층	철근콘크리트조	다세대주택	41.61
		- 이하여백 -		

소유자현황

성명(명칭) 주민등록번호 (부동산등기용등록번호)	주소	소유권 지분	변동일자 변동원인
오점이 500416-2******	인천광역시 서구 새오개로85 번길 3, 가동 201호(신현동, 정 등빌라)	1/1	2011.12.05 소유권이전
- 이하여백 - ※ 이 건축물대장은 현소유자만 표시한 것입니다.			

공용부분

구분	층별	구조	용도	면적(㎡)
주		철근콘크리트조	계단실	4.89
		- 이하여백 -		

공동주택(아파트)가격 (단위: 원)

기분일	공동주택(아파트)가격

* 「부동산 가격공시 및 감정평가에 관한 법률」 제 17조에 따른 공동주택가격만 표시합니다.

이 등(초)본은 건축물대장의 원본내용과 틀림없음을 증명합니다.

인천광역시 계양구청장

담당자: 건축과
전 화: 032 - 450 - 5348
발급일자: 2012년 02월 10일

※ 경계벽이 없는 구분점포의 경우에는 전유부분 구조란에 경계벽이 없는음 기재합니다.
※ 이 장은 전체 2페이지 중에 1페이지 입니다.

집합건축물대장

고유번호	2824510100-3-06220049	민원24 접수번호	20120209 - 65401013

변동사항

변동일자	변동내용 및 원인
2011.04.13	건축물대장 기초자료 정비에 의거 (전유결층면적(층번호:'0' -> '4')) 직권변경
	- 이하여백 -

기타 기재 사항

건축물현황도

축척	도면작성자	(서명 또는 인)

※ 건축물현황도는 단위세대평면도(단위세대까지 상, 하수도 및 도시가스 배관의 인입현황을 포함한 도면을 말한다)만 작성하며, 평면도가 여러 장인 경우에는 별도의 장으로 작성할 수 있습니다.
※ 이 장은 전체 2페이지 중에 2페이지 입니다.

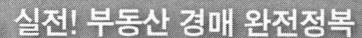

실전! 부동산 경매 완전정복 I

CHAPTER

9

특수물건 실전사례

유치권 물건

수원14계 2008-24127 상세정보

경매구분	임의(기일)	채권자	곡선(새)	낙찰일시	09.05.13 (종결:09.07.09)
용도	근린주택	채무/소유자	공금선	낙찰가격	1,158,800,000
감정가	1,796,497,000	청구액	639,237,750	경매개시일	08.05.22
최저가	919,806,000 (51%)	토지총면적	431.3 ㎡ (130.47평)	배당종기일	08.12.11
입찰보증금	10% (91,980,600)	건물총면적	1140.16 ㎡ (344.9평)	조회수	금일2 공고후791 누적1,905

주의사항	·유치권 ·일괄매각, 제시외건물포함. 2008.10.21.장수개발주식회사로부터 이 건물 신축공사대금의 유치권신고 (410,000,000원)가 있으나, 그 점유 여부 및 유치권 성립 여부는 불분명함. ·2008.10.21 유치권자 장수개발(주) 유치권신고서 제출

  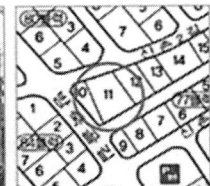 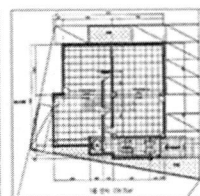

- 물건사진 10
- 지번·위치 3
- 구조도 6

우편번호및주소/감정서	물건번호/면적(㎡)	감정가/최저가/과정	임차조사	등기권리
441-400 경기 수원시 권선구 곡반정동 590-7 ●감정평가서정리 -철콘구조철근콘크리트지붕 -안룡초등교북측인근 -부근단독및다세대주택,일부소규모점포 등혼재 -인접도로이용해차량출입용이 -버스(정)인근소재,일반대중교통사정양호 -사다리형등고평탄지 -북서측8m,남동측6m 도로접함 -도시지역 -2종일반주거지역 -소로2류, 소로3류접함 -비상활주로비행안전제3구역 -전술항공작전기지비행안전제5구역 -가스보일러의한난방설비 2008.05.24 서부감정	물건번호: 단독물건 대지 431.3 (130.47평) 건물 ·단독주택및근린생활시설 ·1층 226.05 (68.38평) 현:공실 ·2층 226.05 (68.38평) 현:공실 ·3층 222.42 (67.28평) 4가구(입주) ·4층 210.34 (63.63평) 4가구(입주) ·5층 168.26 (50.9평) 4가구(1가구입주,3가구미시공상태) ·옥탑기계실및계단 19.74 (5.97평) 제시외 ·발코니 7.1 (2.15평) ·발코니 7.1	감정가 1,796,497,000 ·대지 776,340,000 (43.21%) (평당 5,950,333) ·건물 999,967,000 (55.66%) (평당 2,899,295) ·제시 20,190,000 (1.12%) 최저가 919,806,000 (51.2%) ●경매진행과정 1,796,497,000 ① 유찰 2009-02-06 20%↓ 1,437,198,000 ② 유찰 2009-03-10 20%↓ 1,149,758,000 ③ 유찰 2009-04-08 20%↓ 919,806,000 ④ 낙찰 2009-05-13 1,158,800,000 (64.5%) -응찰: 3명 -낙찰자:	●법원임차조사 이승희 전입 2007.11.19 확정 2007.11.19 배당 2008.05.30 (보) 72,000,000 301호 점유 07.11.19- 09.11.19 성미경 전입 2007.11.12 확정 2007.11.12 배당 2008.05.29 (보) 35,000,000 (월) 300,000 302호 점유 07.11.9- 08.11.9 염영숙 전입 2007.11.05 확정 2007.10.31 배당 2008.05.27 (보) 70,000,000 303호 점유 07.10.30- 09.10.30 최은혜 전입 2007.11.02 확정 2007.11.02 배당 2008.06.02 (보) 70,000,000 401호	저당권 곡선(새) 2007.10.31 130,000,000 저당권 곡선(새) 2007.10.31 325,000,000 저당권 곡선(새) 2007.10.31 325,000,000 소유권 공금선 2007.11.21 전소유자:김기태 저당권 이종길 2007.12.14 225,000,000 가압류 허진아 2008.01.16 120,000,000 저당권 곽동원 2008.01.31 321,245,000 저당권 김기태 2008.01.31 423,950,000 압류 수원권선구 2008.03.18 임의 곡선(새) 2008.05.22 *청구액:639,237,750원 압류 수원권선구청

경매자료출처 (주)지지옥션 www.ggi.co.kr

부동산 경매, 첫걸음이 중요하다

법정지상권 물건

부천3계 2008-4457[1] 상세정보

경매구분	임의(기일)	채 권 자	서안석	낙 찰 일 시	08.07.24 (종결:11.02.21)
용 도	대지	채무/소유자	정팔수	낙 찰 가 격	311,990,000
감 정 가	464,640,000	청 구 액	390,000,000	경매개시일	08.03.07
최 저 가	227,674,000 (49%)	토지총면적	193.6 ㎡ (58.56평)	배당종기일	08.05.10
입찰보증금	10% (22,767,400)	건물총면적	0 ㎡ (0평)	조 회 수	금일2 공고후525 누적927
주의사항	・법정지상권 ・입찰외 ・배당요구종기 2008.5.10.				

   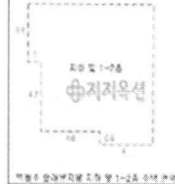

■ 물건사진 6
■ 지번・위치 4
■ 구 조 도 1

우편번호및주소/감정서	물건번호/면 적 (㎡)	감정가/최저가/과정	임차조사	등기권리
422-090 경기 부천시 소사구 괴안동 130-29 ●감정평가서정리 - 역곡역동남측300m지점소재 - 일반및다세대주택,학교형성 - 인근차량출입가능,대중교통사정보통 - 구형의평지 - 남측2.5m도로접함 - 2종일반주거지역,토지거래허가구역 - 개발행위허가제한지역 - 재정비촉진지구 08.03.18 경신감정 표준공시지가 : 1,450,000 감정지가 : 2,400,000	물건번호: 1 번 (총물건수 2건) 1)대지 193.6 (58.56평) 입찰외제시외지하1층및지상2층건물소재 법정지상권성립여지불분명	감정가 464,640,000 최저가 227,674,000 (49.0%) ●경매진행과정 464,640,000 ① 유찰 2008-05-29 30%↓ 325,248,000 ② 유찰 2008-06-26 30%↓ 227,674,000 ③ 낙찰 2008-07-24 311,990,000 (67.1%) - 응찰 : 4명 - 낙찰자:김영택 - 2위응찰액: 280,010,000 허가 2008-07-31 종결 2011-02-21	●법원임차조사 배학수 전입 1996.06.12 확정 1997.12.04 배당 2008.03.25 (보) 20,000,000 일부분 점유 1995.8.6~ 안재찬 전입 (보) 25,000,000 일부분 권경문 전입 2002.11.11 손종호 전입 2006.09.18 장항우 전입 2002.10.14 *지하 1층및 지상2층 건물의 제시외 건물이 소재함.현황차 방문하여 조사된 임차인 배학수 와 안재찬 외에는 폐문으로 인하여 거주자 및 이해관계인을 만날 수없어 자세한 임대차관계미상 이며 알리	소유권 정팔수 1989.08.19 저당권 경기상호신용 1990.07.30 390,000,000 지상권 경기상호신용 1990.07.30 30년 압 류 소사구 1993.03.15 압 류 마포세무서 1994.10.29 가압류 대한보증보험 1995.03.08 압 류 마포구 1995.10.13 압 류 부천세무서 1996.04.06 압 류 종로구청 2000.06.19 압 류 국민건강보험 구미지사 2004.02.16 이 전 서안석

예고등기, 가처분 물건

천안2계 2010-8005[4] 상세정보

병합/중복	병합:2010-9169(덕수이씨충무공파)				
과거사건	천안5계 2009-7822				
경매구분	임의(기일)	채권자	김기숙	낙찰일시	11.07.18 (종결:11.09.30)
용도	답	채무/소유자	한덕우	낙찰가격	33,390,000
감정가	110,800,000	청구액	150,000,000	경매개시일	10.05.11
최저가	26,603,000 (24%)	토지총면적	1385 m² (418.96평)	배당종기일	10.07.20
입찰보증금	10% (2,660,300)	건물총면적	0 m² (0평)	조회수	금일5 공고후87 누적186
주의사항	· 예고등기 · 농지취득자격증명 · 소멸되지 않는 권리 : 지상권(1978.12.15.등기) · 농지취득자격증명 제출 필요(미제출시 보증금 몰수)				

 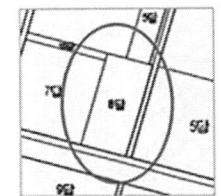

■ 물건사진 1
■ 지번·위치 3
■ 구조도 0

우편번호및주소/감정서	물건번호/면적(m²)	감정가/최저가/과정	임차조사	등기권리
336-813 충남 아산시 염치읍 백암리 269-8 ●감정평가서정리 - 현축사인근 - 주위농가주택및농경지,임야,현충사등형성된마을주변경지정리지대 - 본건또는인근차량출입가능 - 버스(정)인근소재,제반교통상황보통 - 세장형평지 - 남측약3m도로접하며 동측약2m비포장도로접함 - 농업진흥구역 - 국가지정문화재외곽경계500m이내지역 - 농림지역 2010.06.21 대일감정	물건번호: 4번 (총물건수 5건) 4)답 1385 (418.96평) 농취증필요	감정가 110,800,000 · 토지 110,800,000 (100%) (평당 264,464) 최저가 26,603,000 (24.0%) ●경매진행과정 110,800,000 ① 유찰 2011-02-28 30%↓ 77,560,000 ② 유찰 2011-04-04 30%↓ 54,292,000 ③ 유찰 2011-05-09 30%↓ 38,004,000 ④ 유찰 2011-06-13 30%↓ 26,603,000 ⑤ 낙찰 2011-07-18 33,390,000 (30.1%)	●법원임차조사 *현장이해관계인 부재로 점유관계 확인불가함.	지상권 한국송유관(주) 1987.12.15 지료:396,000 송유관공작물의존속기간 예고등 천안지원 기 2004.12.20 2004 가단 25570 이철용 소유권말소예등 저당권 김기숙 2009.10.30 225,000,000 소유권 한덕우 2009.12.02 전소유자:최순선 가처분 덕수이씨충무공파 2010.05.03 2010 카단 2058 대전지법 천안지원 가처분 덕수이씨충무공파 2010.05.10 2010 카단 2171 대전지법 천안지원 김기숙저당가처

선순위 가등기 물건

고양1계 2009-25780[2] 상세정보

경매구분	강제(기일)	채권자	신용보증기금	낙찰일시	10.08.10 (종결:10.11.26)
용 도	임야	채무/소유자	장철수	낙찰가격	74,856,700
감정가	285,476,000	청구액	199,643,953	경매개시일	09.08.24
최저가	74,836,000 (26%)	토지총면적	4922 ㎡ (1488.9평)	배당종기일	09.11.17
입찰보증금	10% (7,483,600)	건물총면적	0 ㎡ (0평)	조회수	금일3 공고후105 누적440
주의사항	· 선순위가등기 · 맹지 · 소멸되지 않는 권리: 1998.8.24.소유권이전청구권가등기 · 2009.09.24 공유자 이숙자 공유자우선매수신청 제출 (본 물건번호에 적용여부 확인요망)					

   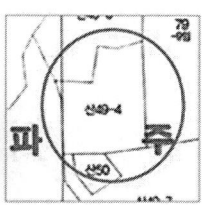

- 물건사진 6
- 지번·위치 4
- 구조도 0

우편번호및주소/감정서	물건번호/면 적 (㎡)	감정가/최저가/과정	임차조사	등기권리
413-861 경기 파주시 파주읍 부곡리 산49-4 ●감정평가서정리 - 너부여흘북측인근 - 주위동류형자연림,남동측농가주택,전,답,목장용지,공장등혼재한마을주변야산지대 - 남동측인근마을근거리버스(정)소재,대중교통사정보통 - 부정형토지,자연림 - 지적및현황맹지 - 보전관리지역 - 군사기지및군사시설기타(15m) - 제한보호구역(전방지역:25Km) - 토지거래계약허가구역 2009.09.26 이화감정 표준공시지가 : 69,000 감정지가 : 58,000	물건번호: 2 번 (총물건수 2건) 2)임야 4922 (1488.9평) 분묘소재여부불확실	감정가 285,476,000 · 토지 285,476,000 (100%) (평당 191,736) 최저가 74,836,000 (26.2%) ●경매진행과정 285,476,000 ① 유찰 2010-01-12 20%↓ 228,381,000 ② 유찰 2010-02-09 20%↓ 182,705,000 ③ 유찰 2010-03-09 20%↓ 146,164,000 ④ 유찰 2010-04-13 20%↓ 116,931,000 ⑤ 유찰 2010-06-08 20%↓ 93,545,000 ⑥ 유찰 2010-07-13 20%↓ 74,836,000 ⑦ 낙찰 2010-08-10 74,856,700 (26.2%) - 응찰 : 1명	●법원임차조사 *사람이 없어 점유자 확인이 안되므로 점유관계등은 별도의 확인요망.임야 및 잡종지 상태로 보이나 지형이 지적도와 상이하여 인접 임야 및 토지와의 경계를 목측으로는 알 수 없으므로 정확한 것은 측량을 해야 알 것임	소유권 장철수 1997.08.19 가등기 박성주 1998.08.24 소유이전청구가등 가압류 주택은행 금촌 1998.09.14 3,700,000,000 가압류 신용보증기금 고양 1999.01.15 400,000,000 압 류 고양세무서 2003.03.21 가압류 한국자산관리 부실채권정리 2009.05.29 100,000,000 강 제 신용보증기금 고양 2009.08.24 *청구액:199,643,953원 가압류 한국자산관리 기업개선부 2009.11.16 2,991,165,915 등기부채권총액 7,191,165,915원 열람일자 : 2009.12.28

선순위 가처분 물건

남부3계 2008-3463 상세정보

경매구분	강제(기일)	채권자	박종학	경매일시	기타물건
용도	다세대	채무/소유자	이세은	다음예정	종결(기타)
감정가	108,000,000	청구액	80,000,000	경매개시일	08.02.15
최저가	86,400,000 (80%)	토지총면적	0 ㎡ (0평)	배당종기일	08.04.29
입찰보증금	10% (8,640,000)	건물총면적	61.72 ㎡ (18.67평)	조회수	금일3 공고후288 누적431
주의사항	· 선순위가처분 · 소멸되지 않는 권리: 등기부상 갑구5번 2003. 10. 20.자 가처분은 매각으로 말소되지 아니하므로 매수인이 인수할 부담임 · 대지사용권없는 건물만의 매각임 (토지는 타인 소유임)				

  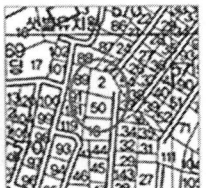

■ 물건사진 2
■ 지번·위치 3
■ 구조도 0

우편번호및주소/감정서	물건번호/면적(㎡)	감정가/최저가/과정	임차조사	등기권리

152-050
서울 구로구 구로동
570-2, -50 4층 402호
●감정평가서정리
- 건물만입찰
- 철콘조철콘평슬래브
  지붕
- 애경백화점북동측인
  근
- 부근단독및다세대주
  택등형성된주택지대
- 차량출입가능
- 서측인근구로역소재,
  역주변다수노선버스
  통과
- 도시가스난방
- 2종일반주거지역
- 대공방어협조구역
- 진입표면구역
- 2필일단토지
	물건번호: 단독물건
	
	대지권없음
	건물 61.72
	(18.67평)
	
	방3,화장실2
	4층-03.06.25보존
		감정가 108,000,000
		· 건물 108,000,000
		       (100%)
		  (평당 5,784,681)
		
		최저가 86,400,000
		       (80.0%)
		
		●경매진행과정
		   108,000,000
		① 유찰 2010-02-02
		20%↓ 86,400,000
		② 낙찰 2010-03-09
		   96,870,000
		       (89.7%)
		- 응찰: 2명
		- 낙찰자:이명자
		
		허가 2010-03-16
			●법원임차조사
			박종학 전입 2004.05.10
			       확정 2003.07.29
			       배당 2008.04.29
			       (보) 80,000,000
			       주거/전부
			       점유 2003.7.21-
			
			우연숙 전입 2006.11.10
			       주거/조사서상
			
			총보증금:80,000,000
			
			●지지옥션세대조사
			전 04.05.10 박종학
			전 06.11.10 우연숙
			동사무소확인:2010.01.20
				가처분 기업은행
				       구로북
				       2003.10.20
				소유권 이세은
				       2005.07.19
				       전소유자:하현호
				압 류 서울구로구
				       2006.01.13
				강 제 박종학
				       2008.02.15
				→청구액:80,000,000원
				
				열람일자 : 2010.01.18

부동산 경매, 첫걸음이 중요하다

지분(구분소유적 공유) 물건

동부1계 2007-2637 상세정보

경매구분	강제(기일)	채 권 자	이흥기	낙찰일시	08.12.15 (종결:09.02.13)
용 도	단독주택	채무/소유자	장천수/유명식외4	낙찰가격	78,333,000
감 정 가	91,000,000	청 구 액	17,130,130	경매개시일	07.02.15
최 저 가	58,240,000 (64%)	토지총면적	22.67 m² (6.86평)	배당종기일	07.05.23
입찰보증금	10% (5,824,000)	건물총면적	39.49 m² (11.95평)	조 회 수	금일2 공고후889 누적1,131
주의사항	・지분매각 ・일괄매각, 제시외건물 포함 본건 경매할 장천수 지분은 지층 우측(101호) 부분을 소유하는 구분소유적 공유 관계로 추정됨. 재개발사업이 진행중인 부동산인데 소유자가 분양신청을 하지 않은 현금청산대상으로 분류되어 매수인이 조합원자격을 취득하지 못할 가능성이 있음. 매수인이 조합원자격을 취득하지 못하는 경우를 기준으로 최저매각가격을 정하였음(매수인이 조합원 자격을 취득할 수 있는 경우의 감정가는 132,522,760원임)				

   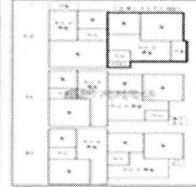

■ 물건사진 9
■ 지번·위치 4
■ 구 조 도 4

우편번호및주소/감정서	물건번호/면적(m²)	감정가/최저가/과정	임차조사	등기권리

133-091
서울 성동구 금호동1가 325
●감정평가서정리
-벽돌조평슬래브지붕
-신금호역남동측인근
-주변단독주택중심의 주택지대로서주택 재개발정비사업진행 중인지역
-차량접근가능,대중교통사정무난
-도보5분거리버스(정) 및지하철역소재
-남하향완경사의사다리형토지
-북동측노폭약3-4m,남동측폭약3m 도로접함
-도시가스난방
-3종일반주거지역
-도로(사도)접함
-대공방어협조구역
	물건번호: 단독물건
	대지 22.67/136
	(6.86평)
	(1/6 장천수 지분)
	건물
	・1층 11.69/69.06
	(3.54평)
	・2층 11.79/69.66
	(3.57평)
	・지층 12.01/70.95
	(3.63평)
	(건물입찰 지분)
	35.48/209.67 장천수 지분)
	제시외현관 3
	(0.91평)
	・보일러실 1
	(0.3평)
	통칭:지층101호-방2
	92.03.06보존
	5세대
	*2007.12월 재감정
		감정가 91,000,000
		최저가 58,240,000
		         (64.0%)
		●경매진행과정
		         130,000,000
		① 낙찰 2007-12-03
		         151,100,000
		         (166%)
		-응찰 : 2명
		불허 2007-12-10
		30%↓ 91,000,000
		② 유찰 2008-09-22
		20%↓ 72,800,000
		③ 유찰 2008-11-03
		20%↓ 58,240,000
		④ 낙찰 2008-12-15
		         78,333,000
		         (86.1%)
			●법원임차조사
			신미순 전입 1995.11.27
			임차 2004.10.20
			확정 1996.04.24
			배당 2007.03.16
			(보) 32,000,000
			점유 1995.11.19-
			(조사서상:3300만
			전입:2006.12.29)
			*1층 우측은 세대주 이선우,좌측은 세대주 석태훈,2층 좌측은 김선이,우측은 세대주 홍춘만이 각점유하고 있다고 이웃 주민 진술.임차인 신미순 진술.관할 동사무소에 주민등록등재자를 조사한바 세대주 신미순,김동석,이선우,석래훈,김선이,홍춘만,백종국,신수자가 등재되어 있음.
			총보증금:32,000,000
				저당권 금호1가새
				1994.08.02
				7,500,000
				가압류 최성란
				1997.03.17
				15,000,000
				가압류 이경주
				1997.03.18
				20,000,000
				가압류 이흥기
				1998.12.09
				5,000,000
				가압류 곽근용
				2004.06.14
				10,000,000
				임차권 신미순
				2004.10.20
				32,000,000
				전입:1995.11.27
				확정:1996.04.24
				압 류 성동구
				2007.01.03
				강 제 이흥기
				2007.02.15

257

공유지분경매 물건

중앙11계 2006-44648[1] 상세정보

경매구분	임의(기일)	채 권 자	조복순	낙찰일시	07.09.20 (종결:07.11.06)
용 도	근린상가	채무/소유자	김영자외1/이경묵외6	낙찰가격	138,010,000
감 정 가	170,001,120	청 구 액	60,000,000	경매개시일	07.01.02
최 저 가	108,801,000 (64%)	토지총면적	5.96 ㎡ (1.8평)	배당종기일	07.03.16
입찰보증금	10% (10,880,100)	건물총면적	44.09 ㎡ (13.34평)	조 회 수	금일2 공고후355 누적727
주의사항	・지분매각 ・감정평가보고서에 의하면 본건 20-11 지상의 건물은 공부상 별개의 건물이나, 현황은 인근 20-5,6,14,15,54 번지의 건물들과 연결되어 한동의 건물로 되어 있다함					

  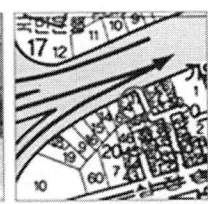 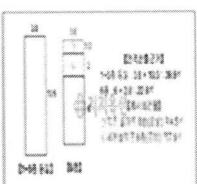

- 물건사진 6
- 지번·위치 4
- 구 조 도 2

우편번호및주소/감정서	물건번호/면 적 (㎡)	감정가/최저가/과정	임차조사	등기권리
100-094 서울 중구 남대문로4가 20-11 ●감정평가서정리 -"미공사","코닥칼라","남경안경총판","보원사(금방)","24시공방(세공실) -철콘조평옥개지붕 -남대문로4가남대문동 축인근 -차량접근가능 -버스(정)인근소재,대중교통사정보통 -인근노선상가변유동인구및성숙중인 상가지대 -세장형등고평탄지 -북측광대로접합 -일반상업지역 -방화지구,중심지미관지구 -도로접함 -정비구역(도시정비사업)	물건번호: 1 번 (총물건수 2건) 1)대지 5.96/41.7 (1.8평) 건물 ・영업소 5.76/40.3 (12.19평) ・외2계평 5.76/40.3 (12.19평) ・3계평 5.76/40.3 (12.19평) ・4계평 5.76/40.3 (12.19평) ・5계평 5.76/40.3 (12.19평) ・6계평 3.19/22.31 (6.75평) (이상입찰분 1/7 이경묵지분) 제시외공방 4.5 (1.36평) ・공방 7.6 (2.3평) 64.01.22보존	감정가 170,001,120 ・대지 168,072,000 (98.87%) (평당 93,373,333) ・건물 1,855,420 (1.09%) (평당 139,087) ・제시 73,700 (0.04%) 최저가 108,801,000 (64.0%) ●경매진행과정 170,001,120 ① 유찰 2007-07-12 20%↓ 136,001,000 ② 유찰 2007-08-16 20%↓ 108,801,000 ③ 낙찰 2007-09-20 138,010,000 (81.2%) - 응찰 : 2명	●법원임차조사 ・고향세꼬시는 폐문부재이나 최계춘의 진술에 의하면 가게를 내놓은 상태라고 함. 최계춘과 고금희는 부부간으로 고향산천이라는 음식점을 함께 운영하고 있었으며 2층한쪽에 방1칸을 꾸며 가족들이 기거하고 있다고 함 ・1층에서 머진카메라란 상호로 영업을 하고 있는 소유자의 동생 이진목의 진술에 의하면 제시건물에서 자신이 직접 영업을 형제들과 함께하고 있다고 함.	저당권 조복순 2004.11.05 37,500,000 저당권 조복순 2004.12.21 22,500,000 임 의 조복순 2007.01.05 *청구액:60,000,000원 등기부채권총액 60,000,000원 열람일자 : 2007.03.15 *남대문로4가 20-11 등기

전세권부 저당권 경매 물건

인천4계 2006-32127 상세정보

경매구분	임의(기일)	채 권 자	우리은행	낙찰일시	07.04.10 (종결:07.06.08)
용 도	기타	채무/소유자	김미옥/안영기	낙찰가격	145,000,000
감 정 가	200,000,000	청 구 액	19,550,521	경매개시일	06.04.28
최 저 가	98,000,000 (49%)	토지총면적	0 m² (0평)	배당종기일	06.07.31
입찰보증금	10% (9,800,000)	건물총면적	1866.17 m² (564.52평)	조 회 수	금일2 공고후596 누적1,154

   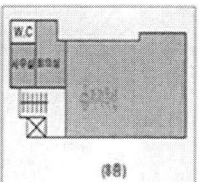

- 물건사진 9
- 지번·위치 3
- 구 조 도 2

우편번호및주소/감정서	물건번호/면적(m²)	감정가/최저가/과정	임차조사	등기권리
402-020 인천 남구 용현동 451-65,-80 ●감정평가서정리 -"삼성헬스장" -철콘조및일반철골구조데크플레이트슬래브지붕 -독정이삼거리남서측인근 -제반차량출입용이 -버스(정)인근소재,대중교통사정편리 -인근시장및소규모상가,시중은행,병원등혼재 -부정형토지 -북측대로변도로접함 -8층,9층설정된전세권에대한경매임 2006.11.28 대일에셋감정	물건번호: 단독물건 건물 ·근린생활시설및단독주택 ·1층 149.59 (45.25평) ·2층 323.9 (97.98평) ·3층 174.61 (52.82평) ·4층 174.61 (52.82평) ·5층 174.61 (52.82평) ·6층 174.61 (52.82평) ·7층 174.61 (52.82평) ·8층 174.61 (52.82평) 현:체력단련장 ·9층 174.61 (52.82평) 현:체력단련장 ·10층 170.41 (51.55평) 04.02.18보존	감정가 200,000,000 최저가 98,000,000 (49.0%) ●경매진행과정 200,000,000 ① 유찰 2007-02-08 30%↓ 140,000,000 ② 유찰 2007-03-09 30%↓ 98,000,000 ③ 낙찰 2007-04-10 145,000,000 (72.5%) - 응찰 : 6명 - 낙찰자:송기창 - 2위응찰액: 140,100,000 허가 2007-04-17 종결 2007-06-08	●법원임차조사 김미성 전입	저당권 우리은행 주안남 2004.02.18 1,200,000,000 전세권 김미옥 2004.06.07 220,000,000 존속기 간:2009.04.27 저당권 우리은행 주안남 2004.06.11 220,000,000 김미옥전세저당 가압류 최경옥 2004.07.21 20,000,000 압 류 인천남구 2006.02.28 가등기 김정하 2006.04.06 소유이전청구가등 저당권 한철규 2006.04.06 375,000,000 저당권 남궁재승 2006.04.06 75,000,000

위장임차인 인수 물건

수원7계 2008-38683 상세정보

경매구분	임의(기일)	채권자	안양상호외1	낙찰일시	09.11.06 (종결:10.02.10)
용도	근린상가	채무/소유자	선광양행/김선순	낙찰가격	2,107,777,000
감정가	6,334,744,880	청구액	3,336,980,101	경매개시일	08.08.07
최저가	1,660,616,000 (26%)	토지총면적	342.1 m² (103.49평)	배당종기일	08.11.10
입찰보증금	10% (166,061,600)	건물총면적	806.85 m² (244.07평)	조회수	금일2 공고후828 누적2,581
주의사항	일괄매각,감정평가서는 2008타경27379호를 원용함				
제보내용	【제보일 : 2009.08.28 제보자 : 안양상호저축은행 정재철 연락처 : 0314637882】 임차인 소액임대차보증금 지급대상 아님!! 【제보일 : 2009.09.09 제보자 : bankman2】 법원에서 상인들은 배당을 못받으니, 낙찰자가 인수해야 할 듯 합니다.				

■ 물건사진 1
■ 지번·위치 2
■ 구조도 0

우편번호및주소/감정서	물건번호/면 적 (m²)	감정가/최저가/과정	임차조사	등기권리
442-023 경기 수원시 팔달구 팔달로3가 28-8 1호 ●감정평가서정리 -2008-27379 감정서내용 -1 층"VENUS,A6,imstyle,HANG-TEN, RbK"(비너스,A60)외점포공실 및점포정리중), 2층"명동돈까스" -철콘조슬래브즙 -영동시장서측인근 -주위영동시장중심으로한번화한중심 상가지대 -차량접근가능,교통사정무난 -팔달문인근버스(정)소재 -장방형토지 -북측및서측8m,4m도로접함 -도시지역,방화지구 -일반상업지역 -1종지구단위계획구역 -소로2류및3류접합 -국가지정문화재외곽경계500m 이내지역 2008.06.13 이의규감정 표준공시지가 : 11,000,000 감정지가 : 17,840,000	물건번호: 단독물건 대지 342.1 (103.49평) 건물 · 1층점포및미용실 271.54 (82.14평) 현:점포6 · 2층다방,당구장 271.54 (82.14평) 현:식당 · 옥탑 13.85 (4.19평) 현:계단및창고 · 지하다방 249.92 (75.6평) 현:공실 83.06.28보존	감정가 6,334,744,880 · 대지 6,103,064,000 (96.34%) (평당 58,972,500) · 건물 231,680,880 (3.66%) (평당 949,239) 최저가 1,660,616,000 (26.2%) ●경매진행과정 6,334,744,880 ① 유찰 2009-03-13 20%↓ 5,067,796,000 ② 유찰 2009-04-14 20%↓ 4,054,237,000 ③ 유찰 2009-05-19 20%↓ 3,243,390,000 ④ 유찰 2009-06-17 20%↓ 2,594,712,000 ⑤ 변경 2009-07-17 2,594,712,000 ⑤ 유찰 2009-09-01 20%↓ 2,075,770,000 ⑥ 유찰 2009-10-08 20%↓ 1,660,616,000 ⑦ 낙찰 2009-11-06 2,107,777,000 (33.3%)	●법원임차조사 이해경 사업 2006.03.03 배당 2006.03.03 (보) 90,000,000 (월) 2,700,000 점포/1층 점유 2007.7.1- 2011.2.27 A6 김경숙 사업 2006.01.16 확정 2008.03.19 배당 2008.09.01 (보)140,000,000 점포/1층 점유 2007.7.1- 2012.6.30 로데오비너스 조사서상전입: 2008.3.19 오정임 사업 2000.08.16 확정 2008.03.19 배당 2008.09.01 (보)100,000,000 점포/2층 점유 2007.7.1- 2012.6.30. 명동돈까스 조사서상전입: 2008.9.2 *현황조사시 지층 및 1층 매장 중 임차인 이해경,김경숙을 제외한 3곳은 공실이었음. 총보증금:330,000,000	소유권김선순 2007.06.28 전소유자:지인자, 김태형외1 저당권안양상호외1 2007.06.28 3,900,000,000 저당권김용언 2007.07.26 450,000,000 저당권외환은행 화정역 2007.12.20 195,000,000 가압류서애정 2008.04.04 200,000,000 가압류천광록 2008.04.07 110,000,000 가압류서차숙 2008.05.14 50,000,000 저당권송원영 2008.06.26 260,000,000 가압류국민은행 인천여신관리 2008.07.31 412,868,384 임 의안양상호외1 2008.08.07 *청구액:3,336,980,101 원 등기부채권총액

도로 물건

중앙9계 2007-31519 상세정보

경매구분	임의(기일)	채 권 자	이정희	낙찰일시	08.08.06 (종결:08.09.24)
용 도	대지	채무/소유자	서종훈/이삼녀외5	낙찰가격	196,760,000
감 정 가	111,456,000	청 구 액	196,760,000	경매개시일	07.10.26
최 저 가	111,456,000 (100%)	토지총면적	137.6 m² (41.62평)	배당종기일	07.12.31
입찰보증금	20% (22,291,200)	건물총면적	0 m² (0평)	조 회 수	금일2 공고후255 누적350
주 의 사 항	・재매각물건 ・지분매각 ・공부상 지목은 대 이나, 현황은 도로로 이용중임					

   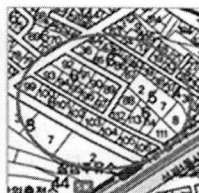

- 물건사진 3
- 지번·위치 4
- 구 조 도 0

우편번호및주소/감정서	물건번호/면 적 (m²)	감정가/최저가/과정	임차조사	등기권리

136-140
서울 성북구 장위동 6-98
●감정평가서정리
 -석관초등학교북동측
  인근위치
 -단독주택위주의기존
  주택지대
 -차량출입가능,대중교
  통사정양호
 -버스(정)및지하철6호
  선석계역인근소재
 -부정형등고평탄지
 -도시지역
 -2종일반주거지역
 -일반미관지구
 -도로접합
 -건축허가착공제한구
  역
 -대공방어협조구역
 -재정비촉진지구
 -토지거래허가구역
 	
07.12.11 고려감정
 	
표준공시지가 :
	물건번호: 단독물건
	
	대지 137.6/688
	   (41.62평)
	현:도로
	(4/20 이삼녀지분)
	<<12계에서이관>>
		감정가 111,456,000
		・토지 111,456,000
		         (100%)
		(평당 2,677,943)
		
		최저가 111,456,000
		         (100.0%)
		
		●경매진행과정
		        111,456,000
		① 낙찰 2008-05-06
		        212,200,000
		         (190.4%)
		-응찰: 7명
		-낙찰자:한영월
		
		허가 2008-05-13
		-------- 	
		        111,456,000
		① 변경 2008-07-15
		-------- 	
		        111,456,000
		① 낙찰 2008-08-06
		        196,760,000
		         (176.5%)
				저당권 김재호
				       2007.09.12
				       196,760,000
				이 전 이정희
				       2007.09.17
				       김재호(07.09.12)
				임 의 한기남외1
				       2007.10.26
				임 의 계현근
				       2007.10.26
				임 의 임정회외1
				       2007.10.26
				임 의 남삼우외1
				       2007.10.26
				임 의 이정희
				       2007.10.26
				*청구액:196,760,000원
				
				등기부채권총액
				       196,760,000원
				
				열람일자 : 2007.11.28

중복등기 물건

홍성3계 2007-4076[1] 상세정보

경매구분	강제(기일)	채권자	한국자산관리	낙찰일시	08.03.10 (종결:08.05.16)
용도	임야	채무/소유자	박종규	낙찰가격	27,500,000
감정가	55,638,000	청구액	16,232,491	경매개시일	07.04.13
최저가	27,263,000 (49%)	토지총면적	5653 m² (1710.03평)	배당종기일	07.07.25
입찰보증금	10% (2,726,300)	건물총면적	0 m² (0평)	조회수	금일2 공고후225 누적530
주의사항	· 일부맹지 · 분묘기지권 · 입찰외				

   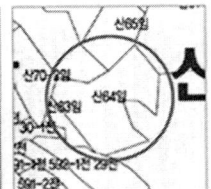

- 물건사진 3
- 지번·위치 4
- 구조도 0

우편번호및주소/감정서	물건번호/면적(m²)	감정가/최저가/과정	임차조사	등기권리
350-882 충남 홍성군 은하면 학산리 산64 ●감정평가서정리 - 남향부정형경사지 감정평가액 (감정:36,594,000) 2007.05.08 한국감정 감정지가 : 9,000	물건번호: 1번 (총물건수 2건) 1) 임야 4066 (1229.96평) 입찰외분묘소재 분묘기지권성립여지있음	감정가 55,638,000 · 토지 55,638,000 (100%) (평당 32,536) 최저가 27,263,000 (49.0%) ●경매진행과정 36,594,000 ① 변경 2007-11-26 52%↑ 55,638,000 ① 유찰 2007-12-31	●법원임차조사 *소유자점유	가압류 한국자산관리 대전충남지사 2006.10.19 16,753,773 강 제 한국자산관리 대전충남지사 2007.04.13 *청구액:16,232,491원 등기부채권총액 16,753,773원 열람일자 : 2007.04.30 *학산리 산64 등기
350-882 충남 홍성군 은하면 학산리 산65 ●감정평가서정리 - 동향완경사지 -------------------- - 1)일괄입찰 - 자음동마을남측인근 - 부근농가주택,전,답, 임야등형성된순수 농경지며 - 경운기접근가능,대중 교통사정불편 - 면소재지외곽소재 - 지적상맹지로인접지 이용출입 - 관리지역 - 토지거래허가구역	임야 1587 (480.07평) 1단6무보 **2007.11철일괄로 변경되면서재감정	30%↓ 38,947,000 ② 유찰 2008-02-04 30%↓ 27,263,000 ③ 낙찰 2008-03-10 27,500,000 (49.4%) - 응찰 : 1명 허가 2008-03-17 종결 2008-05-16	●법원임차조사 *소유자점유	소유권 박종규 1971.04.14 가압류 벽성준 2001.11.13 7,000,000 가압류 한국자산관리 대전지사 2004.04.30 11,581,055 강 제 한국자산관리 대전충남지사 2007.04.13 *청구액:16,232,491원 등기부채권총액 18,581,055원 열람일자 : 2007.11.12 *학산리 산65 등기

부동산 경매, 첫걸음이 중요하다

사회복지법인 물건

의정부14계 2008-9436[2] 상세정보

경매구분	강제(기일)	채권자	모연환	경매일시	기각물건
용도	임야	채무/소유자	베다니종합	다음예정	종결(기각)
감정가	47,998,500	청구액	47,469,107	경매개시일	08.03.20
최저가	47,998,500 (100%)	토지총면적	8727 ㎡ (2639.92평)	배당종기일	08.06.04
입찰보증금	20% (9,599,700)	건물총면적	0 ㎡ (0평)	조회수	금일2 공고후311 누적672
주의사항	·재매각물건				

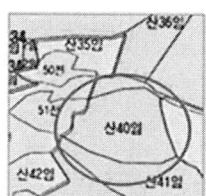

- 물건사진 0
- 지번·위치 2
- 구조도 0

우편번호및주소/감정서	물건번호/면적(㎡)	감정가/최저가/과정	임차조사	등기권리
487-840 경기 포천시 화현면 명덕리 산40 ●감정평가서정리 - 원명덕마을남동측근거리위치 - 임야및농경지,일부농가주택및창고등혼재 - 차량출입불가능,대중교통사정보통 - 서측의부정형급경사지 - 인근도로통해22번국지도와연계됨 - 농림지역,보전산지 - 성장관리지역 - 배출시설설치제한지역 - 토지거래허가구역 08.04.11 동부감정 표준공시지가 : 2,600 감정지가 : 5,500	물건번호: 단독물건 2)임야 8727 (2639.92평) ·보증금확인바랍니다	감정가 47,998,500 · 토지 47,998,500 (100%) (평당 18,182) 최저가 47,998,500 (100.0%) ●경매진행과정 47,998,500 ① 낙찰 2008-07-11 59,170,000 (123.3%) - 응찰 : 3명 - 낙찰자: 이병열외2 - 2위응찰액: 53,200,000 허가 2008-07-18 대납 2008-09-19 기각 2010-09-17	●법원임차조사 *사람이 없어 점유자 확인이 안되므로 점유관계 등은 별도의 확인요망.	소유권 베다니종합 1996.02.09 가압류 모연환 2004.09.30 200,000,000 강 제 모연환 2008.03.20 *청구액:47,469,107원 등기부채권총액 200,000,000원 열람일자 : 2008.06.27

263

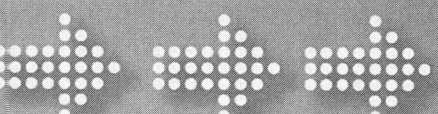 실전! 부동산 경매 완전정복 Ⅰ

부록

경매관련 서식

🏠 부동산인도명령신청

신 청 인(매수인) 별지 제1목록과 같음

피신청인(채무자) 1. 이 O O (000000-0000000)
　　　　　　　　　용인시 기흥구 보정동 000
　　　　　　　　　휴대폰번호 : 010-0000-0000
　　　　　　　　2. 김 O O (000000-0000000)
　　　　　　　　　수원시 장안구 정자동 000
　　　　　　　　　휴대폰번호 : 010-0000-0000
　　　　　　　　3. 오 O O (000000-0000000)
　　　　　　　　　수원시 팔달구 지동 000
　　　　　　　　　휴대폰번호 : 010-0000-0000

신 청 취 지

수원지방법원 2008타경0000호 부동산임의경매사건에 관하여 신청인들에게,
1. 피신청인 이OO은 별지 제2목록 기재 부동산을,
1. 피신청인 김OO은 별지 제3목록 기재 부동산을,
2. 피신청인 오OO은 별지 제4목록 기재 부동산을
　각 인도하라.
라는 재판을 구합니다.

신 청 이 유

1. 경락 및 소유권취득

신청인들은 2008타경00000호 부동산임의경매사건의 경매절차(이하 "이 사건 경매절차"라 한다.)에서 별지목록 기재 부동산을 매수한 매수인들로서 2009. 00. 00. 매각허가결정을 받았고, <u>2009. 00. 00. 에 매각대금을 전부 납부</u>하여 소유권을 취득하였습니다.

(소갑제1호증 참조)

2. 피신청인 이해경은 대항력이 없음

<u>피신청인 이00(1층 A6)</u>이 이 사건 경매절차에서 "권리신고 및 배당요구신청서"를 제출하면서 임차보증금 90,000,000원, 월차임 금 2,700,000원으로 신고하여 피신청인 이00은 <u>환산보증금이 금 360,000,000원</u> (월차임 금 2,700,000원 X 100 + 보증금 90,000,000원 = 금 360,000,000원)이 되어 <u>상가임대차보호법의 대상이 되지 않아</u> 신청인들에게 대항을 할 수 없습니다.

(소갑제2호증 참조)

3. 피신청인 김00과 오00이 법원에 제출한 임대차계약서

<u>피신청인 김00(1층 비너스)</u>은 이 사건 경매에 있어 "권리신고 및 배당요구신청서"를 제출하면서 보증금 일억사천만 (140,000,000원), <u>월차임은 없음</u>의 임대차계약서를 첨부하여 법원에 제출하였고,

(소갑제3호증 참조)

<u>피신청인 오00(2층 명동돈까스)</u>도 "권리신고 및 배당요구신청서"를 제출하면서 보증금 일억(100,000,000원), <u>월차임은 없음</u>의 임대차계약서를 첨부하여 법원에 제출하였습니다.
(소갑제4호증 참조)
하지만, 위 임대차계약서는 아래와 같은 이유로 그 진실성을 인정하기 힘듭니다.

4. 감정평가서 상의 임대차계약서

전소유자 김00이 2007. 0. 00. 이 사건 경매부동산을 매수하면서 00상호저축은행에 대출을 의뢰하였고, 이에 00저축은행은 이 사건 경매부동산의 임대차내역을 알기 위해서 (주)00코리아감정평가법인에 감정평가를 의뢰하였으며, <u>그 당시의 임대차계약서를 입수</u>를 하였습니다.
그 결과,
① <u>피신청인 김00(1층 비너스)</u>은 임대차보증금 일억사천만원 (금 140,000,000원)에 <u>월 임대료 금 2,800,000원</u>인 사실이 나타났으며,

② 피신청인 오OO(2층 명동돈까스)은 임대차보증금 일억원 (금 100,000,000원)에 월 임대료 금 2,300,000원인 사실이 나타났습니다.

(소갑제5호증 참조)

① 피신청인 김OO(1층 비너스)은 월 임대료 금 2,800,000원 X 100 = 280,000,000원. 금 280,000,000원 + 보증금 140,000,000원 = 환산보증금 420,000,000원으로, 상가임대차보호법 대상이 아니고, 계약서에 확정일자도 받지 않았고,

② 피신청인 오OO(2층 명동돈까스)은 월 임대료 금 2,300,000원 X 100 = 230,000,000원. 금 230,000,000원 + 보증금 100,000,000원 = 환산보증금 330,000,000원으로, 역시 상가임대차보호법 대상이 아니고, 계약서에 확정일자도 받지 않은 상태였습니다.

또한, 전소유주인 김OO도 이런 사실(김OO이 월차임 금 2,800,000원, 오OO이 월차임 금 2,300,000원)을 인정하면서 OO상호저축은행에 제출하였습니다.

(소갑제6호증 참조)

그래서, OO상호저축은행은 위 피신청인들은 대항력이나 우선변제효가 없는 사실을 인정하고, 이를 감안하여 금 3,900,000,000원을 대출하고 전소유주 김OO의 소유권이전등기와 같은 날짜인 2007. O. OO. 근저당권을 설정한 것입니다.

(소갑제7호증의 1, 2 등기부등본 참조)

따라서, 피신청인 김OO(1층 비너스)와 피신청인 오OO(2층 명동돈까스)는 결국 월차임이 존재하여 상가임대차보호법의 대상이 되지 않으므로, 신청인들에게 대항할 수 없습니다.

5. 소갑제3호증-제4호증 계약서의 작성날짜 및 인장의 문제점
소갑제2호증 계약서(이OO - A6)를 보면 작성날짜가 전소유주 김OO이 소유권을 취득한 2007. O. OO. 직후인 2007. O. O.에 작성되었고, 임대인란의 인장도 "김OO"의 인장이 날인되어 있습니다.

그런데, 소갑제3호증 계약서(김00 - 비너스), 소갑제4호증 계약서(오00 - 명동돈까스)는 2007. 7. 31.에 작성되었고, 임대인란의 인장이 모두 전 소유주인 김00의 인장이 아닌 "金善禮"라는 인장이 날인되어 있습니다.

또한, 소갑제3호증-4호증 두 계약서 모두 계약서 작성 일자는 2007. 7. 31.인데, 확정일자는 모두 2008. 3. 19.에 받았습니다.

① 보통은 계약서를 작성하면 바로 확정일자는 받는 것이 일반적인데, 계약을 하고 8개월 후에 확정일자를 받은 점,
② 두 점포가 계약서를 작성한 후 8개월이나 지나서 확정일자를 받았다면 다른 점포이고 임차인도 다르므로 확정일자를 받은 날짜가 달라야 하는데, 두 계약서 모두 8개월이 경과했는데도 확정일자가 2008. 3. 19.로 동일한 점 등을 보면,

소갑제3호증-4호증 두 계약서 모두 2008. 3. 19.에 임의로 작성하여 같은 날에 한꺼번에 확정일자를 받은 것으로 추정이 되고 있습니다.
(2007. 7. 1. 작성한 소갑제2호증의 인장과 다른 점도 이상합니다.)

6. 보증금은 그대로인데 갑자기 월차임이 없어진 점
소갑제5호증, 제6호증에서 알 수 있듯이 원래 ① 피신청인 김00(1층 비너스)은 임대차보증금 일억사천만원 (금 140,000,000원)에 월 임대료 금 2,800,000원, ② 피신청인 오00(2층 명동돈까스)은 임대차보증금 일억원 (금 100,000,000원)에 월 임대료 금 2,300,000원이었습니다.

그런데, 소갑제3호증-제4호증의 계약서에는 갑자기 보증금은 그대로 유지되면서 월차임만 없어진다는 것 자체가 상식적으로 이해가 되지 않습니다.
보통 월차임을 보증금으로 전환하는 경우에는 그만큼 보증금이 상승하는 것이 일반적인데, 갑자기 보증금은 그대로 유지하면서 월차임만 없어진다는 것은 위 계약서가 진실된 계약서가 아니라 일정한 목적 때문에 임의로 작성된 이중 계약서인 사실을 알 수 있습니다.

7. 대항력이 소급해서 발생하지는 않음
설령, 백번 양도하여 소갑제3호증-4호증 두 계약서가 진실된 계약서라 하더라도,
(물론 신청인들은 이 사실을 인정하지 않음)

2007. 7. 31. 소갑제3호증-4호증 작성하기 전에는 월차임이 존재하여 상가임대차보호법이 적용되지 않다가,

2007. 7. 31. 위 계약서를 작성함으로써 상가임대차보호법이 적용된다고 하더라도, 그 대항력은 계약서를 작성한 2007. 7. 31. 그 "익일"터입니다.

대항력은 모든 요건이 갖추어진 그 익일에 발생합니다.
예컨대, 주택임대차보호법에 의해서도 주택의 인도와 주민등록의 날짜가 다르면 위 조건이 모두 갖추어진 날의 그 익일에 발생하지 처음의 날로 소급하지 않습니다.

상가임대차보호법도 마찬가지로 이전에는 월차임이 있어서 상가임대차보호법이 적용되지 않다가, 새로이 계약서를 작성하여 월차임이 없어짐으로 상가임대차보호법이 적용된다면, 위 모든 조건이 갖추어진 그 익일부터 대항력이 생기지 그 이전으로 대항력이 소급해서 발생하지는 않습니다.

따라서, 이 사건 경매의 말소기준권리인 00상호저축은행의 근저당권의 날짜 2007. 6. 28.보다 피신청인 김00과 오00의 대항력 발생일(2007. 7. 31.의 익일)이 늦으므로 피신청인 김00과 오00은 이 사건 경매로 인하여 경락인에게는 대항할 수 없습니다.

(소갑제7호증의 1, 2 각 등기부등본를 보면 2번 00상호저축은행의 근저당권이 2009년 12월 28일 임의경매로 인한 매각으로 말소된 사실 - 결국 00상호저축은행의 근저당권이 이 사건 경매의 말소기준권리임을 알 수 있습니다.)

8. 건물 일부 임대차의 경우는 도면을 첨부하여 사업자등록을 해야
상가건물임대차보호법 제3조 제1항에서 건물의 인도와 더불어 대항력의 요건으로 규정

하고 있는 사업자등록은 거래의 안전을 위하여 임차권의 존재를 제3자가 명백히 인식할 수 있게 하는 공시방법으로 마련된 것으로,

건물의 일부분을 임차한 경우 그 사업자등록이 제3자에 대한 관계에서 유효한 임대차의 공시방법이 되기 위해서는 사업자등록신청시 그 임차부분을 표시한 도면을 첨부해야 합니다.

(대법원 2008. 9. 25. 선고 2008다44238판결)

피신청인 김00(1층 비너스)은 이 사건 건물 1층의 일부만을 임차한 경우인데, 사업자등록을 신청할 때 그 일부분을 표시한 도면을 첨부하지 않았습니다.
(소갑제8호증 - 피신청인 김00이 권리신고를 하면서 제출한 보정서 "도면첨부"를 보면 "부"에 "O"표시가 되어 있어, 도면을 첨부하지 않았다고 표시되어 있으며, 사업자등록증에도 도면이 첨부되지 않았습니다.)

따라서, 피신청인 김00(1층 비너스)은 도면을 첨부하지 않아 상가임대차보호법상 유효한 사업자등록이 되지 않았으므로, 대항력이 발생하지 않습니다.

9. 모든 피신청인이 경락인에게 대항할 수 없음
  가. 피신청인 이00(1층 A6)은 보증금 90,000,000원, 월차임 2,700,000원으로 상가임대차보호법의 적용대상이 되지 않으므로 신청인들에게 대항할 수 없고,

  나. 피신청인 김00(1층 비너스)과 피신청인 오00(2층 명동돈까스)은 위 신청서 4항 - 8항의 이유로 신청인들에게 대항할 수 없습니다.

그렇다면 위 경매사건의 채무자인 피신청인들은 별지목록 기재 각 부동산을 신청인들에게 인도하여야 할 의무가 있음에도 불구하고 신청인들의 별지목록 기재 부동산인도청구에 응하지 않고 있습니다.

따라서 신청인들은 매각대금 납부로부터 6월이 지나지 않았으므로 피신청인들로부터 별

지목록 기재 각 부동산을 인도 받기 위하여 이 사건 인도명령을 신청합니다.

첨 부 서 류

20○○. ○. ○.

위 신청인(매수인) ○○○ (서명 또는 날인)

○○지방법원 귀중

🏠 부동산인도명령신청 (무상임대차 가장임차인)

신청인(매수인) : 이 0 0
　　　　　　　00시 00구 00동 000 00아파트 000동 000호
송달주소 : 서울 영등포구 여의도동 25-3 동화빌딩
피신청인(임차인) : 김 0 0
　　　　　　　00시 00구 00동 00아파트 00동 000호

신 청 취 지

위 부동산임의경매사건에 관하여
1. 피신청인인 김00은 별지1목록 기재 부동산의 별지1목록 도면표시 부분의 부동산을 인도하라.
라는 재판을 구합니다.

신 청 이 유

1. 기초사실

　가. 신청인은 귀원 2011타경0000호 부동산임의경매사건의 경매절차(이하 "이 사건 경매절차"라 한다.)에서 별지목록 기재 부동산을 매수한 매수인으로서 2012. 00. 00. 매각허가결정을 받았고, 2012. 00. 00.에 매각대금을 전부 납부하여 소유권을 취득하였습니다.

　나. 피신청인인 임차인의 주민등록전입일은 2005. 08. 23. 이며 최초저당일은 국민은행 00동지점 2004. 8. 20. 입니다.

2. 국민은행 "임차인에 대한 의견서"

위 경매사건인 성남지원 2011타경00000 (2011타경00000 중복) 부동산임의경매에 채권자인 국민은행은 "임차인에 대한 의견서"를 제출하였습니다.

그 내용은
① 피신청인(김00)는 채권은행이 채무자에 대한 대출취급 당시 <u>무상임대차 확인서</u>를 작성해 준 사실이 있으며,
② 피신청인(김00)는 채무자 겸 소유자 홍성표의 "장모"로 보인다.
　　라는 내용입니다.

(소갑제1호증의 1 참조)

피신청인(김00)이 작성한 무상임대차확인서에 의하면,
① "소유자와의 관계"에 "<u>장모</u>"라고 적었고,
② "본인(무상임차인)은 위 표시 부동산에 대하여 <u>소유자와 임대차계약을 체결한 사실이 없으며.....</u>"라고 명시하였습니다.
③ 그러면서, 첨부서류로 "인감증명서"를 첨부하였습니다.

(소갑제1호증의 2 참조)

3. 피신청인(김00)의 임대차계약서

피신청인(김00)이 2005. 8. 23. 전입신고를 하면서 작성한 임대차계약서를 보면, 소유자(임대인) 홍00의 주소가 "경기도 용인시 원삼면 사암리 1-26"으로 개재되어 있는데, 피신청인(임차인) 김00의 주소 역시 "경기도 용인시 원삼면 사암리 1-26"으로 기재되어 있어,

(소갑제2호증 참조)

소유자였던 "홍00"와 피신청인 "김00"는 <u>그 이전부터 같은 주소지에 거주하던 친인척관계</u>임을 알 수 있습니다.[1]

---

1) 피신청인(김00)은 소갑제1호증의 2를 보면 스스로 "<u>장모</u>"라고 기재하고 있습니다.
　-- 신청인은 "<u>사실조회신청</u>"을 통해 이를 입증하겠습니다.

현재, 개인정보호보법에 따라 채권자인 국민은행은 피신청인의 개인정보에 해당하는 인적사항을 지우고 제출하였으나, 소갑제1호증의 1 "임차인에 대한 의견서" 제1항 괄호안에 보면 (관련법에 따라 일부 삭제된 문서를 제출하나 문서제출명령을 발령해 주시면 삭제내용이 기재된 온전한 문서를 제출하겠습니다.)라고 되어 있습니다.
-- 이에 신청인은 채권자 국민은행에 "사실조회신청"을 하여 위 사실을 확인하겠습니다.

4. 결어

피신청인(김00)는 채권자 국민은행에 "무상임대차 확인서" 작성해 주면서, 소유자와 관계는 "장모"인데, 소유자와 임대차계약을 체결한 사실이 없다고 기재하였고,

(소갑제1호증의 1, 2 참조)

피신청인(김00)가 2005. 8. 23. 전입신고를 하면서 작성한 임대차계약서를 보면, 소유자(홍-00)와 피신청인(김00)의 주소지가 '경기도 용인시 원삼면 사암리 1-26'으로 같은 사실을 알 수 있습니다.

(소갑제2호증 참조)

결국, 피신청인(김00)는 신청인에게 대항할 수 있는 권원이 있는 임차인이 아니라, 이전 소유자였던 채무자(홍-00)와 친인척관계에 있는 자로 무상으로 거주하는 자에 해당하여, 신청인에게 대항할 수 없습니다.

이에 신청인은 매각대금 납부로부터 6월이 지나지 않았으므로 피신청인으로부터 별지목록기재 부동산을 인도 받기 위하여 이 사건 인도명령을 신청합니다.

소 명 방 법

소갑호증	서류명	입증취지
소갑제1호증의 1	임차인에대한 의견서 (국민은행 제출)	1. 피신청인(김OO)가 채권자 국민은행에 무상 임대차확인서를 작성한 사실 -- 관련법에 따라 일부 삭제된 문서를 제출하나, 법원이 문서제출명령을 발령하면, 온전한 문서를 제출하겠다는 내용 2. 피신청인(김OO)가 채무자(홍OO)의 장모로 보이는 사실
소갑제1호증의 2	무상임대차확인서 (피신청인-김OO 작성)	1. 피신청인(이 소유자와의 관계란에 "장모"라고 기재한 사실. 2. 피신청인이 소유자와 임대차계약을 체결한 사실이 없음을 확인한 사실.
소갑제2호증	전세계약서	전소유자였던 채무자(홍OO)와 피신청인(김OO)의 주소가 "경기도 용인시 원삼면 사임리 1-26"로 동일한 사실.

2012 년   0 월   일

신청인   이 0 0 (인)

연락처(☎) 010 - 0000 - 0000

🏠 부동산인도명령신청 (허위 유치권자)

신청인(매수인) : 임 0 0
     00시 00구 00동 000 0000맨션 000동 000호
송달주소: 서울 영등포구 여의도동 25-3 동화빌딩
피신청인(임차인) : 홍 0 0
     00시 00구 00동 000-00 000 스포츠

신 청 취 지

위 부동산임의경매사건에 관하여

1. 피신청인인 홍00은 별지1목록 기재 부동산의 별지2목록 도면표시 부분의 1층 62.64 m^2(실측 75.04m^2) 및 지층62.64 m^2를 인도하라.

라는 재판을 구합니다.

신 청 이 유

1. 기초사실

 가. 신청인은 귀원 2011타경0000호 부동산임의경매사건의 경매절차(이하 "이사건 경매절차"라 한다.)에서 별지목록 기재 부동산을 매수한 매수인으로서 2012. 00. 00. 매각허가결정을 받았고, <u>2012. 00. 00.에 매각대금을 전부 납부</u>하여 소유권을 취득하였습니다.

                  (소갑제1호증 참조)

 나. 피신청인인 임차인의 사업자등록신청일은 2007. 05. 29.이며 최초저당일은 00은행 00동지점 2003. 10. 30.입니다.

                  (소갑제2,3호증 참조)

다. 피신청인은 위 경매절차 진행 중 이 사건 부동산에 관하여 내부시설공사등의 공사대금 금 55,000,000원 및 점포권리금 금 75,000,000원, 합계금
금 130,000,000원을 피담보채권으로 한 유치권이 있다고 주장하면서 2012. 01. 04. 귀 법원에 그 권리신고서를 제출하였습니다.

(소갑제4호증 참조)

라. 이에 귀원은 유치권신청자인 피신청자에게 2012. 01. 04에 유치권 신고의 원인인 시설비 및 매장권리금에 대하여 임대인(소유자)의 인정여부에 관한 입증서류 및 시설공사와 관련하여 공사계약서 및 공사대금 입금내역서와 공사 전, 후 사진을 소명자료로 제출을 요하는 보정명령을 송달하고 7일안에 흠결사항을 보정하라는 보정서를 발송하였습니다.

(소갑제5호증 참조)

마. 그에 따라 피신청인은 귀원에 2012. 01. 11. 유치권 보충자료를 제출하였습니다.

(소갑제6호증 참조)

2. 당사자의 주장

가. 피신청인 홍00은 별지목록 부동산의 임차인으로서 000스포츠 의류판 매점을 운영하고 있으며, 귀원의 보정명령에 따라 피신청인이 제출한 유치권 주장 보충자료에 따르면 점포운영에 따른 내부시설공사 등의 공사대금 60,000,000원 및 점포권리금 70,000,000원으로 합계금 130,000,000원의 유치권을 주장하고 있으나, 위 내부시설공사 등은 피신청인인 임차인이 의류판매점을 운영하기 위하여 필요에 의하여 한 것임을 인정할 수 있을뿐더러 위와 같은 것들을 위하여 지출한 비용을 임대인이 상환의무를 지는 유익비 또는 필요비에 해당되지 않는다고 판결하였습니다.

(대법원 1980. 10. 14. 선고 80다1851,1852 판결)

나. 또한 피신청인이 귀원에 제출한 권리신고 및 배당요구신청서에 첨부된 부동

산 임대차계약서에는 "일체의 권리금을 인정하지 않기로 한다"라고 쌍방합의하고 서명날인까지 하였습니다.

이는 임대인과 임차인 사이에 건물명도 시 권리금을 반환하기로 하는 약정이 있었다 하더라도 그와 같은 권리금반환청구권은 건물에 관하여 생긴 채권이라 할 수 없으므로 그와 같은 채권을 가지고 건물에 대한 유치권을 행사할 수 없다 라고 판결하였습니다.

(대법원 1994.10.14. 선고 93다62119 판결).
(소갑제7호증의 1 참조)

다. 또한 각 임대차계약서 제5조에 "임차인은 임대인의 승인하에 개축 또는 변조 할 수 있으나 부동산의 변환기일전에 임차인의 부담으로 원상복구키로 함"이라고 명시하고 쌍방 서명날인을 하였습니다.

이 또한 건물의 임차인이 임대차관계 종료 시에는 건물을 원상으로 복구하여 임대인에게 명도하기로 약정한 것은 건물에 지출한 각종 유익비 또는 필요비의 상환청구권을 미리 포기하기로 한 취지의 특약이라고 볼 수 있어 임차인은 유치권을 주장을 할 수 없다 라고 판결하였습니다.

(대법원 1975.4.22. 선고 73다2010 판결)
(소갑제7호증의 1,2 참조)

라. 따라서 피신청인 홍○○이 권리신고 한 내부시설 공사대금 및 점포권리금에 대한의 유치권은 타당하지 않습니다.

마. 이에 신청인은 매각대금 납부로부터 6월이 지나지 않았으므로 피신청인으로부터 별지목록기재 부동산을 인도 받기 위하여 이 사건 인도명령을 신청합니다.

첨 부 서 류

소갑호증	서 증 명	입 증 취 지
소갑제1호증	문건송달내역	신청인이 2012. 06. 05.매각대금을 완납하여 소유권을 취득하였고, 이로부터 아직 6월이 경과하지 않은 사실
소갑제2호증	등록사항 등의 현황서	사업자등록일이 2007. 05. 29.로 신청인에게 대항력이 없다는 사실
소갑제3호증	등기부등본	"을구" 제3번을 보면 2003. 10. 30.설정된 신한은행의 근저당권이 말소기준권리인 사실
소갑제4호증	유치권권리신고서	
소갑제5호증	보정명령서	유치권 신고의 원인인 매장권리금 및 시설공사에 대한 소명자료제출 보정명령
소갑제6호증	유치권 보충자료	매장 시설비 및 권리금에 대한 자료
소갑제7호증의1	임대차계약서	- 일체의 권리금을 인정하지 않기로 쌍방 합의하고 서명날인한 사실 - 임대차관계 종료 시에는 건물을 원상으로 복구하여 임대인에게 명도하기로 약정한 사실
소갑제7호증의2	임대차계약서	- 임대차관계 종료 시에는 건물을 원상으로 복구하여 임대인에게 명도하기로 약정한 사실

참 고 자 료

참고자료 1. 대법원 1980.10.14. 선고 80다1851,1852 판결	임대인의 상환의무를 규정한 유익비란 임차인이 임차물의 객관적 가치를 증가시키기 위하여 투입한 비용을 말하는 것이고 필요비란 임차인이 임차물의 보존을 위하여 지출한 비용을 일컫는 것임이 동 조의 명문상 뚜렷한 바이므로 이 건에서 피고가 지출한 위 시설제비용을 임차물의 보존을 위하여 지출한 필요비이거나 임차인 이 임차물의 객관적 가치를 증가시키기 위하여 투입한 유익비라고 할 수 없다는 판결
참고자료 2. 대법원 1994.10.14. 선고 93다62119 판결	임대인과 임차인 사이에 건물명도시 권리금을 반환하기로 하는 약정이 있었다 하더라도 그와 같은 권리금반환청구권은 건물에 관하여 생긴 채권이라 할 수 없으므로 그와 같은 채권을 가지고 건물에 대한 유치권을 행사할 수 없다는 판결
참고자료 3. 대법원 1975.4.22.선고 73다2010 판결	건물의 임차인이 임대차관계 종료 시에는 건물을 원상으로 복구하여 임대인에게 명도하기로 약정한 것은 건물에 지출한 각종 유익비 또는 필요비의 상환청구권을 미리 포기하기로 한 취지의 특약이라고 볼 수 있어 임차인은 유치권을 주장할 수 없다는 판결

2012 년   0 월   일

신청인   임 0 0 (인)

연락처(☎) 010 - 0000 - 0000

🏠 부동산처분금지가처분 신청 (가등기말소 소에 의한)

채 권 자 : 김 ㅇ ㅇ (000000-0000000)
　　　　　ㅇㅇ시 ㅇㅇ구 ㅇㅇ동 ㅇㅇ번지
위 채권자 송달장소 : 서울 영등포구 여의도동 ㅇㅇ번지

채 무 자 : 이 ㅇ ㅇ (000000-0000000)
　　　　　ㅇㅇ시 ㅇㅇ구 ㅇㅇ동 ㅇㅇ번지

피 보전권리
　　　통정허위표시에 기한 소유권이전등기 말소 청구권
목적물의 표시
　　　별지 목록 기재와 같음
목적물의 가액
　　　금 000,000,000원
　　　별지 목록 기재와 같음

신 청 취 지

채무자는 별지기재의 부동산에 대하여 매매, 증여, 저당권이나 임차권의 설정 기타 일체의 처분을 하여서는 아니된다.
라는 재판을 구합니다.

신 청 이 유

1. 당사자 관계

채권자는 별지목록기재 부동산에 관하여 귀원에서 진행한 2006타경0000호 부동산 강제경매 절차에서 낙찰을 받아 잔금을 납부함으로써 2008. 0. 0. 소유권을 취득한 소유자이고. 채무자는 별지목록기재 부동산에 대하여 2008. 0. 0.가등기에 기한 본등기 절차를 이행한 자입니다.

한편 위 2006타경00000부동산경매의 목적물은 집합건물로서 토지주와 건물주가 각각 다르며 위 법원경매의 목적물은 대지를 제외한 건물만이며 가등기는 건물에만 그 등기가 경료되어 있었습니다.
토지주는 신청외 오00입니다.

2. 사건의 개요

가. 경매개시

토지 소유자 신청외 오00은 위 법원경매사건의 채무자 겸 전 소유자인 서00를 피고로 하여 별지목록 기재부동산에 관한 철거 및 지료청구의 소를 제기하여 승소한 사실이 있으며(귀원 2004가합0000) 위 판결문을 채무명의로 강제경매를 신청한 것입니다.

나. 매매예약의 체결

채무자는 전 소유자인 신청외 서00와 별지목록기재 건물에 관하여 2003. 0. 00. 별지목록기재 건물에 관하여 금450,000,000원 토지 90평방미터에 관하여 금200,000,000원 합계 금650,000,000원에 매매예약을 체결하고 채무자는 서00에게 금650,000,000원을 모두 지급했다는 것입니다.

이례적인 사실은 위 매매대금을 모두 지급하였음에도 건물에 대한 소유권이전등기를 경료하지 않고 다만 매매예약 가등기만을 경료한 채 소유권이전까지 5년여를 지체한 사실과 토지에 관하여는 매매예약체결 당시 건물주인 000의 소유가 아닌 타인의 소유여서 서00가 처분할 권리가 없었음에도 토지대금에 관하여 수수를 하였다는 것입니다.

더구나 채무자간 매매예약을 체결할 당시에는 토지주 오00으로부터 구두상으로 나마 건물철거와 지료에 관한 청구가 있을 때입니다. 전 소유자 청외 서00가 신청외 오00의 요구를 수용하지 않자 오00은 건물철거와 지료에 관하여 소송을 제기하였고 그 승소판결에 따라 위 사건 법원 경매를 신청하기에 이르렀던 것입니다.

다. 채무자는 현재 귀원에 가등기에 기한 본등기 절차이행청구사건을 신청하여 진행 중에 있었습니다(2008가합0000호).

이에 신청인은 피고 보조인으로 참가하여 소송을 진행 중이었으나 채무자는 2008. 0. 0.경 위 진행 중인 재판에 관계없이 가등기에 기한 본등기를 경료하였습니다.

라. 정황이 이러하여 채무자는 위 소송(2008가합0000호)을 취하할 것이 자명하고 곧 이어 소유권을 타에 처분할 것으로 사료됩니다.
그렇게 된다면 채권자는 소유권을 회복할 기회가 소멸될 것입니다.

3. 통정허위에 의한 의사표시
   가. 채무자는 위 매매에 따른 매매대금을 지급한 사실이 없다고 고백을 하였습니다.
   나. 현재 진행 중인 가등기에 기한 본등기 청구사건(귀원 2008가합0000)은 전 소유자 서00의 남편인 신청외 이00가 자기의 비용으로 변호사를 선임하는 등 주도적으로 진행하고 있는 것입니다. 이00와 채무자는 삼촌지간입니다.

4. 채권자는 채무자 이00의 위와 같은 사실을 알고는 있으나 협조를 얻지 못하여 입증할 자료를 확보할 수 없으나 현재 진행 중인 가등기에 기한 본등기 청구사건(원고 서00 피고 이00 귀원 2008가합0000)에 피고 보조 참가인으로 신청을 하여 허위통정사실을 밝혀내고 이어서 곧 채무자 이00를 당사자로 하여 가등기말소의 소를 제기할 예정에 있으나 가등기에 기한 본등기가 경료된 이상 이제 소유권말소등기소를 준비 중이나 본등기 후 소유권이 제3자에게 이전될 경우 채권자의 소유권을 회복할 기회가 소멸될 것이어서 이건 신청에 이른 것입니다.

5. 담보제공
   위 부동산 가처분 결정을 위하여 채권자는 채무자에 대한 담보는 채권자가 서울보증보험주식회사와 지급보증위탁계약을 체결한 문서로 제출할 수 있도록 허락하여 주시기 바랍니다.

소 명 방 법

1. 소갑제1호증   대금납부 확인증
1. 소갑제2호증   판결문(원고 오OO 피고 서OO)
1. 소갑제3호증   소 장 (원고 이OO 피고 서OO)

첨 부 서 류

1. 위 소명자료   각 1통
1. 납부서   1통
1. 부동산 목록   8통
1. 개별공시지가 확인서   1통
1. 건축물대장(총괄표제부)   1통

2000 . 0. .

채권자 O O O

O O 지방법원   귀중

🏠 부동산처분금지가처분신청 (소유권이전등기 소에 의한)

채권자 : 강 ㅇ ㅇ (000000-0000000)
　　　　경기도 고양시 000 000 000
　　　　전화 : 02) 000 - 0000

채무자 : 김 ㅇ ㅇ (000000-0000000)
　　　　서울 성북구 000 000

목적물의 표시 : 별지목록기재와 같음
목적물의 가격 : 금 470,000,000 원정
피보전권리의 요지 : 2009. 0. 0. 소유권이전등기절차이행 청구권

신 청 취 지

채무자는 별지기재 부동산에 대하여 매매, 증여, 전세권, 저당권, 임차권의 설정 기타 일체의 처분행위를 하여서는 아니 된다.
라는 결정을 구합니다.

신 청 이 유

1. 매매계약의 체결

채권자는 채무자와 고양시 덕양구 000 000소재 임야 1,890평방미터에 대하여 2006. 6. 00.경 매매대금470,000,000원에 매매계약을 체결하여 계약 당일 계약금으로 금 47,000,000원을 지급하고 중도금 지급절차 없이 같은 해 8. 00경 잔금 423,000,000 원을 지불하였습니다.

한편 위 토지는 토지거래허가를 득하여야만 소유권이전등기절차를 진행 할 수 있어 채권자는 토지거래 허가요건인 매매물건 소재지 법정거주기간을 충족하기 위하여 거주이전을 하였고 어느덧 법정기간을 충족할 수 있게 되어 등기이전에 필요한 서류를 요구한 바,

지가 상승을 이유로 추가 대금지불을 요구하며 등기절차를 거부하고 있는 실정입니다. 따라서 채권자는 현재 채무자를 상대로 별지목록기재 부동산에 대하여 매매를 원인으로 한 소유권이전등기 절차이행의 본안소송을 준비 중에 있으나, 이러한 사정을 잘 알고 있는 채무자가 이를 타에 처분 및 은익 할 우려가 있으므로 그 집행보전을 위하여 부득이 본 신청에 이른 것입니다.

2. 영수증상 금액 상이에 대하여

채권자가 본 신청서에 첨부한 입증자료인 영수증(소갑제 호증)에 대한 영수액이 위 매매계약의 잔대금액인 금420,000,000원을 상회하는 금650,000,000원으로 기재되어 있는 이유는 채권자가 위 토지를 매수할 즈음 채권자의 부친인 신청외 강00가 동 채무자의 소유였던 고양시 덕양구 000 000 소재 토지를 매수하면서 잔금일이 같은 날이어서 금 130,000,000원을 지급하면서 양 토지의 잔대금을 함께 지불하면서 합산한 금액을 기입하였기 때문입니다.

4. 본건 가처분의 손해담보로 제공할 공탁금은 민사소송법 제122조 민사집행법 제 19조 제 3항에 의하여 보증보험주식회사 지급보증위탁 계약을 체결한 문서를 제출하는 방법에 의하여 담보를 제공할 것을 명하여 주시기 바랍니다.

첨 부 서 류

1. 부동산매매계약서 사본	1부
1. 영수증 사본	1부
1. 토지대장	1부
1. 공시지가 확인원	1부
1. 부동산등기부등본	2부
1. 위임장	1부
1. 목록	5부

2008. 7. .

위 채권자 강 0 0

00 지방법원 귀중

🏠 부동산점유이전금지가처분신청서

신 청 인 김 ㅇ ㅇ
인천 남동구 ㅇㅇ동 000
ㅇㅇ아파트 000동 0000호

피신청인 채 ㅇ ㅇ
인천 중구 ㅇㅇ동 000
피신청인 장 ㅇ ㅇ
인천 중구 ㅇㅇ동 00

목적물의표시 : 별지목록 기재와 같음.
목적물의가액 : 금   원정

신 청 취 지

1. 피신청인의 별지목록 기재 부동산에 대한 점유를 풀고 신청자가 위임하는 집행관에게 그 보관을 명한다.

2. 집행관은 현상을 변경하지 아니할 것을 조건으로 하여 피신청인에게 이를 사용하게 하여야 한다.

3. 피신청자는 그 점유를 타인에게 이전하거나 또는 점유명의를 변경하여서는 아니된다.

4. 집행관은 위 취지를 공시하기 위하여 적당한 방법을 취하여야 한다.

신 청 이 유

1. 별지에 든 건물은 신청인이 2000년 0월 00일 신청 외 00지방법원으로부터 낙찰받아

2000년 0월 00일 소유권이전등기를 필한 신청인 소유 건물인데

2. 따라서 신청인은 피신청인 등을 상대로 건물명도청구의 본안소송을 제기하였으나, 본안소송은 상당한 시일을 요하므로 그동안 점유 보전의 방법상 이 건 신청에 이른 것입니다.

첨 부 서 류

1. 건축물관리대장   1통
1. 토지등기부등본   1통
1. 지적도   1통
1. 영수증   1통
1. 납부서   1통
1. 위임장   1통

2000. 00. 00.

위 신청인 김 0 0

00 지 방 법 원   귀 중

🏠 매각허가에 대한 이의신청서

사건번호 : 2000타경00000 부동산 강제경매
신 청 인 : 김 0 0 (000000-0000000)
　　　　　00도 00시 00구 00동 000

신 청 취 지

00지방법원 2000타경00000 부동산 강제경매사건에 관하여 귀원이 2000. 0. 00.에 선고한 매각허가결정을 취소한다.
라는 판결을 구합니다.

신 청 이 유

1. 배당요구에 관하여
    ① 경매개시결정에 따른 압류의 효력이 생긴 때(그 경매개시결정전에 다른 경매개시결정이 있은 경우를 제외한다)에는 집행법원은 절차에 필요한 기간을 감안하여 배당요구를 할 수 있는 종기를 첫 매각기일 이전으로 정한다.라고 규정하고,

    ② 배당요구의 종기가 정하여진 때에는 법원은 경매개시결정을 한 취지 및 배당요구의 종기를 공고하고, 제91조제4항 단서의 전세권자 및 법원에 알려진 제88조제1항의 채권자에게 이를 고지하여야 한다 라고 규정하였고,

같은 법 제88조는 배당요구에 따라 매수인이 인수하여야 할 부담이 바뀌는 경우 배당요구를 한 채권자는 배당요구의 종기가 지난 뒤에 이를 철회하지 못한다고 규정하였는 바, 이는 권리관계를 보다 신속히 확정하여 추후 권리관계의 변동으로 인하여 매수인의 매수신고 가격 결정에 있어 매수인으로 하여금 불측의 손해를 입지 않도록 하기 위한 규정으로 판단됩니다.

2. 유치권의 신고 및 행사

한편 이 사건의 신청채권자인 주식회사 00종합건설은 00아파트재건축주택조합(매각물건은 00아파트재건축주택조합의 발주로 00종합에서 건축하였음)을 채무자로 하여 공사대금청구채권을 가지고 있고 이를 근간으로 유치권을 행사하고 있으며 동시에 각 세대별 세대주에게는 양수금 명목으로 판결을 받아 채권을 행사하고 있으며 그 집행의 일환으로 동 경매신청을 하고 있는 것입니다. 공사대금청구채권액은 금000,000,000원입니다.

3. 신청인의 매수신청

신고인은 귀원에서 진행한 2000타경0000호 부동산 강제경매사건에서 매수가격을 금000,000,000원으로 신고함으로써 최고가매수신고인으로 호창된 바 있습니다.

신청인이 매수신고가격 금000,000,000원으로 정한 것은 매각물건의 거래시세 및 귀원에서 작성한 매각물건명세서와 부동산등기부등본을 토대로 정한 것으로서 즉, 부동산등기부등본상에 표시되지 않는 채권자로서 매각물건명세서상에 기재된 배당요구 채권자는 없었으므로 단순히 부동산등기부상에 표시된 국민은행 가압류채권 금000,000,000원, 00종합건설 압류채권액 금000,000,000원, 그리고 00구청의 압류채권 금0,000,000원(전화문의로 확인)을 기준으로 하여 정한 것입니다.

위와 같은 경우 모두 채권이므로 통상 안분비례의 원칙에 의해 별첨2)와 같이 금00,000,000원으로 분배된다면 신청인은 00종합건설에게 유치권으로 담보되는 공사대금청구채권을 부담할 이유가 없습니다. (00종합건설의 공사대금 청구채권의 총액은 금000,000,000원이나 동 금액은 채권 총액으로 매각물건에 할당된 청구액은 00,000,000원이라고 밝혔습니다. 채권총액으로 신고한 것은 안분배당을 염두에 두고 신고한 것이라 합니다.)

4. 판결문 등에 의한 배당요구

매각부동산 압류를 통한 조세 교부신청의 경우 매수신청인은 부동산 등기부등본을 통해 이를 인지하고 충분히 고려하여 매수신고가격을 결정할 것입니다. 그러나 첨부 4, 5)와같이 동 사건의 신청외 00은행의 판결문에 의한 배당요구는 매수신고인으로서는 이러한 배당요구가 있었는지의 여부는 매수신고인으로서 배당요구서 열람 전에는 알 수 있는 방법이 없습니다.

물론 이러한 교부신청이나 배당요구는 매수신고인의 대금납부로서 모두 소멸내지는 말소되는 권리이므로 매수신고인이 매수신고가격을 결정할 때 영향을 미치지 않는다고 할 수 있지만 동 사건의 경우 유치권자가 동일한 채권을 가지고 한편으로는 유치권 행사를 하고 다른 한편으로는 판결을 받아 확정판결문을 가지고 경매신청을 한 경우 사정이 다르다고 할 수 있을 것입니다.

위의 제3항의 경우 매수신고인이 부담해야 하는 유치권에 대한 피담보채권이 없는 것으로 판단 가능하나 첨부 4, 5)와 같이 00은행의 확장된 채권이 배당된다면 경매신청인 겸 유치권자인 주식회사 00종합건설의 배당금은 첨부 3)과 같이 00,000,000원으로 줄어들고 줄어든 액수만큼 매수신청인의 부담으로 늘어나게 되는 것이며 이러한 경우 매수신고인은 이를 사전에 알 수 있는 방법이 없으며 만약 이를 사전에 알 수 있었다면 금000,000,000원으로 매수신고가격을 정하지 않았을 것입니다.

5. 유치권에 따른 매각불허가

대법원에 따르면 부동산 임의경매절차에서 매수신고인이 당해 부동산에 관하여 유치권이 존재하지 않는 것으로 알고 매수신청을 하여 이미 최고가매수신고인으로 정하여졌음에도 그 이후 매각결정기일까지 사이에 유치권의 신고가 있을 뿐만 아니라 그 유치권이 성립될 여지가 없음이 명백하지 아니한 경우, 집행법원으로서는 장차 매수신고인이 인수할 매각부동산에 관한 권리의 부담이 현저히 증가하여 민사집행법 제121조 제6호가 규정하는 이의 사유가 발생된 것으로 보아 이해관계인의 이의 또는 직권으로 매각을 허가하지 아니하는 결정을 하는 것이 상당하다 고 설시하고 있습니다(대법원 2008.6.17. 자 2008마459 결정 부동산매각허가결정에대한이의) : 별첨 9).

위 판례는 유치권신고로 인하여 유치권으로 담보되는 피담보채권을 매수신고인이 부담하게 될 것을 고려하여 매각불허가를 허락한 것인 바, 본 신청사건도 매수신고인이 예측할 수 없는 사유로 결과적으로 유치권에 의한 피담보채권을 부담하게 되는 결과를 초래하는 것이니 매각을 불허신청을 하는 바입니다. 부디 인용하여 주시기 바랍니다.

첨 부 서 류

별첨 1) : 부동산등기부등본
별첨 2) : 등기부상 예상배당표
별첨 3) : 사건열람 후 예상배당표
별첨 4) : 채권계산서 (주식회사 00민은행)
별첨 5) : 채권계산서 (주식회사 00은행)
별첨 6) : 채권계산서 (주식회사 00종합건설)
별첨 7) : 교부청구서 (00시 00구청)
별첨 8) : 유치권신고서
별첨 9) : 대법원판례 (2008.6.17. 2008마459)

2000.   00.   .

신청인 : 김 0 0 (인)
연락처 : 000-0000-0000

0 0 지방법원   귀중

🏠 배당정지 신청서

사건번호 : 00지방법원 2000타경 0000호

신 청 인 : 김 0 0 (xxxxxx - xxxxxxx)
　　　　　 00시 00구 00동 000번지

피신청인 : 1. 박 0 0
　　　　　　　 00시 00구 00동 000번지
　　　　　 2. 이 0 0
　　　　　　　 00시 00구 00동 000
　　　　　 3. 00시 00구청
　　　　　　　 00시 00구 00동 000
　　　　　　　 대표자 구청장 0 0 0
　　　　　 4. 최 0 0
　　　　　　　 00시 00구 00동 00아파트 00동 0000호

신 청 취 지

1. 귀원 2000타경 0000호 경매사건에 관하여 전소유자 및 채권자들에게 교부될 교부금 및 배당금을 귀원 2000카합000호 가처분취소신청의 판결선고까지 지급을 정지하여 주시기 바랍니다

신 청 원 인

1. 신청인의 지위

　　신청인은 00시 00구 00동 000 000호 (이하 "이 사건 건물"이라고 한다.)에 대하여 00지방법원 2000타경0000호 부동산강제경매사건의 경락인으로 낙찰받아 2000. 0.00. 매각을 원인으로 소유권이전등기를 마친 소유자입니다.

(소갑제1호증 부동산등기부 참조)

2. 처분금지가처분 취소신청

이 사건 건물에 대하여는 00지방법원 2000카합000호 부동산처분금지가처분신청에 의하여 2000. 0. 0. 00지방법원 00등기소 접수 제0000호로 처분금지가처분등기가 경료되어 있습니다.

(소갑제1호증 부동산등기부 참조)

이에 신청인은 2000. 0. 0. 위 처분금지가처분에 대하여 가처분결정 이후 5년간 본안의 소를 제기하지 않았음을 이유로 사정변경를 이유로 한 가처분취소신청을 제출하였으나,
(소갑제2호증 서울남부지방법원 2000카합0000 가처분취소 나의 사건 검색 참조)

가처분권자인 중소기업은행으로부터 채권을 양수받았다는 00파이낸셜주식회사가 답변서를 내면서 이미 2000. 0. 0. 본안소송을 제기하여 2000. 0. 0. 확정판결을 받았다는 답변서를 제출하였습니다.

(소갑제3호증 00파이낸셜 주식회사 답변서 참조)

3. 피보전권리

만약, 위 가처분취소신청이 받아지지 않고 가처분권자의 채권양수인인 00파이낸셜 주식회사가 확정판결에 의한 본집행을 하게 된다면, 가처분등기에 위반되는 등기는 직권 말소될 운영에 처하게 되고 채권자도 소유권을 잃게 됩니다.

대법원 1997. 11. 11. 선고 96그64결정에 의하면,
"소유권에 관한 가등기의 목적이 된 부동산을 낙찰받아 낙찰대금까지 납부하여 소유권을 취득한 낙찰인이 그 뒤 가등기에 기한 본등기가 경료됨으로써 일단 취득한 소유권을 상실하게 된 때에는 이는 매매의 목적 부동산에 설정된 저당권 또는 전세권의 행사로 인하여 매수인이 취득한 소유권을 상실한 경우와 유사하므로, <u>민법 제578조, 제576조를 유추적용하여 담보책임을 추급할 수는 있다.</u>"고 판시하였습니다.

따라서, 만약 위 가처분등기가 취소되지 않고 가처분권자의 채권양수인인 00파이낸셜 주식회사가 확정판결에 의한 본집행을 하여 가처분등기이후의 등기가 직권 말소되어 채권자 소유권이 잃게 된다면,

채권자는 배당을 받은 채권자 또는 채무자에게 민법 제578조, 제576조를 유추 적용하여 담보책임에 의한 손해배상청구권이 존재합니다.

4. 배당권자
아직 배당표가 확정되지 않아, 구체적인 배당권자를 알지 못하나, 채무자 000이 전세보증금 0000만원에 대하여 권리신고 및 배당요구서를 작성하여 제출하였고,
(소갑제4호증 000 권리신고 및 배당요구서 참조)

채무자 000이 이에 대하여 채권압류 및 전부명령을 받았습니다.
(소갑제5호증 채권압류 및 전부명령 참조 - 그러나, 이 전부명령이 제3채무자인 대한민국에 송달될 때까지 다른 채권자의 압류, 가압류 등이 있는지 여부는 알 수 없어 위 전부명령의 효력이 있는지는 알 수 없습니다.)

그리고, 00시 00구청은 이 사건 건물에 대한 각종 세금000원에 대하여 교부청구를 하였고,
(소갑제6호증 00구청 교부청구서 참조)

경락대금이 금 00,000,000원이므로 나머지 배당금은 전소유주인 채무자 000이 배당받을 수도 있습니다.
(소갑제7호증 지지옥션정보 참조)

5. 보전의 필요성
대법원 1997. 11. 11.선고 96그64결정에 의하면,
" 아직 배당이 실시되기 전이라면, 이러한 때에도 낙찰인으로 하여금 배당이 실시되는 것을 기다렸다가 경매절차 밖에서의 별소에 의하여 담보책임을 추급하게 하는 것은 가

혹하므로, 이 경우 낙찰인은 민사소송법 제613조를 유추 적용하여 집행법원에 대하여 경매에 의한 매매계약을 해제하고, 납부한 낙찰대금의 반환을 청구하는 방법으로 담보책임을 추급할 수 있다."라고 판시하였습니다.

이 사건의 배당기일이 2000. 0. 00.로 정하여졌는데, 만약 배당이 이루어져 채무자들이 배당금을 수령해 간다면, 채권자가 추후에 소유권을 잃게 된 후 채무자를 상대로 별소를 제기하여 승소판결을 얻는다 하다라도 이미 배당금을 소비하여 채무자들의 재산이 없을 염려가 있으므로, 아직 배당이 이루어지기 전에 강제집행을 보전하기 위하여 미리 이 신청을 하기에 이르렀습니다.

소 명 방 법

1. 소갑 제1호증   부동산등기부등본
1. 소갑 제2호증   서울남부지방법원 2000카합000 가처분취소 나의 사건 검색
1. 소갑 제3호증   00파이낸셜 주식회사 답변서
1. 소갑 제4호증   000 권리신고 및 배당요구서
1. 소갑 제5호증   채권압류 및 전부명령
1. 소갑 제6호증   00구청 교부청구서
1. 소갑 제7호증   지지옥션정보

2000. 0. 00.

신 청 인 : 김 0 0 (인)

00지방법원 경매0계 귀중

🏠 유치권포기각서

유치권자 : 주식회사 OO건설
사건번호 2000타경 00000호
유치권행사중인 부동산목록:
경기 OO시 OO구 OOO동 OOO번지 (토지 OOO평, 건물 OOO평)

유치권자 (주) OO건설은 위 부동산 임의경매사건에 신고한 유치권에 대한 권리 및 권한행사 등을 절대적으로 포기하고 유치권행사중인 부동산목록에 대한 점유를 낙찰자 이OO 외 4인에게 이전할 것을 조건으로 유치권 합의금 0000원을 수령함에 있어 2009. 0. 0. 계약금 0000원을 수령하고 잔금 0000원을 2009. 0. 0. 까지 5층 전세대 명도와 함께 수령 및 지불키로 확약하며 인감날인 합니다. (임금계좌 :   )

이에 유치권자 (주) OO건설은 유치권행사중인 부동산목록에 대한 아무런 권리도 없으며, 민·형사상의 이의, 소제기 등을 절대로 제기하지 않을 것임을 확약하고, 만약 이를 어길 시에는 민. 형사상의 어떠한 책임도 감수할 것임을 재차 확약하며, 위 사항을 이행치 못할 시는 잔금을 지불치 않아도 (주) OO건설은 유치권을 포기하기로 한다.

위 사항을 명백히 하기위하여 공증을 하여 각1부씩 보관키로 한다

첨부서류: 법인인감증명서 1통

2009년   월   일

유치권 권리자 (주) OO건설   (인)

위 물건 낙찰자 이 OO 외 4명 귀하

🏠 채권가압류 신청서 (배당금 가압류)

채 권 자 : 황 ㅇ ㅇ
          000000-0000000
          경기도 광명시 하안동 000 00아파트 000동 000호

채 무 자 : 안 ㅇ ㅇ
          000000-0000000
          서울 광진구 자양동 000 0000파크 000호

제3채무자 : 대한민국
          위 법률상대표자
          법무부장관 정성진
          (소관: 의정부지방법원 세입세출 외 현금출납공무원)

청구채권의 표시
금 60,000,000 원　임차보증금

가압류할 채권의 표시
별지목록기재와 같음

신 청 취 지

1. 채무자의 제3채무자에 대한 별지목록기재 채권을 가압류한다.
2. 제3채무자는 채무자에게 위 채권에 관한 지급을 하여서는 아니 된다.
3. 채무자는 다음청구금액을 공탁하고 가압류의 집행정지 또는 그 취소를 구할 수 있다.
라는 재판을 구합니다.

신 청 이 유

1. 인천광역시 부평구 부평동 000-0, 제1호 소재에 대한 부동산은 채권자가 2002년

0 월00일 인천지방법원 북인천등기소 접수제 00000호로 전세금 50,000원정으로 하여 전세권설정등기를 필한 부동산인 바, 위 부동산은 2005년0월00일 낙찰되었습니다.

2. 그러나 채권자는 위 부동산에 대한 동 법원의 2005. 09.00.배당기일에 이르러 채권자가 알아본즉 위 전세금50,000,000원정 중, 일부금원인 금27,000,000원을 배당받게 될 것이며, 나머지 채권자가 전세금23,000,000원은 배당을 받지 못할 형편에 있는 것입니다.

3. 채권자는 위 전세권설정등기 신청당시 채무자 소유에 토지에 대하여는 설정등기를 경료하지 못한 관계로 2005. 8.26.배당기일인 경매 선순위 채권자에게 낙찰금원에서 배당하고 나머지 배당금원은 채무자가 배당받게 될 형편에 이른 것입니다.

4. 따라서 채권자는 채무자가 배당받게 될 별지목록기재 채권을 지금가압류하지 않으면 후일 본 안 소송에서 승소판결을 얻어도 집행불능 될 우려가 있으므로 그 집행보전의 수단으로 본건 신청에 이른 것 입니다.

5. 본건에 대한 담보는 민사소송법 제475조 제3항, 동 제112조에 의하여 지급보증위탁계약을 체결한 문서를 제출하는 방법에 의하여 제공할 것을 허가하여 주시기 바랍니다.

첨 부 서 류

1. 부동산등기부등본   1 통
1. 임대차계약서 사본   1 통
1. 영 수 증   1 통

2000 년 0 월   일

채권자 황 0 0 (인)

🏠 가등기말소 청구의 소

소　　장

원 고　조 ０ ０(****** - 1******)
　　　　００시 ００구 ００동 ０００ ００아파트 ０００동 ００００호
　　　　송달장소: 서울 영등포구 여의도동 25-3 동화빌딩 2층
　　　　H. ０ - 　 - 　

피 고　주식회사 (110111-1******)
　　　　서울 ００구 ００동 ０００ ００타워 ０동 ０００호
　　　　대표이사 김 ０ ０

소유권이전청구권가등기 말소등기절차이행 청구의 소

청 구 취 지

1. 피고는 원고에게 별지목록기재 부동산에 관하여 대전지방법원 공주지원 등기계 1998. 6. 10. 접수 제０００호로서 경료한 1998. 6. 30. 매매예약을 원인으로 한 소유권이전청구권가등기의 말소등기절차를 이행하라.
3. 소송비용은 피고의 부담으로 한다.
　　라는 판결을 구합니다.

청 구 원 인

1. 원고는 이 사건 부동산에 대하여 2009. 3. 16. 강제경매로 인한 매각을 원인으로 같은 해 3. 18. 소유권이전등기를 한 소유자이고, 피고는 전 소유자인 소외 김정혜와 1998. 6. 3. 매매예약을 원인을 같은 해 6. 10. 소유권이전청구권가등기를 경료한

가등기권자입니다.

2. 그러나 소유권이전본등기청구권은 예약완결권(민법제564조)이나 본등기청구권의 예약이 성립한 때로부터 10년 이내에 행사하여야 하므로, 피고의 이 사건 소유권이전청구권가등기는 제척기간의 경과로 그 권리가 소멸되었다 할 것입니다.

3. 따라서 원고는 피고에 대하여 존속기간 도과를 원인으로 청구취지와 같은 판결을 구하고자 이 사건 청구에 이른 것입니다.

입 증 방 법

1. 갑 제1호증　　　　　　　부동산등기부등본

기타 입증방법은 변론 시 필요에 따라 수시로 제출하겠습니다.

첨 부 서 류

1. 위 갑호증 사본　　　　1부
1. 위임장　　　　　　　　1부
1. 소장부본　　　　　　　1부

2010.　 10.　　　.

위 원고　　조 0 0

서울중앙지방법원　　　　귀중

🏠 명도협조의뢰 (내용증명)

주 소 : 00도 00시 00구 00로0가 00-0
수 신 : 김 0 0 귀하

1. 귀하의 건강과 사업의 번창을 기원합니다.

2. 귀하가 대항력을 주장하며 점유하는 00도 00시 00구 00로0가 00-0 근린상가를 낙찰(사건번호 2000타경00000호)받아 소유권 취득한 최00외 2인 입니다.

3. 낙찰대금을 납부하고 소유권을 취득한 후 귀하의 제반 사정을 고려하여 약20여일의 시간을 주고 2회에 걸쳐 재계약이나 명도 할 것을 의논, 합의 하였으나 귀하께서 당치도 않은 대항력을 주장하며 보증금 인수를 운운하고 재계약을 거부하며, 또한 본 물건의 인도마저도 거부하고 있기에 부득이 법적절차를 이행하지 않을 수 없게 되었습니다.

4. 이에 최종적으로 다시 한 번 10일의 시간을 드리겠으며, 응하지 않을 시는 즉시 법적집행에 임하겠음을 알려 드립니다.
이후 법적절차 진행 시는 이에 따르는 법적절차비용, 강제집행비용, 소유권이전 후부터의 임차료 등을 귀하에게 청구함은 물론 허위 대항력을 주장함으로써 피해를 입게 됨을 근거로 형사소송도 병행하겠음을 더불어 알려 드립니다.

※ 부천지원 2001년 선고 경매방해죄 적용 징역10월
   남부지원 2008년 선고 사기죄 적용 징역 6월

5. 아무쪼록 법적절차를 이행케 되는 불행한 일이 발생되지 않도록 귀하의 현명한 판단을 기대합니다.

                                    2000. 0. 00.

                                    발 신 : 최 0 0외 2인
                                    주 소 : 00시 00구 00동 000

🏠 체납관리비 (내용증명)

발   신 : 00시 00구 00동 00번지 00아파트 00동 00호
성   명 : 김 0 0
담당변호사 : 변호사 00 법률사무소

수   신 : 00시 00구 00동 00번지 00아파트 관리사무소
성   명 : 0 0 아파트 관리소장님
연 락 처 : 00) 000 - 0000

발신인은 00시 00구 00동 00번지 00아파트 00동 00호의 낙찰자로 2000년 00월 00일 00지방법원 본원에서 경매사건(2000타경0000호) 절차를 거쳐 상기부동산을 취득하였으며, 잔금을 완납하고 소유권이전등기를 경료한 합법적인 건물주 000입니다.
본인은 낙찰 후 수차례에 걸쳐 상기 부동산에 거주하는 000에게 인도를 협의하였으나 무리한 이사비를 요구하고 협의에 응할 의사를 나타내지 않으므로 어쩔 수 없이 2000. 0. 00 에 변호사를 선임하여 명도소송과 관련사건의 형사고소를 시작하였습니다.
그런데 2000. 0. 00까지 00아파트 00동 00호의 미납관리비가 00원으로 확인되었습니다.

위 금액은 작년 00월부터 연체되어 있는 것으로 확인되었는 바 미납관리비에 대해서 발신인은 아래와 같이 협조를 부탁드립니다.

- 아   래 -

1. 현재 미납된 관리비는 1~2차례를 넘어 수차례 연체되어 상식적으로 너무 많은 횟수이고 금액 또한 상당합니다.

1. 연체한 아파트 관리비의 낙찰인의 부담에 관해 대법원 판례(2001.9.20선고 2001다8677)에서는 체납된 관리비 중 공용부분에 대한 것은 공유자의 이익에 공여하는 것이어서 낙찰인이 납부할 의무가 있다고 하였지만 전유부분에 대한 것은 의무가 없

다고 판시하였습니다.
1. 연체된 관리비가 상당하므로 입주자가 입주시 미리 내는 관리비 예치금을 반환하지 마시고 체납관리비에 우선 충당하실 것을 당부드립니다.

1. 현재 점유자는 의도적으로 관리비를 연체하고 있사오니 아파트 관리규약에 따라 3개월 이상 관리비가 연체된 것을 근거로 단전 단수조치를 해서라도 체납관리비를 적극 징수해주시기 바랍니다.

1. 관리 사무소에서 내용증명을 수신한 이후 미납관리비를 징수하지 못했는데 적절한 조치를 취하지 않으시면 관리소장과 입주자 대표자에게도 체납관리비에 대한 업무상 배상책임이 있으며 관리비 중 전유부분 관리비에 대해서도 낙찰자에게 징수할 수 없음을 알려드립니다.

본인은 작년 00월에 낙찰받고 은행에서 0억 000만원을 대출받아 잔금납부를 하였는데 1년이 지나도록 명도가 되지 않아서 입주도 못하고 매월 고금리의 이자만 납부하고 있습니다.
본인 혼자의 힘으로는 명도가 어려워 또다시 돈을 들여 변호사를 선임할 수밖에 없는 상황이 되었습니다.
그런데 점유자는 아무런 근거 없이 저에게 무리한 이사비만 요구하고 몇 개월 동안 월세도 안 내고 무상으로 거주했음에도 의도적으로 관리비를 연체하여 본인에게 부담하게 하는 것입니다. 점유자가 정말로 돈이 없고 불쌍한 사람이라면 내용증명도 보내지 않았을 것입니다.
제가 내용증명을 보낸 것에 대해 섭섭하게 생각하지 마시고 어려운 상황에 있는 제 입장도 헤아려주시어 체납관리비에 대한 적극 징수를 다시 한 번 당부 드립니다.
더운 날씨에 수고하십니다.
감사합니다.

2000. 0. 0.
발신인 김 0 0(인)

🏠 체납관리비 징수 협조의뢰

수신 : 00시 00구 00동 00번지 00아파트 관리소장 귀하
발신 : 00시 00구 00동 00번지 00아파트 00동 000호
제목 : 체납관리비 징수 협조 요청

00시 00구 00동 00번지 00아파트 00동 000호의 소유권이전에 따른 권리변동이 발생하게 됨에 따라 통보하오니 업무에 참고하시기 바라며 다음과 같이 조치해 주시기 바랍니다.

다 음

1. 상기아파트는 2010. . . 00지방법원 00지원 부동산임의경매로 인하여 낙찰자 000 으로 소유권이전이 되었습니다.

2. 소유권이전일(2010. . .) 이후 000동 0000호에 점유하여 살고 있는 분은 소유자의 동의 없이 불법점유하고 있는 상태가 됩니다.

3. 000동 0000호의 소유권이전일인 2010. . . 이전에 체납된 전기료 및 관리비는 본인이 권리취득 발생 전의 건으로서 현재 점유하여 사용하고 있는 거주자에게 청구하여 청산하여 주시기 바랍니다.
   또한 000동 0000호를 본인이 인도하여 사용하기 전에 발생한 관리비 등도 본인이 지불할 수 없다는 의사를 통보하오니 업무에 차질이 없도록 조치바랍니다.

4. 거듭 강조하지만 본인은 점유자의 관리비 체납분에 대하여 지불할 의사도 없으며 법적인 책임도 없음을 통보 합니다.
   본인은 정당한 국가기관에 의하여 소유권을 취득한 권리자입니다.
   선의의 피해가 발생하지 않도록 조치 바라며 귀소의 업무 소홀로 인하여 불미스런 일이 발생하지 않도록 조치해 주시기 바랍니다.

5. 상기 내용에 대하여 이의사항이 있으시면 2010. . .까지 서면으로 통보해 주시기 바랍니다.
　　서면통보가 없음으로 인하여 발생하는 모든 책임은 귀소에서 부담하겠다는 의사의 표시로 받아들이겠습니다.

첨 부 : 부동산등기부등본 1부

2010. . .

00시 00구 00동 00번지 00아파트 000동 000호
０ ０ ０ (인)

🏠 체납관리비 징수 독촉

수신 : 00시 00구 00동 00번지 000 아파트 관리소장 귀하
발신 : 00시 00구 00동 00번지 000아파트 000동 0000호
제목 : 체납관리비 징수 독촉

귀소의 무궁한 발전을 기원합니다.
귀소의 000아파트 0000동 0000호의 체납관리비징수를 독촉하오니 조치하여 주시기 바랍니다.

다 음

1. 현재 0000동 0000호는 소유자(000씨)가 불법 거주하고 있습니다.
   체납관리비는 000씨가 사용한 관리비입니다.
   000씨가 사용한 관리비는 000씨에게 징수하시기 바랍니다.

2. 체납관리비에 관한 법원 판례를 참조하면 서울지방법원에서는 "입주자의 지위를 승계 했다고 해서 전소유자의 채무를 인수하겠다는 승낙이 있었다고 볼 수 없다"고 판결하였고, 창원지방법원에서도 "경매로 아파트의 소유권을 승계한 사람은 공동주택관리령에서 정한 승계인으로 볼 수 없기 때문에 체납관리비를 낼 수 없다" 고 판결하였습니다.

3. 귀소에서는 체납관리비가 연체되었을 경우에는 체납관리비의 징수에 대한 채권을 확보해야 합니다.

4. 전 소유자의 체납관리비를 절대로 본인은 인수하지 않겠습니다.
   경매로 아파트소유권을 취득한 사람은 공동주택관리령에서 정한 승계인이 될 수 없기 때문이며, 또한 아파트는 낙찰인과 전 소유자간의 연관 관계가 없어 채무인수 기준이 적용치 않는 특수한 상황입니다.

5. 0000동 0000호 아파트 인도에 대한 강제집행 후에는 전 점유자로부터 체납관리비 징수에 어려움이 있을 것으로 사료되오니 귀소에서 체납관리비에 대한 징수 및 적절한 채권을 확보하시기 바랍니다.
다시 한 번 강조하오니 현재 거주하고 있는 OOO씨에게 체납관리비를 징수하는데 소홀함이 없도록 만전을 기하여 주시기 바랍니다.

6. 또한 체납관리비 징수 시 OOO씨가 현재까지 거주하고 있음으로 아파트를 비우는 날까지 관리비를 정산하여 징수하는 것을 유념하시기 바랍니다.

2010. . .

OO시 OO구 OO동 OO번지 OO아파트 OOO동 OOOO호
O O O (인)

🏠 강제집행 예고 및 임료청구 (내용증명)

수 신 : 00시 00구 00동 000번지 00아파트 000동 000호
     김 0 0 님 귀하

삼가 귀하의 건강과 사업의 번창을 기원합니다.

본인은 민사집행법에 의거 대한민국 법원으로부터 00시 00구 00동 000번지 00아파트 000동 000호를 경매로 취득한 소유권자입니다.
귀하께서는 그동안 점유를 풀고 소유권자인 본인에게 주택의 인도를 요청하였으나 금일까지 주택의 인도를 이행하지 않고 있으며, 연락도 없으므로 인도할 의사가 없다고 판단되어 부득이 민사집행법과 민법에 의거하여 강제집행 할 수밖에 없음을 알려 드립니다.

아울러 강제집행 시에는 강제집행에 소요된 제반비용과 소유권이전일부터 강제집행일까지의 주택을 사용한 임료를 귀하에게 배당될 것으로 예상되는 배당금(약 000만원 추정)에 가압류신청을 하여 청구할 것입니다.
또한 낙찰자의 동의 없이 배당금 수령을 하실 수 없고 배당금 수령액 또한 모든 비용을 공제하고 수령하실 수 있을 것입니다.

조속한 시일 내 주택을 인도하거나, 인도할 것을 약속하겠다면 7일 이내 연락 바라며, 연락이 없으면 위 내용을 인정하신 것으로 생각하고 강제집행을 하겠습니다.

낙찰 이후 많은 시간이 경과하였으므로 주위에 조언을 구하여 현명한 판단을 하시길 바랍니다.

                                                        2000. 00. 00.
                                    발 신 : 00시 000구 00동 000번지
                                    박 0 0 ☎ 000 - 0000-0000

🏠 강제집행 비용계산법

명도소송 집행시 접수서류
1) 집행력 있는 정본(승소 판결 채무명의 정본 + 집행문 부여)
2) 송달증명원
3) 도장
4) 강제집행 예납금
5) 인감증명서(위임을 할 경우)
6) 위임장(위임을 할 경우)

강제집행비용
대략 평당 5~10만원 정도로 강제집행 대상 평수에 따라 다르지만 통상 150만원~250만원 정도 소요된다.

강제집행 접수비	약 40,000원 × 명도접수건
집행관 수수료	집무 2시간 미만 - 15,000원 집무 2시간 초과 - 1시간마다 1,500원 가산
노무자 수	5명 미만 : 2 - 4명 5평이상 10평미만 : 5 - 7명 10평이상 20평미만 : 8 - 10명 20평이상 30평미만 : 11 - 13명 30평이상 40평미만 : 14 - 16명 40평이상 50평미만 : 17 - 19명 50평이상 : 매 10평 증가 시 2명 추가
노무 임금	노무자 1인당 70,000원 야간집행 - 노무자 1인당 비용 + 20%정도 가산 측량, 목수 등 특수인력 및 포크레인 등 장비동원은 별도비용으로 계산

(앞 쪽)

농지취득자격증명신청서			처리기간	접수 *		. . . 제 호
				처리 *		. . . 제 호

농지취득자 (신청인)	①성 명 (명칭)	오ㅇㅇ	②주민등록번호 (법인등록번호)	000000 -0000000	⑥취득자의 구분			
					농업인	신규영농	법인등	주말체험영농
	③주 소	00도 00시 00구 00동 000 00아파트 000동 0000호						
	④연락처		⑤전화번호	010-000-000		ㅇ		

취 득 농지의 표 시	⑦소 재 지						⑪ 농지구분		
	시·군	구·읍·면	리·동	⑧ 지번	⑨ 지목	⑩ 면적 (㎡)	진흥구역	보호구역	진흥지역밖
	서산	00	00	000	답(전)	000			ㅇ

⑫취득원인	경 락							
⑬취득목적	농업 경영	ㅇ	농지 전용		시험·연구·실습용 등		주말 체험 영농	

농지법제8조제2항 및 동법시행령 제10조제1항의 규정에 의하여 위와 같이
농지취득자격증명의 발급을 신청합니다.

2000년 0월 00일

농지취득자(신청인) 김 ㅇ ㅇ (서명 또는 인)

ㅇㅇ 읍장 귀하

※ 구비서류
1. 법인등기부등본(법인의 경우에 한합니다)
2. 별지 제2호서식의 농지취득인정서(법 제6조 제2항 제2호의 규정에 해당하는 경우에 한합니다)
3. 별지 제6호서식의 농업경영계획서(농지를 농업경영 목적으로 취득하는 경우에 한합니다)
4. 농지임대차계약서 또는 농지사용대차계약서(농업경영을 하지 아니하는 자가 취득하고자 하는 농지 면적이 영 제10조 제2항 제5호 각 목의 1에 해당하지 아니하는 경우에 한합니다)
5. 농지전용허가(다른 법률에 의하여 농지전용허가가 의제되는 인가 또는 승인 등을 포함합니다)를 받거나 농지전용신고를 한 사실을 입증하는 서류(농지를 전용목적으로 취득하는 경우에 한합니다)

수 수 료

농지법시행령 제75조의 규정에 의함

210㎜×297㎜(일반용지 60g/㎡(재활용품))

농지취득자격증명신청서

(뒤 쪽)

※ 기재상 주의사항

* 란은 신청인이 기재하지 아니합니다.
① 란은 법인에 있어서는 그 명칭 및 대표자의 성명을 씁니다.
② 란은 개인은 주민등록번호, 법인은 법인등록번호를 씁니다.
⑥ 란은 다음 구분에 따라 농지취득자가 해당되는 난에 ○표를 합니다.
  가. 신청당시 농업경영에 종사하고 있는 개인은 "농업인"
  나. 신청당시 농업경영에 종사하지 아니하지만 앞으로 농업경영을 하고자 하는 개인은 "신규영농"
  다. 농업회사법인·영농조합법인 그 밖의 법인은 "법인등"
  라. 신청당시 농업경영에 종사하지 아니하지만 앞으로 주말·체험영농을 하고자 하는 개인은 "주말체험·영농"
[취득농지의 표시]란은 취득대상 농지의 지번에 따라 매필지별로 씁니다.
⑨ 란은 공부상의 지목에 따라 전·답·과수원 등으로 구분하여 씁니다.
⑪ 란은 매필지별로 진흥구역·보호구역·진흥지역밖으로 구분하여 해당란에 ○표를 합니다.
⑫ 란은 매매·교환·경락·수증 등 취득원인의 구분에 따라 씁니다.
⑬ 란은 농업경영/농지전용/시험·실습·종묘포/주말체험·영농 등 취득후 이용목적의 구분에 따라 해당란에 ○표를 합니다(농지취득후 농지이용목적대로 이용하지 아니할 경우 처분명령/이행강제금 부과/징역·벌금 등의 대상이 될 수 있으므로 정확하게 기록하여야 합니다).

※ 이 신청서는 무료로 배부되며 아래와 같이 처리됩니다.

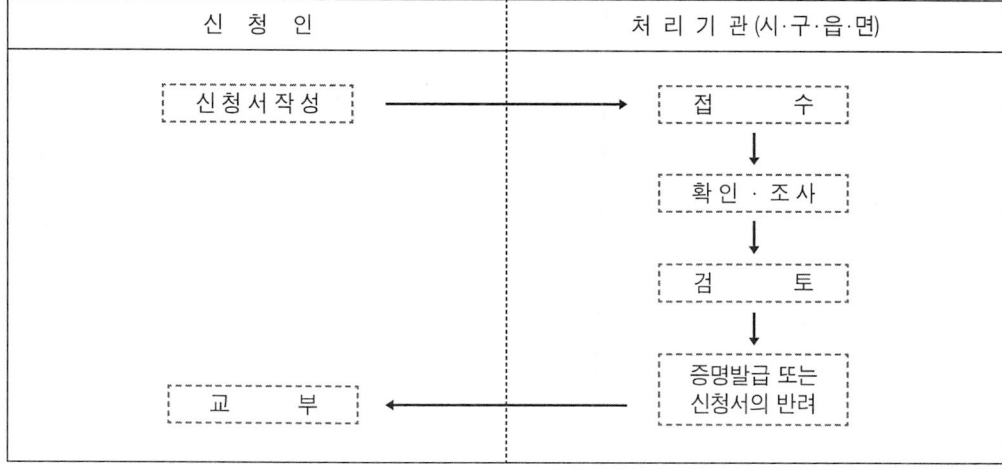

🏠 농업경영계획서

(앞 쪽)

농 업 경 영 계 획 서

취득대상농지에관한사항	①소 재 지			②지 번	③지 목	④면 적 (m²)	⑤영 농 거 리	⑥주재배 예정작목
	시.군	구.읍.면	리.동					
	00	00	00	0000	답(전)	000		000
	계							

농업경영노동력의확보방안	⑦취득자 및 세대원의 농업경영능력				
	취득자와 관계	성 별	연 령	직 업	영농경력(년)	향후영농여부
	본인	0	00	주부	0	0
	⑧취득농지의 농업경영에 필요한 노동력확보방안			
	자기노동력	일부고용	일부위탁	전부위탁(임대)
	0	0		

농업기계장비의확보방안	⑨농업기계.장비의 보유현황					
	기계.장비명	규격	보유현황	기계장비명	규격	보유현황
	000		0	000		0
	⑩농업기계.장비의 보유계획					
	기계.장비명	규격	보유계획	기계.장비명	규격	보유계획

⑪소유농지의 이용현황	뒷쪽에 기재

농지법제8조제2항의 규정에 의하여 위와 같이 본인이 취득하고자 하는
농지에 대한 농업경영계획서를 작성. 제출합니다.

2000 년   0 월   00 일

제출자 김 0 0 서명(인)

*농지취득자격증명서에는 이 계획서를 반드시 첨부하여야 합니다.

(뒤 쪽)

⑪소유농지의 이용 현황							
소 재 지				지 번	지 목	면적 (㎡)	주재배작물
시.도	시.군	구.읍.면	리.동				
00	00	00	00	0000	답(전)	000	벼

⑫농지전용허가, 협의 또는 신고를 한 농지를 취득하는 경우 전용면적사업의 착수 시기 등

전용면적 사업의 착수 시기	년 　　　 월 　　　 일
착수 전의 농업경영 계획	□ 직접경작　　□ 임매　　□ 휴경
특기사항	

※기재사항 주의 사항

⑤란은 거주지로부터 농지소재지까지 일상적인 통행에 이용하는 도로에 따라 측정한 거리를 씁니다.
⑥란은 그 농지에 주로 재배, 식재하고자 하는 작목을 씁니다.
⑦란은 같은 세대의 세대원 중 영농한 경험이 있는 세대원과 앞으로 영농하고자 하는 세대원에 대하여 영농경력과 앞으로의 영농 여부를 개인별로 씁니다.
⑧란은 취득하고자 하는 농지의 농업경영에 필요한 노동력을 확보하는 방안을 다음 구분에 의하여 해당되는 란에 표시합니다.
　가. 같은 세대의 세대원의 노동력만으로 영농하고자 하는 경우에는 자가 노동력 란에 ○표
　나. 자가노동력만으로 부족하여 농작업의 일부를 고용 인력에 의하고자 하는경우에는 일부 고용란에 ○표
　다. 자기노동력만으로 부족하여 농작업의 일부를 남에게 위탁하고자 하는 경우에는 일부 위탁란에 위탁하고자 하는 작업의 종류와 그 비율을 씁니다.
　라. 자기노동력에 의하지 아니하고 농작업의 전부를 남에게 맡기거나 임대하고자 하는 경우에는 전부위탁(임대)란에 ○표
⑨란과 ⑩란은 농업경영에 필요한 농업기계와 장비의 보유현황과 앞으로의 보유계획을 씁니다.
⑪란은 현재 소유농지에서의 영농상황을 씁니다.

*농지전용허가, 협의 또는 신고를 한 농지를 취득하는 경우에는 ⑤란 내지⑪란은 기재를 생략할 수 있습니다.